Bundesverband der Unternehmensjuristen | CMS Hasche Sigle (Hrsg.)

DIGITAL ECONOMY & RECHT

RECHTLICHE HERAUSFORDERUNGEN DER DIGITALEN TRANSFORMATION
UND AUSWIRKUNGEN DER DIGITALISIERUNG AUF DIE RECHTSABTEILUNG

Inhalt

Sehr geehrte Damen und Herren, liebe Kolleginnen und Kollegen,

die Begriffe Industrie 4.0, digitale Disruption und Transformation sind derzeit in aller Munde. Fest steht schon jetzt: Die Digitalisierung krempelt unser Leben, unsere Arbeit, unsere Wirtschaft und unsere Gesellschaft um. Viele Branchen befinden sich im Umbruch. Manche sind schon weit fortgeschritten, manche fangen erst an. Auch begrifflich sind wir noch nicht festgelegt. Was ist Industrie 4.0, was ist das Internet of Things? Während in der Reisebranche der digitale Umbruch sehr weit fortgeschritten ist, befinden sich andere Branchen wie zum Beispiel die Finanzwirtschaft mitten in der Digitalisierung unter anderem durch die aufkommenden Fintech Unternehmen – frei nach dem Motto „Banking braucht keine Banken".

Die digitale Transformation macht auch vor unserer Tätigkeit in Rechtsabteilungen sowie unserem Berufsbild als Rechtsanwalt nicht halt. Algorithmen werden in den Bereichen des standardisierten Rechts wie Vertragsgestaltungen im unternehmerischen Verkehr und genauso in alltäglichen Rechtsfragen Einzug halten. Wie steht es um die Rechtsabteilungen? Werden Unternehmensjuristen und Syndikusrechtsanwälte noch gebraucht oder wird Legal Tech auch unsere Welt umkrempeln? Nicht zuletzt auch durch das besondere elektronische Anwaltspostfach (beA) wird die Digitalisierung vorangetrieben.

Wir Unternehmensjuristen und Syndikusrechtsanwälte müssen kreativ, interdisziplinär und unternehmerisch in der digitalisierten Welt denken. Unsere Mandanten in den Unternehmen möchten ganzheitliche Problemlösungen aus einer Hand, mit dem anwaltlichen Qualitätssiegel und dem Vertrauen, das sie unserem Berufsstand entgegenbringen. Legal Tech wird dazu beitragen, unsere Rechtsberatung effektiver und letztendlich kostengünstiger zu gestalten und die Qualität unserer Rechtsberatung zu steigern. Die Aufgaben innerhalb der Rechtsberatung werden sich damit sicherlich verlagern. Wir müssen die Digitalisierung der Rechtsberatung als eine Chance und Herausforderung begreifen und aktiv mitgestalten.

Aufgrund der zahlreichen rechtlichen wie organisatorischen Herausforderungen rund um die Digitalisierung hat der Bundesverband der Unternehmensjuristen e.V. (BUJ) in Zusammenarbeit mit der Kanzlei CMS Hasche Sigle die Auswirkungen, die auf die Rechtsabteilungen in den verschiedensten Unternehmen in Deutschland zukommen und die wichtigsten mit der Digitalisierung einhergehenden rechtlichen Fragestellungen im Rahmen der vorliegenden Studie untersucht. Wie wichtig die Digitalisierung mittlerweile auch für die Rechtsabteilungen geworden ist, zeigt allein schon die Resonanz unserer Mitglieder auf die Umfrage. Mehr als 300 Unternehmen beteiligten sich und geben damit einen breiten wie auch tiefen Einblick in die Herausforderungen der einzelnen Branchen. Bei allen Teilnehmern möchten wir uns herzlich bedanken.

Besonders freue ich mich auch darüber, dass wir die vorliegende Studie zusammen mit den Kolleginnen und Kollegen aus dem Hause CMS Hasche Sigle erarbeitet haben. Zahlreiche wertvolle und kritische Diskussionen mit den Experten von CMS halfen, die quantitativen Studienergebnisse zu interpretieren. Zudem bietet die Studie für den Leser die Möglichkeit, sich mit den im Rahmen unserer Befragung als besonders wesentlich identifizierten rechtlichen Herausforderungen vertieft auseinanderzusetzen und sich in den aktuellen Stand der rechtlichen Bewertung einzuarbeiten.

Natürlich kann die vorliegende Studie aufgrund der Aktualität und Schnelllebigkeit des Themas nur eine Momentaufnahme darstellen. Das Recht ist mehr denn je gezwungen, sich gemeinsam mit den technischen Möglichkeiten weiterzuentwickeln. Dieser Entwicklungsprozess wird uns alle in den kommenden Jahren betreffen. Mit den nachfolgenden Ausführungen wollen wir Sie herzlich dazu einladen, diese Entwicklung aktiv zu begleiten und in den fachlichen Austausch zum Thema Digitalisierung mit einzusteigen. Genauso wichtig wie dieser fachliche Austausch ist es, die politische Diskussion zu begleiten, um die rechtlichen Rahmenbedingungen auch aus Sicht der Praxis mitzugestalten. Hier werden wir als Anwälte aus der Wirtschaft den Politikern als Experten zur Verfügung stehen.

Innerhalb des BUJ werden wir das Thema „Digital Economy und Recht" weiter vorantreiben und freuen uns auf den vertieften und vitalen Diskurs mit Ihnen. Dazu haben wir eine Fachgruppe Legal Tech sowie eine Fachgruppe Digitalisierung initiiert. Letztere wird sich insbesondere mit den rechtlichen Folgen der Digitalisierung beschäftigen.

Ihr

Solms U. Wittig
Präsident des Bundesverbands der Unternehmensjuristen e.V. (BUJ)

Digital Economy und Recht
Einleitung und Überblick

Dr. Markus Häuser,
Partner, CMS Hasche Sigle

Die hier vorgelegte Studie zu den rechtlichen Herausforderungen der Digital Economy betrachtet die digitale Transformation der Wirtschaft aus verschiedenen Blickwinkeln. Zum einen werden wesentliche rechtliche Herausforderungen der Digitalisierung aufgezeigt und diskutiert, zum anderen werden aber auch die Auswirkungen auf die Organisation der Rechtsabteilungen und auf die beruflichen Anforderungen der in ihnen beschäftigten Juristen untersucht. Neben den zahlreichen rechtlichen Fragen, die sich im Rahmen der Digital Economy stellen, führt der technische Wandel in den Unternehmen auch zu wesentlichen Veränderungen im juristischen Arbeitsumfeld. Legal Tech und Legal Process Outsourcing bieten neue Möglichkeiten der Rechtsberatung, die geeignet sind, das anwaltliche Berufsbild zu beeinflussen. Die technologische Entwicklung wird auch in Zukunft mit ungebremster Geschwindigkeit weitergehen und enormen Einfluss auf Wirtschaft und Gesellschaft haben. Für die Juristen stellen sich hier äußerst spannende Rechtsfragen, insbesondere mit Hinblick auf immer autonomer werdende Maschinen und die vollständige digitale Vernetzung nahezu sämtlicher Lebensbereiche.

▶ Die digitale Transformation hat die meisten Unternehmen aus nahezu jeder erdenklichen Branche inzwischen erfasst. Dabei sieht die überwiegende Anzahl der Unternehmensjuristen diese Entwicklung durchaus als eine Chance für ihr Unternehmen.

▶ Die größten rechtlichen Herausforderungen sehen die Unternehmensjuristen in den Bereichen Datenschutz, IT-Sicherheit, Schutz von Unternehmensdaten, Haftung (Zurechnung, Sorgfaltsmaßstäbe) und Vertragsrecht (Maschinenerklärungen, Smart Contracts).

▶ Der Fortschritt der Digitalisierung wirft nicht nur neue rechtliche Fragen auf, sondern beeinflusst auch die Arbeitsabläufe in den Rechtsabteilungen und die Arbeitsweise der Juristen. Interdisziplinäre Zusammenarbeit ist verstärkt gefragt.

▶ Der Einsatz von Technologie in der Rechtsberatung (Legal Tech) ermöglicht neue Rechtsberatungsprodukte und Dienstleistungen und kann die Wettbewerbssituation am Rechtsberatungsmarkt nicht unerheblich beeinflussen.

▶ In Zukunft wird der Fortschritt in den Bereichen Robotik und Autonomik zu vielen neuen Rechtsfragen führen, die vermehrt auch den Bereich des Zusammentreffens und die Interaktion zwischen Mensch und Maschine betreffen.

A. Einleitung

Ein tiefgreifender Wandel erfasst seit einiger Zeit die globale Wirtschaft. Von digitaler Transformation ist die Rede. Ebenso von der Industrie 4.0 und vom Internet der Dinge. Es ist die Veränderung weg von klassischen Einkaufs-, Produktions- und Vertriebsprozessen hin zu intelligenten Fabriken (Smart Factories) und vernetzten Wertschöpfungs- und Lieferketten. Aber auch die Produkte selbst verändern sich, werden zu intelligenten Gegenständen (Smart Objects) oder autonomen Geräten (Autonomous Devices). Der Oberbegriff für dies alles ist der Begriff der Digitalen Wirtschaft oder internationaler: der „Digital Economy".

Die hier vorliegende Studie zum Thema „Digital Economy und Recht" befasst sich mit den rechtlichen Herausforderungen der digitalen Transformation und der Digital Economy. Die Antworten auf unsere Befragung, die uns aus den Rechtsabteilungen der Unternehmen erreicht haben, bieten eine sehr gute empirische Basis, auf deren Grundlage wir ermitteln konnten, welche rechtlichen Herausforderungen die Juristen in Unternehmen aus den unterschiedlichsten Branchen sehen und welche Auswirkungen auf die Organisation und Arbeitsweise in den Rechtsabteilungen selbst erwartet werden.

Die Kernbotschaft, die sich als Ergebnis der Auswertung ermitteln lässt, ist klar: Die digitale Transformation ist inzwischen im täglichen Geschäft der Unternehmen angekommen und betrifft Unternehmen aus nahezu jeder erdenklichen Branche. Dabei sieht die überwiegende Anzahl der Unternehmensjuristen diese Entwicklung durchaus als eine Chance für ihr Unternehmen. Unsere Befragung der Unternehmensjuristen hat deutlich gezeigt, welche rechtlichen Themengebiete aus ihrer Sicht von der Digitalisierung am intensivsten betroffen sind. Die Auswertung hat folgende besonders relevanten Themenkomplexe identifiziert:

■ Rechte an Daten/Schutz von Unternehmensdaten/IP-Rechte
■ Datenschutz
■ Cybersecurity: IT-Sicherheit/Datensicherheit
■ Haftung/Verantwortlichkeit (Zurechnungsfragen, Sorgfaltsmaßstäbe, Produkthaftung etc.)
■ Verträge/Rechtsgeschäfte (Maschinenerklärungen, Smart Contracts etc.)

Daneben spielen Fragen rund um das Wettbewerbs-[1] und Kartellrecht (Stichwort: Markt-macht durch Daten), das Arbeitsrecht (Arbeitswelt 4.0) und neue elektronische Zahlungs-methoden[2] und Währungen (eCurrencies) eine große Rolle.[3]

Die genannten rechtlichen Schwerpunkte ergeben sich direkt aus den tatsächlichen Ver-änderungen im Rahmen der digitalen Transformation und den charakteristischen Kenn-zeichen der Digital Economy. Stark abstrahierend und vereinfachend lassen sich hier zwei große Hauptfelder der Veränderung identifizieren:

I. Vernetzung und Datenanalyse

Digital Economy bedeutet ein Höchstmaß an Vernetzung. Der Austausch von Infor-mationen, insbesondere zwischen mehreren Geräten und Maschinen (M2M-Kommuni-kation), schreitet exponenziell voran. Zudem basieren viele neue digitale Geschäfts-modelle nicht zuletzt auf der Möglichkeit, große Mengen von Rohdaten computergestützt auszuwerten und hieraus entsprechende Kenntnisse zu gewinnen (Data Analytics). Dabei wird Datenanalyse nicht nur von Unternehmen selbst zu eigenen Zwecken betrie-ben, sondern professionelle IT-Dienstleister bieten auch Datenanalyse-Services für ihre Kunden an.

Vernetzung bedeutet immer Austausch von Daten. Datenanalyse bedeutet Verarbeitung und Auswertung von Daten. Aus rechtlicher Sicht wundert es daher nicht, wenn viele Ju-risten an erster Stelle den Datenschutz und die Datensicherheit, aber auch die Frage nach dem „Eigentum" an Daten nennen, wenn sie nach den rechtlichen Herausforderungen der Digitalisierung gefragt werden. Gleichzeitig stellen sich hier viele Fragen rund um den

---

[1] Vgl. Frenz, WRP 2016, 671-678.
[2] Der Bedeutung des E-Payment widmet sich in unserer Studie der Beitrag „E-Payment – Praktische Bedeutung und Rechtliche Fallstricke". Siehe hierzu S. 200-206.
[3] Daneben gibt es selbstverständlich zahlreiche weitere branchenspezifische Implikationen, deren Darstellung den Rahmen dieser Studie sprengen würde. Besonders betroffen sind beispielsweise das Gesundheitsrecht (eHealth), Energierecht, TK-Recht und Versicherungsrecht.

Know-how-Schutz[4] und den Schutz von Betriebsgeheimnissen, aber auch zum Wettbewerbs- und Kartellrecht.

Nicht unterschätzt werden darf die Tatsache, dass die Vernetzung von Systemen auch dazu führen kann, dass diese verwundbar für Angriffe von außen werden. Elektronische Unternehmensspionage und Cybercrime-Attacken werden zunehmen. In diesem Zusammenhang stellen sich Fragen nach den einzuhaltenden Standards für die IT-Sicherheit. Auch strafrechtlich kann es hier zu besonderen Herausforderungen kommen.[5]

II. Robotics und Autonomisierung

Geräte agieren selbständig und (teil-)autonom. Dies gilt sowohl für Maschinen, die im Produktionsprozess zum Einsatz kommen, als auch für Massenprodukte, die Ergebnis des Produktionsprozesses sind und zu Hause oder im öffentlichen Raum eingesetzt werden. Das derzeit am häufigsten diskutierte und gleichzeitig anschaulichste Beispiel für diese Autonomisierung ist vermutlich das autonome Fahren. Tatsächlich sind die Felder der Autonomisierung in der produzierenden Industrie nahezu unbeschränkt. Vor allem die Weiterentwicklung von Industrierobotern (Robotics) hat im Bereich der Autonomisierung in den letzten Jahren große Fortschritte gemacht und wird dies weiter tun. Außerdem schreitet die Entwicklung intelligenter Fabriken, sog. Smart Factories, immer weiter voran. In diesen Fabriken sollen Fertigungsanlagen und Logistiksysteme mithilfe von cyberphysischen Systemen miteinander kommunizieren und sich (teil-)autonom organisieren können.

Selbständig agierende Geräte und Maschinen können beim Auftreten von Fehlfunktionen Schäden herbeiführen. Es stellt sich die Frage, wer für solche Schäden verantwortlich ist. Gerade im Bereich der Industrie 4.0 werden daher eine Reihe von Haftungs- und Zurechnungsfragen aufgeworfen.[6]

---

[4] Zum Know-how-Schutz sei an dieser Stelle bereits auf die neue EU Richtlinie zum Geheimnisschutz hingewiesen: Richtlinie über den Schutz vertraulichen Know-hows und vertraulicher Geschäftsinformationen (Geschäftsgeheimnisse) vor rechtswidrigem Erwerb sowie rechtswidriger Nutzung und Offenlegung (COM(2013)0813 – C7-0432/2013 – 2013/0402 (COD)). Die Richtlinie trat am 5. Juli 2016 in Kraft.

[5] Vgl. zum Thema Cybercrime, Reiter, JM 2016, 83.

[6] Siehe hierzu ausführlich Horner/Kaulartz, CR 2016, 7-14.

Kommunizieren Geräte autonom miteinander, ohne dass Menschen die Kommunikationsvorgänge im Einzelnen anstoßen, stellt sich dabei die Frage, wem derartige Maschinenerklärungen zugerechnet werden können. Können solche Erklärungen zum Abschluss eines Vertrages führen? Welche Regeln gelten bei einem Irrtum? Kann dann der Mensch eine Maschinenerklärung anfechten?[7]

Zu beachten ist, dass es M2M-Kommunikation nicht nur zwischen Maschinen geben wird. Auch „Mensch zu Maschine" und „Maschine zu Mensch"-Kommunikation wird stattfinden. Die rechtlichen Rahmenbedingungen für die Interaktion zwischen Mensch und Maschine sind vielfach noch offen. Dies gilt insbesondere für den Bereich der Arbeitswelt 4.0, in dem es neue Fragen zum Arbeitsschutz und zur betrieblichen Mitbestimmung gibt.[8]

B. Strukturelle Änderungen bei der juristischen Arbeit und interdisziplinäre Lösungsansätze

Auffällig ist, dass viele Unternehmensjuristen laut unserer Befragung auch deutliche Änderungen mit Hinblick auf die erforderlichen Fähigkeiten (Skills) der Juristen und die Arbeitsweisen in der Rechtsabteilung sehen. Hervorgehoben wurde z.B. die Notwendigkeit des Verständnisses für neue Geschäftsmodelle, vertiefte IT-Kenntnisse, die Fähigkeit des interdisziplinären Arbeitens, ausgeprägte Kenntnis der unternehmenseigenen Geschäftsprozesse und gesteigerte soziale Kompetenz.

Auch diese Antworten ergeben sich unmittelbar aus den neuen rechtlichen Herausforderungen. Isolierte retrospektive Rechtsberatung führt in Zusammenhang mit der Digital Economy selten zum Ziel. Die neuen rechtlichen Fragestellungen sind vielmehr interdisziplinär im gemeinsamen Diskurs zwischen Juristen und Fachabteilungen zu lösen. Eine frühe Einbindung der Juristen in Produktentwicklungsprozesse ist erforderlich. Als Beispiel sei hier nur das Thema „Privacy by Design" genannt. Dabei geht es letztendlich um die

---

[7] Diesen Fragen möchten wir uns unten, im Beitrag „Vertragsrecht, Maschinenerklärungen und Smart Contracts" zuwenden. Siehe S. 192-199.
[8] Um den Umfang der Studie nicht vollends zu sprengen, haben wir Fragen des Arbeitsrechts aus unserer rechtlichen Darstellung ausgenommen. Siehe hierzu aber beispielsweise: Schipp, ArbRB 2016, 177-180; Jacobs, NZA 2016, 733-737; Grimm/Heppner, ArbRB 2016, 180-183; Eichendorff, Sicherheitsingenieur 2016, Nr 4, 20-22.

Einhaltung datenschutzrechtlicher Compliance-Anforderungen durch Produktgestaltung. Eine gelungene Privacy by Design-Lösung, bei der ein Kunde über Einstellungen am Produkt selbst entscheiden kann, welche Daten er preisgeben möchte und welche nicht, kann nur im Zusammenspiel zwischen den Unternehmensjuristen und den Mitarbeitern aus der Produktentwicklung gelingen. Interdisziplinäre Zusammenarbeit zwischen Technikern und Juristen ist aber zum Beispiel auch auf dem Gebiet der IT-Sicherheit und bei der Gestaltung von Data Analytics-Anwendungen erforderlich.

C. Data Compliance: Digitale Wirtschaft ist Datenwirtschaft

Die Digital Economy ist Datenwirtschaft. Big Data-Anwendungen, Data Analytics und Cloud Services sorgen dafür, dass einmal gesammelte Rohdaten ausgewertet, aufbereitet und weiterverwendet werden können.[9] In der Digital Economy sind die Daten zu einem zentralen Wirtschaftsgut geworden. Allenthalben ist zu hören, dass die Daten das „Öl" oder das „Gold" des 21. Jahrhunderts sind. Sicher ist, dass die in den gesammelten Daten enthaltenen Informationen und das aus ihnen generierte Wissen einen beträchtlichen Wert darstellen können. Ein Unternehmen, das über diese Informationen und dieses Wissen verfügt und die Hoheit über die Daten hat, kann damit einen enormen Wettbewerbsvorteil auf dem Markt erlangen. Dabei stellt sich neben kartellrechtlichen Fragen (Marktmacht durch Daten?) auch die Frage, ob es an diesen Daten „Eigentumsrechte" oder eigentumsähnliche Rechte geben kann, vergleichbar beispielsweise mit IP-Rechten an Erfindungen oder urheberrechtlich geschützten Werken.[10] Soll ein Unternehmen mithilfe solcher Rechte andere von der Nutzung der gesammelten Daten ausschließen können? Bedarf es eines Investitionsschutzes für Unternehmen, die viel Geld und Zeit in die Entwicklung neuer Datenanalysetools oder von Sensoren zum Sammeln von Daten stecken?[11]

Die Politik scheint jedenfalls die Bedeutung der Daten erkannt zu haben und ist bemüht, dem Handel mit den Daten möglichst wenige Hindernisse entgegenzusetzen. Um daten-

---

[9] Neben vielen anderen rechtlichen Fragestellungen, ergeben sich aus der Nutzung von Cloud Services auch neue urheberrechtliche Einordnungs- und Abgrenzungsfragen. Hierzu umfassend Grützmacher, CR 2015, S. 779-787.

[10] Siehe hierzu ausführlich Dorner, CR 2014, S. 617-628.

[11] Siehe hierzu unten in den Beiträgen zu „Data Compliance", S.148-171, sowie Dorner a.a.O.

gestützte Geschäftsmodelle zu fördern, hat sich beispielsweise die Europäische Union entschieden, einen digitalen Binnenmarkt zu errichten, in dem der freie Fluss der Daten über die europäischen Ländergrenzen hinweg möglich sein soll.[12] In diesem Kontext ist auch die neue europäische Harmonisierung des Datenschutzrechts zu sehen, die durch die neue europäische Datenschutzgrundverordnung erreicht wird.[13]

Die meisten Wirtschaftsunternehmen haben den Wert der Daten ebenfalls längst erkannt und beschäftigen sich mit datengetriebenen Geschäftsmodellen. In rechtlicher Hinsicht versuchen viele der Unternehmen aber immer noch, diese neuen Geschäftsmodelle mit tradierten juristischen Werkzeugen abzusichern. Zu wenig noch stellen sich die Unternehmen die Frage, welche rechtlichen Voraussetzungen zu erfüllen sind, wenn es darum geht, neue Datenquellen für ein Unternehmen zu erschließen oder welche juristischen Absicherungsmechanismen ergriffen werden können, um einmal erschlossene Datenquellen sowie die Verwertbarkeit der Daten für das Unternehmen zu sichern.

Die rechtlichen Anforderungen, die es im Rahmen der Datenwirtschaft zu beachten gilt, unterscheiden sich vielfach von Anforderungen aus anderen Wirtschaftsgebieten. So sind eine Reihe von gesetzlichen Beschränkungen, wie beispielsweise diejenigen des Datenschutzrechts, des Schutzes von Betriebsgeheimnissen oder auch des Strafrechts[14] zu beachten.

Dass viele Unternehmen sich auf diesem Gebiet nach wie vor rechtlich unsicher fühlen, kann nicht verwundern. Die im Rahmen datengetriebener Geschäftsmodelle zu beachtenden Vorschriften entstammen den verschiedensten Rechtsgebieten und können von den Vertretern des Managements häufig nur schwer überblickt und eingeordnet werden. Ein Verstoß gegen die einzuhaltenden Regelungen kann aber im schlimmsten Falle dazu führen, dass ein Unternehmen unter großem Aufwand gesammelte Daten löschen oder

---

[12] Vergleiche die Mitteilung der Kommission zur Strategie für einen digitalen Binnenmarkt für Europa, COM 2015, 192, vom 6.5.2015.

[13] Die EU-DSGVO wurde am 14. April 2016 durch das EU-Parlament beschlossen. Sie trat am 24. Mai 2016 in Kraft und ist ab dem 25. Mai 2018 anzuwenden.

[14] Exemplarisch genannt sei hier nur der seit dem 18.12.2015 zu beachtenden Tatbestand der „Datenhehlerei" in § 202d StGB. Dieser Tatbestand war Teil des vom Bundestag am 16.10.2015 beschlossenen „Gesetz zu Vorratsdatenspeicherung und Datenhehlerei" (Verkündet im Bundesgesetzblatt am 17.12.2015).

herausgeben muss und dem Unternehmen Bußgelder oder Schadensersatzansprüche drohen.

Zusammenfassend lässt sich das komplexe, interdisziplinäre Feld der rechtlichen Rahmenbedingungen für die Sammlung, Verarbeitung und Verwertung von Daten am besten mit dem Begriff der „Data Compliance" beschreiben. Es erscheint angebracht, den Begriff „Data Compliance" als neue rechtliche Kategorie einzuführen, in der sämtliche rechtlichen Aspekte gebündelt werden, die im Rahmen einer datenbezogenen Compliance zu berücksichtigen sind (Datenschutz, IT-Sicherheit, Wettbewerbsrecht, IP etc.). Diese „Data Compliance" sollte in jedem Unternehmen der digitalen Wirtschaft ein in die Geschäftsabläufe gut integriertes Werkzeug zur Absicherung datengetriebener Geschäftsmodelle sein.

D. Neue Haftungskonzepte und Sorgfaltsmaßstäbe

In der industriellen Produktion, dem Verkehrs- und Transportwesen und in vielen anderen Bereichen werden zukünftig vermehrt autonome oder teilautonome Geräte und Maschinen zum Einsatz kommen. Autonomen Systemen ist es immanent, dass sie Handlungen selbst ausführen, die nicht unmittelbar von einem Menschen angestoßen und nicht ununterbrochen kontrolliert werden. Dabei kann aber auch ein hoher Automatisierungsgrad nichts an der grundsätzlichen Verantwortlichkeit des Menschen für ein solches System ändern. Dennoch stellt sich die Frage, ob das aktuell geltende Haftungsrecht auch für die Regelung von Sachverhalten geeignet ist, bei denen es um den Einsatz von autonomen Systemen geht. Insbesondere stellt sich dabei die Frage, wie sich der Sorgfaltsmaßstab zwischen Herstellern, Nutzern und Dritten bei der Herstellung und Nutzung autonomer Systeme verschiebt. In welchem Umfang kann der Technik vertraut werden? Welche Überwachungs-, Beobachtungs- und Instruktionspflichten bestehen?[15] Wem sind die Folgen von Handlungen und Unterlassungen der autonomen Geräte zuzurechnen. All dies sind interessante Fragen, denen sich in unserer Studie der Beitrag zum Thema „Haftungsfragen im Kontext der Digital Economy" zuwendet.[16]

---

[15] Siehe hierzu detailliert Horner/Kaulartz in CR 2016, S. 7-14.
[16] Siehe unten Grützmacher/Horner/Kilgus, im Beitrag „Haftungsfragen im Kontext der Digital Economy", S. 172-180.

E. Vertragsrecht, Maschinenerklärungen und Smart Contracts

Maschinen, die miteinander kommunizieren (M2M-Kommunikation) können untereinander auch Erklärungen austauschen, die dazu gedacht sind, zum Abschluss eines rechtlich wirksamen Vertrags zu führen. Mangels Rechts- und Geschäftsfähigkeit von Maschinen werden M2M-Erklärungen derzeit aber nicht als Willenserklärungen der Maschinen angesehen.[17] Dies bedeutet allerdings nicht, dass diese Erklärungen rechtlich irrelevant wären. Vielmehr ist davon auszugehen, dass im Rahmen der M2M-Kommunikation auch vertraglich bindende Erklärungen abgegeben werden können.[18] Es sind dies Willenserklärungen für und im Namen des Anwenders der jeweiligen Maschine. Diese Erklärungen können auch automatisiert durch eine Maschine (oder Software) empfangen und über eine Maschine angenommen werden. Wobei die Annahmeerklärung juristisch gesehen dann dem Anwender der die Annahme erklärenden Maschine zuzurechnen ist. Hier ergeben sich zahlreiche Abgrenzungsfragen zur juristischen Einordung der „Vertreterlösung" und zu Irrtumsfällen (Anfechtung). In unserer Studie werden diese Fragen im Beitrag „Vertragsrecht, Maschinenerklärungen und Smart Contracts" diskutiert.

Aus juristischer Sicht verdient im Kontext der Digitalisierung die Entwicklung sogenannter Smart Contracts besondere Beachtung. Dies sind programmierte Verträge, die sich selbst ausführen und selbstdurchsetzend sein können. Sie enthalten durch Algorithmen[19] dargestellte Bedingungen, deren Eintritt Voraussetzung für die Durchführung von Handlungen ist. Smart Contracts können durch die technische Implementierung vertraglicher Regelungen eine hohe Transaktionssicherheit gewährleisten, da der Eintritt der Rechtsfolgen nicht mehr notwendigerweise von Handlungen der Parteien abhängt, sondern primär vom programmierten Vertrag, der sich selbst ausführt.[20] Zusätzliche Rechtssicherheit und Transparenz kann dabei durch die Verwendung sogenannter Blockchains erreicht werden, in denen alle über einen Smart Contract abgewickelten Transaktionen veränderungssicher dokumentiert und gespeichert werden.[21]

---

[17] Vgl. hierzu: Müller-Hengstenberg/Kirn, MMR 2014, 307 (308); Wulf/Burgenmeister, CR 2015, 404-412; Sester/Nitschke, CR 2004, 548 (550); Cornelius, MMR 2002, 353 (354).

[18] So auch Wulf/Burgenmeister, CR 2015, 404-412.

[19] Die Algorithmen werden dabei typischerweise von Rechnern in einem P2P-Netzwerk ausgeführt.

[20] Siehe hierzu ausführlicher unten im Beitrag „Vertragsrecht, Maschinenerklärungen und Smart Contracts", S. 192-199.

[21] Eine detaillierte Darstellung zum Thema Blockchains findet sich bei Kaulartz, CR 2016, 474-480.

F. Ausblick

Die digitale Transformation wird in den nächsten Jahren zu einer weiteren Umstrukturierung bestehender Geschäfts- und Produktionsprozesse in den verschiedensten Branchen führen. Daneben wird es zahlreiche neue datenbasierte Geschäftsmodelle der Digital Economy geben, die eine umfassende Vernetzung von Geräten voraussetzen. In rechtlicher Hinsicht entstehen hierdurch, wie oben aufgezeigt, zahlreiche Herausforderungen. Diese werden teils mithilfe der Anwendung und Auslegung bereits heute geltender gesetzlicher Vorschriften zu bewältigen sein, teils aber auch die Erschaffung neuer gesetzlicher Rahmenbedingungen erfordern.

Auch die Berufswelt der Anwälte, seien sie Syndikusanwälte in Unternehmen oder Anwälte in Sozietäten, wird sich verändern. Dies gilt sowohl mit Hinblick auf die Anforderungen, die an die Anwälte gestellt werden, als auch mit Hinblick auf die Einbindung der Anwälte in technische und operative Abläufe in den Unternehmen. Nicht zuletzt wird auch die Rechtsberatung selbst vermehrt technische Hilfsmittel einsetzen. Legal Tech ist in diesem Zusammenhang derzeit eines der beliebtesten Modewörter. Bereits heute bieten Rechtsdienstleister im Niedrigpreissegment technologiegestützte rechtliche Beratungsleistungen an, mit denen effizient standardisierte Rechtsfälle abgearbeitet werden können. Dieser Trend wird in Zukunft deutlich zunehmen und die Wettbewerbssituation am Anwaltsmarkt nicht unerheblich verändern.

In nicht allzu ferner Zukunft werden die Juristen vor ganz neuen Herausforderungen stehen. Die fortschreitende Entwicklung künstlicher Intelligenz und der weitere Fortschritt in Robotik und Autonomik werden nicht nur zu neuen Entwicklungsstufen der Digital Economy, sondern auch zu einer Veränderung des gesellschaftlichen und privaten Lebens führen. Viele spannende juristische Fragestellungen sind hiermit verbunden. Zu fragen sein wird beispielsweise, welche Regeln es für Roboter geben muss, die einen sehr ausgereiften Autonomiegrad erreichen und im täglichen Leben mit Menschen interagieren. Können Roboter, die aufgrund ihrer Fähigkeiten an Umsicht und Sorgfalt einem Menschen sogar überlegen sind, irgendwann eine eigene Rechtspersönlichkeit, mit eigenen Rechten und

Pflichten haben?[22] Was bedeutet die Zunahme von Vernetzung und Robotik für den Menschen? Lässt sich das althergebrachte Konzept des europäischen Datenschutzes in einer komplett vernetzten Welt des IoT und der Smart Homes überhaupt noch halten? Muss es in einer solchen Welt ein neues dezidiertes Recht auf Privatheit geben?[23] Diese und viele andere Fragen werden sich stellen. Während die Technik den Juristen viele Aufgaben abnehmen wird, werden sich gleichzeitig neue Betätigungsfelder auftun, die das Wissen und die Fähigkeiten der Rechtswissenschaftler und Anwälte herausfordern und mehr als ausreichend für berufliche Auslastung sorgen werden.

---

[22] Mit derartigen Fragestellungen beschäftigt sich seit einigen Jahren ein Forscherteam um Professor Eric Hilgendorf an der Forschungsstelle für Roboterrecht der Universität Würzburg. Siehe hierzu zum Beispiel, Hilgendorf, http://www.heise.de/tp/artikel/41/41777/3.html.

[23] Mit dieser Frage befasst sich u.a. der DFG-Graduiertenkolleg „Privatheit" an der Universität Passau. Siehe http://www.privatheit.uni-passau.de.

Digitalisierung bietet viele Chancen für Syndici

Jörg Vocke,
Chief Counsel LC TE, Siemens AG

Das Thema Digitalisierung ist derzeit in aller Munde. Welches sind aus Ihrer Sicht die größten Herausforderungen für Rechtsabteilungen in deutschen Unternehmen?
Die rasante Digitalisierung nahezu aller Bereiche des Privat- und Wirtschaftslebens stellt Rechtsabteilungen vor Herausforderungen in zweierlei Hinsicht. Mit der Digitalisierung gehen zum einen neue Produkte und Geschäftsmodelle und damit verbunden neue Rechtsfragen einher. Zum anderen bietet die Digitalisierung den Rechtsabteilungen mittelfristig große Chancen, Rechtsrat für das jeweilige Unternehmen deutlich effizienter zu erbringen als heute.

Welche Auswirkungen wird die Digitalisierung auf das heutige Erscheinungsbild der Rechtsabteilung haben?
Die enge Kooperation der Rechtsabteilung mit Produktentwicklern, Vertrieb und Management wird meines Erachtens immer wichtiger. Digitale Geschäftsmodelle leben davon, dass sie in kurzer Zeit skaliert werden, das heißt, dass sie weltweit möglichst standardisiert angeboten werden und die Kundenzahl rasant ansteigt. Fragen in Bereichen wie Datenschutz oder Exportkontrolle müssen daher bereits während des Designs der Geschäftsmodelle berücksichtigt werden, um deren problemlose Implementierung zu ermöglichen. In diese Richtung, also das Managen grundlegender Fragen beim Design digitaler Geschäftsmodelle, wird sich meiner Meinung nach auch der Schwerpunkt der Tätigkeit zahlreicher Unternehmensjuristen verlagern. Repetitive Tätigkeiten im Bereich Vertragserstellung oder Vertragskommentierung werden sich nach und nach über Software erledigen lassen und damit im Arbeitsalltag von Unternehmensjuristen an Bedeutung verlieren.

In Kürze wird der Bundesverband der Unternehmensjuristen e.V. (BUJ) eine neue Fachgruppe zum Thema „Rechtliche Herausforderungen der Digitalisierung" ins Leben rufen, deren Initiator Sie sind. Welche Ziele haben Sie sich für die Fachgruppe gesetzt?
Derzeit sehe ich zwei Ziele für die Fachgruppe. Da ist zunächst der Erfahrungsaustausch zu Rechtsfragen und Vertragsstandards im Bereich der Digitalen Wirtschaft. Hierzu zählen beispielsweise die wichtigsten Punkte, die beim Abschluss von Verträgen mit Cloud Service-Providern beachtet werden müssen, die wesentlichen Inhalte von Verträgen im Bereich „Predictive Maintenance", oder das in der digitalen Welt immer wichtiger werdende Thema der Software License Compliance.

Und wie lautet das zweite Ziel?
Den rechtspolitischen und gesellschaftlichen Diskurs, der im Rahmen der fortschreitenden Digitalisierung notwendig und äußerst wichtig ist, mitzuführen. Themen wie Haftung für autonome Systeme, Nutzungsrechte an Maschinendaten und eine zukunftsorientierte Fortentwicklung des Datenschutzrechts müssen aus meiner Sicht durch uns Unternehmensjuristen aktiv vorangetrieben werden. Soweit möglich, sollten wir hier gemeinsame Positionen entwickeln und aktiv in den politischen Diskurs einbringen.

Welche Tipps würden Sie als Chief Counsel Technology in Ihrem Unternehmen den Kollegen in anderen Rechtsabteilungen mit auf den Weg geben?
Die Digitalisierung hat in vielen Fällen disruptive Auswirkungen auf tradierte Geschäftsmodelle. Disruptive Effekte wird es auch im Hinblick auf die Art und Weise geben, wie wir effizient qualitativ hochwertigen Rechtsrat für unsere Unternehmen erbringen können. Beide Aspekte, neuartige Rechtsfragen und neuartige Formen der Erteilung von Rechtsrat, bieten für uns Inhouse-Juristen spannende Herausforderungen und Chancen. Als Unternehmensjuristen arbeiten wir eng mit dem Management unserer Unternehmen zusammen. Niemand im Rechtsberatungsmarkt ist daher so gut positioniert wie wir Unternehmensjuristen, wenn es darum geht, aus Sicht unserer Unternehmen gute Lösungen für die künftigen Herausforderungen zu finden. Wir sollten die mit der Digitalisierung einhergehenden Veränderungen daher als große Chance für unsere Berufsgruppe begreifen und den Wandel aktiv mitgestalten.

Studienteilnehmer decken breites Branchenspektrum ab

Mehr als 300 Rechtsabteilungen deutscher Unternehmen antworteten auf Fragen zu den Chancen und Risiken sowie den Herausforderungen durch die digitale Transformation

▶ **Rücklaufquote mit 305 Unternehmen bei 29,0 Prozent**
Von den 1.050 befragten Rechtsabteilungen in deutschen Unternehmen füllten 305 den Fragebogen aus. Damit liegt die Rücklaufquote
bei 29,0 Prozent.

▶ **Einschätzungen aus insgesamt 25 Branchen**
An der Studie haben sich Rechtsabteilungen aus 25 Branchen
beteiligt, vorneweg Dienstleistungen (rund 10 Prozent) und
Maschinen-/Anlagenbau (9,2 Prozent).

▶ **Studie repräsentiert Großteil der deutschen Unternehmenslandschaft**
Mehr als die Hälfte (56,8 Prozent) der Befragten stammt aus Firmen
mit einem Umsatz von weniger als 1 Milliarde Euro. 13,6 Prozent
repräsentieren Unternehmen mit mehr als 10 Milliarden Euro Umsatz.

▶ **Unterschiedlich starke Nähe zu digitalen Themen**
Die Relevanz der Digitalisierung unterscheidet sich von Branche zu
Branche. Neben den IT- und Telekommunikationsunternehmen ge-
hören Firmen der Automotive- und Finanzbranche zu den Pionieren.

Für die vorliegende Studie wurden Rechtsabteilungen von 1.050 Unternehmen angesprochen und zu den Herausforderungen der Digitalisierung befragt. Die Gruppe der Befragten repräsentiert die Unternehmen, die durch die Mitgliedschaft ihrer Unternehmensjuristen im Bundesverband der Unternehmensjuristen e. V. (BUJ) vertreten sind. Entsprechend breit ist die Untersuchung angelegt. Die Befragung erfolgte branchenübergreifend und erfasste Unternehmen ganz unterschiedlicher Umsatz- und Belegschaftsgrößen. Sie verteilen sich über sämtliche Regionen Deutschlands.

Darüber hinaus beinhaltet die Gruppe der Befragten Rechtsabteilungen ganz unterschiedlicher Größen – von welchen, die einen bis fünf Berufsträger beschäftigen, bis hin zu Rechtsabteilungen mit mehreren hundert Berufsträgern. Die adressierten Firmen stellen einen repräsentativen Schnitt durch die deutsche Unternehmenslandschaft dar.

Ziel der Erhebung ist es, die Folgen für die rechtliche Praxis und Organisation in den Unternehmen sowie die Auswirkungen auf das Berufsbild des Unternehmensjuristen zu beschreiben. Die Befragung zur Studie Digital Economy und Recht fand von Anfang April bis Ende Mai 2016 statt.

Rücklaufquote mit 305 Unternehmen bei 29,0 Prozent

Durch die Auswertung der Befragungsergebnisse soll ein möglichst umfassender Blick auf die Veränderungen geworfen werden, die die digitale Disruption in den einzelnen Unternehmen mit sich bringt. Bis zum Ende der Befragung beteiligten sich Vertreter von insgesamt 305 Unternehmen und füllten den zugeschickten Fragebogen aus. Damit liegt die Rücklaufquote bei 29,0 Prozent.

Da ausschließlich Syndici in den jeweiligen Rechtsabteilungen befähigt waren, sich an der Berfragung zu beteiligen, repräsentiert die vorliegende Studie eine homogene Befragtengruppe. Dadurch ermöglicht die Erhebung einen einzigartigen Blick auf Chancen, Risiken und Herausforderungen im Zusammenhang mit der Digitalisierung – und zwar so, wie sie aus Sicht der Rechtsabteilungen in deutschen Unternehmen gesehen werden.

Einschätzung aus insgesamt 25 Branchen

An der Studie beteiligten sich Vertreter von Rechtsabteilungen aus Unternehmen, die sich auf insgesamt gut zwei Dutzend Branchen verteilen. Unter den gezählten 25 Branchen stellen die Antwortenden aus dem Dienstleistungssektor mit 10,2 Prozent die größte Fraktion dar. Angehörige aus dem Maschinen-, Anlagen- und Apparatebau sind mit 9,2 Prozent ebenfalls stark vertreten.

Unter den Top 5 befinden sich zudem Firmen aus IT und Telekommunikation (7,9 Prozent), Unternehmen aus Pharma, Biotechnologie und Medizintechnik (7,5 Prozent) sowie Banken und Sparkassen (6,9 Prozent). Die Verteilung der teilnehmenden Unternehmen auf die verschiedenen Branchen zeigt die breite Aufstellung und Belastbarkeit der Befragungsergebnisse.

Studie repräsentiert Großteil der deutschen Unternehmenslandschaft

Bei der Betrachtung der Umsatzgrößen der teilnehmenden Unternehmen lässt sich die bekannte deutsche Unternehmenslandschaft wiedererkennen. Aus der Kategorie der Unternehmen mit mehr als 10 Milliarden Euro Umsatz stammen 13,6 Prozent der Firmen. Jährliche Umsätze zwischen 1 und 10 Milliarden Euro erwirtschaften 29,6 Prozent der teilnehmenden Einheiten. Insgesamt 56,8 Prozent der teilnehmenden Rechtsabteilungen melden Umsätze von bis zu 1 Milliarde Euro für ihr Unternehmen.

Unternehmen, deren Größe typischerweise nicht am klassischen Umsatz, sondern an der Bilanzsumme gemessen wird, sind vor allem Banken, Sparkassen und Versicherungen. Auf 38 der 305 Unternehmen, die sich an der Studie beteiligten, trifft dieses Merkmal zu. Bei einem guten Viertel (27,0 Prozent) liegt die Bilanzsumme bei mehr als 50 Milliarden Euro. Bei 13,5 Prozent sind es 10 bis 50 Milliarden Euro, und rund sechs von zehn (59,5 Prozent) weisen eine Bilanzsumme von weniger als 10 Milliarden Euro auf. Insgesamt 17 Teilnehmer konnten weder über Umsatz noch Bilanzsumme erfasst werden, da sie größtenteils Verbände oder Vertreter der öffentlichen Verwaltung repräsentieren oder anonym teilnahmen.

Branchenverteilung der teilnehmenden Unternehmen

Anzahl der Unternehmen (in %), Basis 305 Unternehmen

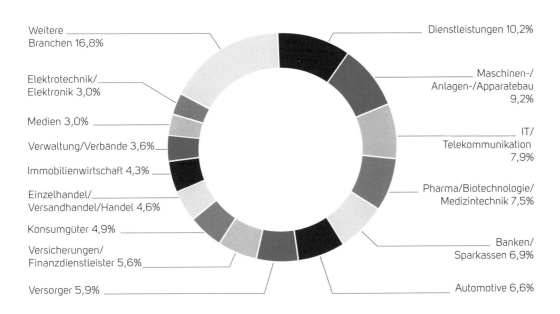

Weitere Branchen 16,8%

Elektrotechnik/ Elektronik 3,0%

Medien 3,0%

Verwaltung/Verbände 3,6%

Immobilienwirtschaft 4,3%

Einzelhandel/ Versandhandel/Handel 4,6%

Konsumgüter 4,9%

Versicherungen/ Finanzdienstleister 5,6%

Versorger 5,9%

Dienstleistungen 10,2%

Maschinen-/ Anlagen-/Apparatebau 9,2%

IT/ Telekommunikation 7,9%

Pharma/Biotechnologie/ Medizintechnik 7,5%

Banken/ Sparkassen 6,9%

Automotive 6,6%

Weitere Branchen

Bauwirtschaft	2,6%	Luft- und Raumfahrt	1,3%
Gesundheitssystem	2,3%	Metall- & stahlverarbeitende Industrie	1,0%
Chemie/Kunststoffe	2,3%	Bergbau	0,7%
Anonym	2,1%	Verpackungs-/Papier- und Druckindustrie	0,3%
Transport/Logistik/Verkehr	2,0%	Reise/Touristik/Hotellerie/Gastronomie	0,3%
Nahrungsmittel	1,6%	Bildung/Kultur	0,3%

Abbildung 1

Unterschiedlich starke Nähe zu digitalen Themen

Es gibt Wirtschaftszweige und Branchen, die aufgrund ihrer Struktur und/oder ihres Geschäftsmodells stärker mit digitalen Themen befasst sind als andere, zum Beispiel IT- und Telekommunikationsfirmen, die zu den Pionieren der Digitalisierung gehören, oder Automobilhersteller und ihre Zulieferer (Stichwort „Autonomes Fahren"). Auch für Geldinstitute sowie Versicherungen und Finanzdienstleister spielt die digitale Transformation eine wichtige Rolle. Entwicklungen bei den „Fintechs" zeigen gerade in den vergangenen Jahren eine ausgeprägte Dynamik. Bei Unternehmen aus der Elektrotechnik und Elektronik stand Digitalisierung ebenfalls schon früh auf der Agenda. Rechtsabteilungen aus den eben genannten, früh digitalisierten oder inzwischen stark mit Digitalisierung befassten Branchen stellen in dieser Studie 29,8 Prozent der Antwortgeber.

 Für die Studie „Digital Economy und Recht" wurden die Rechtsabteilungen von 1.050 Unternehmen befragt. 305 Rechtsabteilungen haben den zugeschickten Fragebogen beantwortet, was einer Rücklaufquote von 29,0 Prozent entspricht. Die Unternehmen, für die sie arbeiten, bilden ein breites Spektrum hinsichtlich Umsatz, Mitarbeiterzahl und Branchenzugehörigkeit und stellen ein marktnahes Abbild der deutschen Wirtschaft dar. Die Ergebnisse dieser homogenen Befragtengruppe, ausschließlich bestehend aus Unternehmensjuristen, ermöglichen einen einzigartigen Blick auf Chancen, Risiken und Herausforderungen im Zusammenhang mit der Digitaisierung.

Die Teilnehmer repräsentieren einen Großteil der deutschen Wirtschaft. Insgesamt kommen die Antwortgeber aus 25 verschiedenen Branchen, die meisten stammen aus dem Dienstleistungssektor (10,2 Prozent), dem Maschinen-, Anlagen- und Apparatebau (9,2 Prozent) und der IT/Telekommunikation (7,9 Prozent). Die teilnehmenden Firmen haben verschiedene Größenkategorien. Insgesamt 43,2 Prozent erwirtschaften Umsätze von mehr als einer Milliarde Euro jährlich. 56,8 Prozent erreichen Umsätze bis zu 1 Milliarde Euro. 29,8 Prozent der Teilnehmer gehören Branchen an, die bereits frühzeitig mit dem Thema Digitalisierung befasst waren.

Unternehmensgröße nach Umsätzen

Anzahl der Unternehmen (in %), Basis 250 Unternehmen

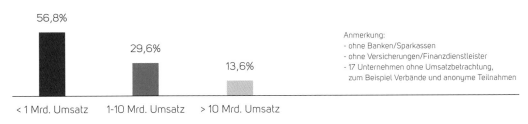

56,8%

29,6%

13,6%

< 1 Mrd. Umsatz   1-10 Mrd. Umsatz   > 10 Mrd. Umsatz

Anmerkung:
- ohne Banken/Sparkassen
- ohne Versicherungen/Finanzdienstleister
- 17 Unternehmen ohne Umsatzbetrachtung,
  zum Beispiel Verbände und anonyme Teilnahmen

Unternehmensgröße nach Bilanzsummen

Anzahl der Unternehmen (in %), Basis 38 Unternehmen

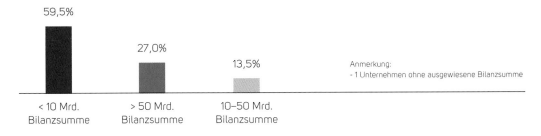

59,5%

27,0%

13,5%

< 10 Mrd.   > 50 Mrd.   10–50 Mrd.
Bilanzsumme   Bilanzsumme   Bilanzsumme

Anmerkung:
- 1 Unternehmen ohne ausgewiesene Bilanzsumme

Unternehmensgröße nach Anzahl Mitarbeiter

Anzahl der Unternehmen (in %), Basis 298 Unternehmen

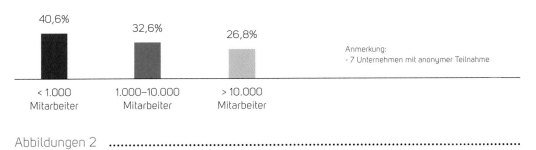

40,6%

32,6%

26,8%

< 1.000   1.000–10.000   > 10.000
Mitarbeiter   Mitarbeiter   Mitarbeiter

Anmerkung:
- 7 Unternehmen mit anonymer Teilnahme

Abbildungen 2 ....

Studienergebnisse

Management Summary

■ Die Studie „Digital Economy und Recht" befasst sich mit den rechtlichen Herausforderungen der digitalen Transformation und den Auswirkungen auf die Rechtsabteilungen in Unternehmen. Für die Untersuchung wurden 1.050 Firmen angeschrieben, 305 beantworteten den Fragebogen, sodass sich eine **Rücklaufquote von 29,0 Prozent** ergibt.

■ Den Ergebnissen liegen die Einschätzungen von Rechtsabteilungen zugrunde, die Unternehmen aus **25 Branchen** angehören. Die Studie repräsentiert also ein **breites Spektrum der deutschen Wirtschaft.** Mit einem Anteil von 10,2 Prozent sind die Teilnehmer aus dem Dienstleistungssektor die größte Fraktion, gefolgt von Maschinen-, Anlagen- und Apparatebau (9,2 Prozent), IT/Telekommunikation (7,9 Prozent), Pharma/Biotechnologie/Medizintechnik (7,5 Prozent) sowie Banken und Sparkassen (6,9 Prozent). Insgesamt stammen 41,6 Prozent der Teilnehmer aus einer dieser fünf Branchen.

■ Die Digitalisierung ist zwar auch ein Zukunftsthema, im Sinne der Frage: Wie geht es weiter? Aber sie hat die Unternehmen längst erreicht. **Die Digitalisierung wirkt intensiv** und schnell, wenn auch **verschieden stark ausgeprägt** je nach Branche, Unternehmen und Beruf, auf Unternehmen ein. Der digitale Wandel weist ganz unterschiedliche Facetten auf.

■ Die Mehrheit der Rechtsabteilungen (rund 69,9 Prozent) stimmt darin überein, dass die digitale Transformation einen **hohen Einfluss auf ihr Unternehmen** hat. Dabei zeigt sich eine Tendenz: Je größer das Unternehmen ist, desto deutlicher fällt auch das Votum aus. Bei Firmen und Konzernen mit einem Jahresumsatz von 10 Milliarden Euro aufwärts werden die Folgen der digitalen Technologie als besonders stark empfunden.

■ Bei der Frage, ob die digitale Transformation **für ihr Unternehmen mehr Chancen** oder Risiken bringt, zeigt sich ein klares Bild: Die meisten hegen positive Erwartungen. Auf einer Skala von 1 (höchstes Risiko) bis 10 (höchste Chancen) entscheiden sich rund zwei Drittel für eine Bewertung von 7 oder höher. Umgekehrt ist die Gruppe der „Risiko-Wähler", zusammengefasst durch die Skalenwerte 1 bis 4, mit 6,3 Prozent sehr klein. Digitalisierung löst also nur bei einem geringen Teil der Befragten negative Erwartungen aus.

■ Geht es um die Chance-Risiko-Abschätzung, so **votieren Befragte aus Großunternehmen (Umsatz über 10 Milliarden Euro) eher für „Chance",** während sich Angehörige der kleinen und mittleren Unternehmen etwas bedeckter halten. Doch insgesamt fällt der Unterschied im Meinungsspektrum zwischen Angehörigen von Großunternehmen (Mittelwert: 7,3 Prozent) und von Kleinunternehmen (Mittelwert: 6,9 Prozent) bemerkenswert gering aus.

■ Digitalisierung bringt zum Teil ganz **neue Themen** auf die Agenda. Damit müssen sich Unternehmen im Allgemeinen und ihre Rechtsabteilungen im Besonderen beschäftigen. Steigende Anforderungen können nur durch entsprechenden Wissenszuwachs bewältigt werden. Juristen müssen laut Einschätzung der Studienteilnehmer vor allem in Rechtsgebieten wie **Datenschutz, IT-Sicherheit, Haftung und Regulierung** ihre Kenntnisse ausbauen.

■ Rechtsabteilungen müssen sich auf **neue Geschäftsmodelle** einstellen, sie können sich nicht allein auf bislang erworbene Kompetenz und Routine verlassen. Dabei halten es fast drei Viertel der Befragten für notwendig, dass auch interne Mandanten hinsichtlich rechtlicher Rahmenbedingungen mehr und **besser geschult** werden.

■ Die digitale Technologie und ihre Anwendung tangieren schon heute erheblich bestehendes Recht und Gesetz. Ob neu entstandene Technologien und Geschäftsmodelle, Regeln des Onlinehandels, Aspekte des Datenschutzes oder die Ausgestaltung von Verträgen – es müssen Fragen und Sachverhalte geklärt werden, die es früher nicht gab. Darauf muss sich der **Rechtsstandort Deutschland** einstellen, doch das gelingt nach dem Urteil der Befragten bislang **nur befriedigend** (Schulnote 3,2). Besonders kritisch fällt dabei die Bewertung von Vertretern aus Großunternehmen aus (Note 3,5).

■ Die Kritiker bemängeln vor allem die **zögerliche Haltung** hierzulande beim Einsatz neuer Technologien, **fehlende Technikaffinität** und wenig fortschrittliche Denkweise. Unzufrieden zeigen sie sich zudem mit der nach ihrer Auffassung schlecht koordinierten, wenig effizienten Steuerung durch Politik und Wirtschaft: Die Legislative sei zu langsam, Gesetze bei Inkrafttreten schon veraltet, der Politik fehle der Fokus aufs Thema.

■ Beim Thema **„Datenschutz"** scheiden sich die Geister. Während die einen Rechtsprechung und Vorschriften als überzogen empfinden, loben die anderen, dass Deutschland hier sinnvolle Regelungen haben und international eine führende Rolle spiele.

■ Für Juristen in den Unternehmen gibt es noch viel zu tun – auch was das eigene Können und die eigene **Kompetenz rund um die Digitalisierung** betrifft. So sieht sich erst rund ein Viertel der Rechtsabteilungen „sehr gut" (4,5 Prozent) oder „gut" (23,3 Prozent) auf die Herausforderungen der digitalen Transformation vorbereitet. Fast die Hälfte (48,5 Prozent) gibt sich die **Schulnote 3.** Gleichwohl: Die Rechtsabteilungen sehen sich und ihre Profession als etwas besser gerüstet als den Rechtsstandort Deutschland generell.

■ Die am häufigsten genannte **Gründe** für die **nicht optimale Vorbereitung** der Unternehmensrechtsabteilung auf die Digitalisierung lauten: Das **vorhandene Budget ist zu gering** und ganz dringend erforderliche Ressourcen sind nicht vorhanden. Zudem werde das Thema Digitalisierung häufig zu wenig durchdrungen, sodass notwendige Schlüsse ausbleiben. Einige weitere Kritikpunkte lauten: zu wenig Veränderungsbereitschaft, „Kollegen sind zu alt für das Thema", fehlende Fortbildungen, zu geringe Anpassungsgeschwindigkeit.

■ **Positiv** beurteilen die Studienteilnehmer, dass zunehmend **interdisziplinäre Teams** gebildet werden, juristische Spezialsoftware eingeführt und die Zusammenarbeit in digitalen Projekten intensiviert wird. Eher punktuell, aber doch auffallend: In manchen Rechtsabteilungen werden zusätzliche Stellen geschaffen, um sich intensiver dem digitalen Wandel zu widmen.

■ Rechtsabteilungen rücken **näher ans Kerngeschäft** ihrer Unternehmen heran. Sie müssen noch besser verstehen lernen, wie neue **digitale Geschäftsfelder** funktionieren und wie Geschäftsprozesse laufen. Hier gilt es, weitere Fähigkeiten zu erwerben und auszubauen. Das gilt auch für Datenschutz/-sicherheit, was sich zu einem relevanten Rechtsgebiet entwickelt hat und weiter entwickeln wird. Hier werden Unternehmensjuristen künftig ohne vertiefte IT-Kenntnisse nicht auskommen.

■ Die Rechtsabteilungen stehen der Digitalisierung überwiegend positiv gegenüber, aber sie schärfen auch den Blick für **Gefahren.** Dabei messen sie dem Umgang mit Daten eine herausragende Bedeutung bei. Besonders sorgen sie sich um stabile **IT-Sicherheit** (91,3 Prozent). Gut drei von vier Befragten weisen auf Risiken hin, wenn es darum geht, Daten zu sichern, zu schützen und sie vor **Spionageangriffen** zu bewahren.

■ Rechtsgebiete sind unterschiedlich stark von den Folgen der Digitalisierung betroffen. Hierzu gibt es ein ganz eindeutiges Votum von jeweils über 90 Prozent: Alles, was mit dem **Schutz von Daten** und der **Sicherheit des IT-Systems** zu tun hat, steht in der Relevanzskala der Rechtsabteilungen ganz oben. Außerhalb des Gebiets Data Compliance stuft gut jeder Zweite das Thema Vertragsrecht/ Rechtsgeschäfte (56,1 Prozent) sowie Regulierungsthemen als große Herausforderung ein.

■ Welchen Raum und wie viel Zeit nimmt Digitalisierung gegenwärtig in den Rechtsabteilungen der Unternehmen ein? Laut vorliegender Studie ist heute im Durchschnitt fast **jeder dritte Jurist** (31,4 Prozent) **mit digitalen Themen** betraut. Sie wenden ein bis zwei Fünftel ihrer Kapazität für Aspekte und Fragen der Digitalisierung auf. Zum Jobschwerpunkt mit einem Aufwandsanteil von mehr als 60 Prozent ist Digitales bislang für knapp ein Fünftel der Befragten (17,1 Prozent) geworden.

■ Je höher der Ausbildungsgrad, desto mehr drängt Digitalisierung in den Berufsalltag. Während Syndici nahezu **ein Drittel ihrer Arbeitszeit** dafür einsetzen, liegt der Anteil, den Fachangestellte, Sachbearbeiter und Mitarbeiter im Sekretariat für Digitales aufwenden, durchschnittlich bei 19,0 Prozent ihrer Arbeitszeit.

■ Digitalisierung treibt neue oder umgebaute Geschäftsmodelle voran – berufs- und tätigkeitsübergreifende Veränderungen machen vor den Rechtsabteilungen nicht halt. Laut Studie lassen sich die Folgen beziffern: 73,3 Prozent der Antwortgeber erwarten einen **steigenden Bedarf an digital kompetenten Rechtsanwälten/Juristen** in den nächsten fünf Jahren – die Nachfrage nach Juristen mit digitalem Know-how wird wohl deutlich wachsen. Bei Paralegals und Assistenz ist der Trend ähnlich, aber schwächer.

■ Einigkeit herrscht darüber, dass die digitale Wirtschaft unter anderem zusätzliche Kompetenzen, neue Schwerpunkte, mehr Ressourcen erfordert. Jedoch: Nur 9,0 Prozent, also nicht einmal jedes zehnte Unternehmen, planen dafür **höhere Ausgaben** ein. Jene Unternehmen, die für die digitale Transformation zusätzliche Mittel für die Rechtsabteilung einkalkulieren, wollen im Durchschnitt ihr Budget um rund 18,9 Prozent erhöhen.

■ Die Antwort auf die Forderung nach **mehr Ressourcen** muss nicht zwangsläufig ein Personalausbau sein. So erhoffen 39,9 Prozent der Studienteilnehmer, die infolge der Digitalisierung anfallende Mehrarbeit durch verbesserte Abläufe und Organisation wettmachen zu können. Ein Viertel (24,4 Prozent) schlägt vor, mehr externe Paralegals zu verpflichten; 14,4 Prozent sehen eine Option darin, Kapazitäten zu verlagern.

■ Durch die Digitalisierung verändern sich auch die Anforderungen, Erwartungen und die Funktion der Rechtsabteilungen im Unternehmen. Klar scheint: Juristischer Rat wird in diesem Kontext zunehmend stark gefragt sein, der **Rechtsabteilung wird bisweilen gar eine Schlüsselrolle zukommen.**

■ Als **aktiver Mitgestalter** des Unternehmenserfolgs betrachtet sich nur jede zweite Rechtsabteilung, allerdings verstehen sich gut zwei Drittel (69,2 Prozent) als **aktiven Teil von Digitalprojekten.** Technologie zieht in die Rechtsabteilung ein; das ist bislang schon zu beobachten und wird noch zunehmen. 95,0 Prozent der Befragten erwarten, dass sich dadurch der Arbeitsalltag verändern wird.

■ Es stellt sich die Frage: In welcher Weise werden sich das Arbeiten, der Alltag und die Abläufe in den Rechtsabteilungen von Unternehmen verändern? Dank digitaler Technik ist es in vielen Bereichen möglich, hochskalierbare **Aufgaben computergestützt zu erledigen,** zum Beispiel im Rechnungswesen und in der Kundenverwaltung – sie dienen durchaus als Vorbild für die Rechtsabteilung, die hier mehr Möglichkeiten nutzen will. Zu den oft genannten Vorschlägen gehört: Vorgänge, die sich standardisieren lassen und die keine ausgeprägte juristische Kompetenz erfordern, sollen zunehmend an Shared-Services-Plattformen ausgelagert werden.

■ Das größte Potenzial für den Einsatz von **Shared-Services-Plattformen** sehen die Befragten, wenn es um die Prüfung und Gestaltung von einfachen Verträgen geht. Oft wird befürwortet, Tätigkeiten der Rechtsabteilung auf **digitalen Dienstleistungsplattformen** bereitzustellen und dort zu bündeln, sofern kein Spezialisten-Know-how gefragt ist.

■ Bei der Gesetzgebung rund um die Digitalisierung spielt die territoriale Gültigkeit eine große Rolle. Das Votum der Studienteilnehmer ist deutlich: In den meisten Rechtsgebieten sehen sie den **europäischen Gesetzgeber** in der Pflicht, vor allem bei Regulierungsfragen. Bei Data Compliance werden internationale Standards gefordert.

■ Beim Blick auf die kommenden fünf Jahre steht für die Befragten ein Thema im Vordergrund: **Datenschutz**. Erwartet wird zudem, dass das **Entwickeln und Erproben neuer Geschäftsmodelle** zunimmt und sich dabei die Rolle der Rechtsabteilung vom eher flankierenden Begleiter hin zum **aktiven Mitgestalter** verschiebt.

■ In der digitalen Wirtschaft ist Vernetzung ein großes Thema – ein Grund, weshalb die Grenzen zwischen unterschiedlichen Professionen und Abteilungen durchlässiger werden und **interdisziplinäres Arbeiten** zunehmen wird. Weitere Trends, die sich laut Studie deutlich abzeichnen: Der digitale Wandel wird die **Kommunikationskultur verändern** und in Unternehmen die Bereitschaft erhöhen, öfter **Neues zu probieren.**

■ **Legal Technology** setzt sich in Rechtsabteilungen und Kanzleien immer stärker durch. Die Befragten erwarten, dass der Einsatz digitaler Werkzeuge und Programme ihre **Arbeit und Abläufe beschleunigt.** So wird auch das Maß an automatisierter Rechtsberatung zunehmen und das Spektrum an digitalen Leistungen breiter werden.

■ In den Rechtsabteilungen deutet sich heute schon an, dass sich elektronische Aktenführung und papierloses Büro durchsetzen werden. Mit dem Einzug von Legal Technology und dem Trend zu mehr automatisierter Rechtsberatung geht ein sich **veränderndes Anforderungsprofil der Juristen** einher. Sie werden ihre Kenntnisse erweitern und Fertigkeiten schärfen müssen.

Herausforderungen der Digitalisierung

1.1 Digitale Transformation wirkt stark auf Unternehmen ein

Rechtsabteilungen schätzen den Einfluss der Digitalisierung ganz überwiegend (69,9 Prozent) als stark ein. Das zeigt sich umso deutlicher, je größer das Unternehmen ist.

▶ **Digitale Transformation hat unterschiedliche Facetten**
Die Digitalisierung durchdringt Unternehmen mit ungeheurer Geschwindigkeit, jedoch verschieden stark ausgeprägt je nach Branche.

▶ **Mehrheit der Rechtsabteilungen sieht einen starken Einfluss**
Rund 70 Prozent der Befragten bewerten den Einfluss der digitalen Transformation auf ihr Unternehmen als stark. Geringe Auswirkungen erwarten dagegen nur 3,5 Prozent der Studienteilnehmer.

▶ **Je größer das Unternehmen, desto klarer das Votum**
81,8 Prozent der Vertreter von großen Konzernen mit einem Jahresumsatz von mehr als 10 Milliarden Euro empfinden die Folgen der digitalen Technologie als besonders stark ausgeprägt.

Auf technologische Entwicklungen reagieren Wirtschaft und Gesellschaft sehr schnell: Neuerungen werden ausprobiert, eingesetzt und adaptiert. Das lässt sich für jede Art von Innovation beobachten. Besonders ausgeprägt zeigt sich das bei der Digitalisierung: Sie durchdringt in ungeheurer Geschwindigkeit und mit umwälzender Kraft ganze Märkte und Branchen, Unternehmen und Organisationen sowie den beruflichen und privaten Alltag. Die deutsche Wirtschaft ist von den Einflüssen und Folgen, die sich aus Big Data und Smart Data, digitalen Services, mobiler Online-Nutzung, Cloud Computing und Social Media ergeben, in erheblichem Maße betroffen. Damit erfolgreiche Unternehmen ihre Marktposition behaupten oder gar ausbauen sowie neue Geschäftsfelder erschließen können, braucht es leistungsstarke Technologien und marktfähige Standards.

Digitale Transformation hat unterschiedliche Facetten

Gleichwohl gibt es Unterschiede, wie schnell und wie stark die Digitalisierung einzelne Felder der Arbeits- und Geschäftswelt beeinflusst. Für alle Unternehmen stellt sich aber die Frage, was sie tun müssen, um fit für das digitale Zeitalter zu sein. Reicht es aus, klassische Geschäftsprozesse anzupassen, oder steht gar das bisherige Geschäftsmodell zur Disposition? Von der internen und externen Kommunikation bis zu Vermarktung und Vertrieb, von der IT-Infrastruktur bis zur Produktionssteuerung, von Informations- und Innovationsprozessen bis zu Fragen der Wertschöpfung reicht das Spektrum des Wandels. Dabei beschäftigt sich nicht jedes Unternehmen gleichermaßen intensiv mit dem Thema. Während manche eine digitale Strategie klar formuliert haben und ihr Geschäft daran aus-richten, pflegen andere einen Ad-hoc-Stil und reagieren oft kurzatmig und ohne konzepti-onellen Unterbau.

Mehrheit der Rechtsabteilungen sieht einen starken Einfluss

Die vorliegende Studie will darlegen, wie Rechtsabteilungen den Einfluss der digitalen Transformation auf ihr Unternehmen einschätzen. Dazu konnten die Befragten ihre Bewertung auf einer Skala von 1 bis 10 abgeben. 1 entspricht dabei einem „schwachen Einfluss", 10 bedeutet „starker Einfluss".

Die Antworten lassen keinen Zweifel daran, dass die Mehrheit der Digitalisierung im Unternehmen eine enorme Bedeutung zumisst. 69,9 Prozent stufen den Einfluss der digitalen Transformation auf der Bewertungsskala mit mindestens 7 oder höher ein. Jeder Zweite votiert für einen Wert zwischen 8 und 10. Am häufigsten stimmen die Befragten für die Skalenwerte 8 (22,0 Prozent) und 7 (19,3 Prozent). Einen schwachen Einfluss (Skalenwert 1 bis 3) konstatieren lediglich 3,5 Prozent der antwortenden Rechtsabteilungen. Teilt man die Skala in der Mitte, ergibt sich eine klares Bild: 17,4 Prozent schreiben der Digitalisierung einen eher schwachen Einfluss zu (Wert 1 bis 5), eine überwältigende Mehrheit von 82,6 Prozent entscheidet sich jedoch für ein Votum zwischen 6 und 10.

Je größer das Unternehmen, desto klarer das Votum

Für wie stark ausgeprägt die Folgen digitaler Transformation empfunden werden, hat auch mit der Größe des Unternehmens zu tun. Es zeigt sich, dass in Großunternehmen mit einem Umsatz von mehr als 10 Milliarden Euro das Votum mit durchschnittlich 8,0 am höchsten ausfällt. Bei den mittelgroßen Unternehmen mit einem Umsatz zwischen 1 und 10 Milliarden Euro und bei den kleinen Unternehmen mit einem Jahresumsatz von weniger als 1 Milliarde Euro fallen die Ergebnisse niedriger aus. Hier ergibt sich ein Durchschnittswert von 7,2.

Digitalisierung zeigt sich in verschiedenen Facetten, durchdringt Unternehmen aber stark und mit hoher Geschwindigkeit. Die Mehrheit der befragten Rechtsabteilungen konstatiert einen „starken Einfluss" der digitalen Transformation auf ihr Unternehmen. Auf einer Skala von 1 (schwach) bis 10 (stark) entscheiden sich 69,9 Prozent für einen Wert zwischen 7 und 10, jeder Zweite stimmt sogar für 8 bis 10. Dabei scheint es einen Zusammenhang zwischen Unternehmensgröße und dem wahrgenommenen digitalen Einfluss zu geben: Juristen aus Firmen mit einem Umsatz jenseits von 10 Milliarden Euro bewerten durchschnittlich mit 8,0, jene aus mittleren und kleinen Unternehmen mit 7,2.

Durchschnittlicher Einfluss der digitalen Transformation auf Unternehmen in Deutschland

Frage 1.1: Wie stark ist der Einfluss der digitalen Transformation auf Ihr Unternehmen?

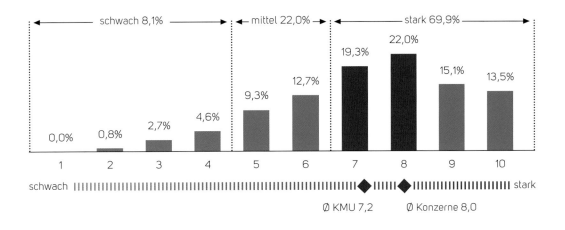

Unternehmen aus Branchen, die den Einfluss mit „stark" bewerten (69,9%)

■ Metall- und stahlverarbeitende Industrie	■ Elektrotechnik/Elektronik
■ Reise/Touristik/Hotellerie/Gastronomie	■ Medien
■ Transport/Logistik/Verkehr	■ Banken/Sparkassen
■ Verpackungs-/Papier- und Druckindustrie	■ IT/Telekommunikation

KMU: < 10 Mrd. Euro Umsatz | Konzerne: ab 10 Mrd. Euro Umsatz

Abbildung 3 ....

1.2

Für die Mehrheit der Teilnehmer überwiegen die Chancen der digitalen Transformation

In den meisten Rechtsabteilungen wird die Digitalisierung positiv beurteilt. Die Anzahl derer, die mehr Chancen sehen ist zehnmal höher als die derer, bei denen die Risiken überwiegen.

▶ **Neue Herausforderungen für Unternehmen und ihre Juristen**
Die Auswirkungen der Digitalisierung tangieren die Rechtsabteilungen in unterschiedlich starkem Maße. Sie müssen sich auf neue Herausforderungen einstellen.

▶ **Arbeit, Aufgaben und berufliche Anforderungen verändern sich**
So, wie Veränderungen auf die Unternehmen als Ganzes zukommen, trifft das auch auf die Arbeit und Aufgaben ihrer Juristen zu. Sie bewerten sich ergebende Chancen zu zwei Dritteln positiv.

▶ **Die Chancen werden höher eingestuft als die Risiken**
Mit deutlich überwiegender Tendenz beurteilen die Befragten, nahezu ohne Unterschied nach Firmengröße, die Chancen der digitalen Transformation höher als die Risiken.

Zweifellos führt der Fortschritt der Digitalisierung zu neuen Aufgaben und bislang nicht gekannten Herausforderungen für die Unternehmen und damit auch für die dort arbeitenden Juristen. Sie müssen sich fortan mit Rechtsfragen und -gebieten beschäftigen, die es zuvor so nicht gab oder nun erstmals neu zugeordnet und bewertet werden müssen.

Bei der Beantwortung der Frage nach den Chancen und Risiken der digitalen Transformation für die Rechtsabteilung spielen unterschiedliche Faktoren eine Rolle. Zum Beispiel wirkt sich aus, wie offen und bereitwillig Mitarbeiter aus Fach- und Rechtsabteilungen prinzipiell Veränderungen gegenüberstehen. Das gilt umso mehr, wenn das eigene Umfeld, gelernte Tätigkeiten und gewohnte Abläufe davon betroffen sind.

Neue Herausforderungen für Unternehmen und ihre Juristen

Der Umgang mit IT wird selbstverständlich, zwingt aber auch dazu, sich näher damit zu befassen. Und manche juristischen Dienst- und Beratungsleistungen werden mit hilfe moderner Software künftig automatisiert geleistet.

Die Arbeit wird facettenreicher, spezialisierter und komplexer. Dies führt in der Transformationsphase der Digitalisierung sowohl in den Fachabteilungen als auch in hohem Maße in der Rechtsabteilung zu einer höheren und nachher zu einer veränderten Arbeitsbelastung. Es wird unerlässlich sein, zusätzliche Qualifikationen und technologisches Wissen aufzubauen.

Arbeit, Aufgaben und berufliche Anforderungen verändern sich

Die Anworten bestätigen diese Annahme und zeigen einen klaren Trend: Die Mehrheit sieht die Möglichkeiten, die aus der Digitalisierung resultieren, als positiv an. Der Befragung lag eine Skala von 1 (höchste Risikoausprägung) bis 10 (höchste Chancenausprägung) zugrunde. Rund zwei Drittel (62,9 Prozent) der Antwortenden zählen zu den Chancen-Befürwortern, also jenen, die sich für einen Wert von 7 oder höher entschieden haben.

Betrachtet man die Skalenziffern 1 bis 6 als Trend einer geringen bis mittleren Risikoeinschätzung, so ergibt sich hier kumuliert ein Wert von 37,1 Prozent. Sprich: Die digitale Transformation wird auch mit neutralen und negativen Erwartungen in Verbindung gebracht. Wenn jedoch die Skalenwerte 1 bis 4 zusammengefasst werden, bleibt der Anteil der „Risiko-Wähler" mit 6,3 Prozent eher gering.

Die Chancen werden höher eingestuft als die Risiken

Andererseits lohnt ein genauerer Blick auf die Abstufung der „Chancen-Betrachter": Den Maximalwert von 10 haben nur 6,3 Prozent angekreuzt, für 9 haben sich 11,2 Prozent entschieden. Das heißt: Im höchsten Maße überzeugt von den Chancen der Digitalisierung sind 17,5 Prozent. Zum Vergleich: Bei der vorherigen Frage, wie stark der digitale Einfluss auf Unternehmen in Deutschland bewertet wird, war die Spitzengruppe mit 28,6 Prozent (also jene, die sich für Skalenwert 9 oder 10 entschieden) deutlich größer. Damit stufen die Leiter Recht ihre Chancen für die Rechtsabteilung deutlich geringer ein als für das Gesamtunternehmen.

Bei der Chance-Risiko-Abschätzung votieren Befragte aus Großunternehmen mit einem Jahresumsatz von mehr als 10 Milliarden Euro eher für „Chance", festgemacht an einem Durchschnittswert von 7,3, während sich Mitarbeiter von kleinen Unternehmen (6,9) und mittelgroßen Unternehmen (6,6) mit durchschnittlich 6,8 etwas bedeckter halten.

Eine deutliche Mehrheit der Rechtsabteilungen sieht in der digitalen Transformation für ihr jeweiliges Unternehmen mehr Chancen als Risiken. Nahezu zwei Drittel entscheiden sich auf einer Skala von 1 bis 10 für einen Wert von 7 oder höher. Während die Gruppe jener, die ein starkes Risiko (Skalenwert 1 bis 4) sehen, einen Anteil von 6,2 Prozent der Befragten ausmacht, sind 17,5 Prozent der Ansicht, dass die Chancen erheblich sind (Skalenwert 9 und 10). Der Unterschied im Meinungsspektrum zwischen Angehörigen von Großunternehmen (Mittelwert: 7,3 Prozent) und von KMUs (Mittelwert: 6,8 Prozent) fällt dabei bemerkenswert gering aus.

Chancen und Risiken für die Rechtsabteilung

Frage 1.2: Sehen Sie mehr Chancen oder mehr Risiken für Ihre Rechtsabteilung infolge der Digitalisierung?

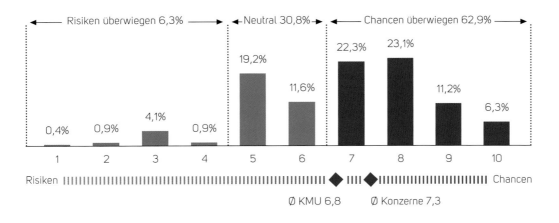

Unternehmen aus Branchen, für die die Chancen überwiegen (62,9%)

■ Metall- und stahlverarbeitende Industrie

■ Reise/Touristik/Hotellerie/Gastronomie

■ Transport/Logistik/Verkehr

■ Verpackungs-/Papier- und Druckindustrie

■ Verwaltung/Verbände

■ IT/Telekommunikation

■ Medien

■ Pharma/Biotechnologie/Medizintechnik

KMU: < 10 Mrd. Euro Umsatz | Konzerne: ab 10 Mrd. Euro Umsatz

Abbildung 4 ···

1.3

Neue Geschäftsmodelle fordern die Rechtsabteilung heraus

Durch die Digitalisierung ergeben sich Fragen und Fälle, die mit vorhandenem Wissen nicht ausreichend zu lösen sind. Sich hier weiterzuentwickeln betrachtet fast jeder Befragte als Herausforderung.

▶ **Zwei Drittel erwarten höhere rechtliche Komplexität**
Neue Geschäftsmodelle, Internationalisierung, Überwachungspflichten sowie Kollisionen zwischen Berufsrecht und Digitalisierung verändern die Arbeit der Rechtsabteilungen.

▶ **Steigender Schulungsaufwand auf mehreren Gebieten**
Auch Themen nicht-juristischer Natur erfordern vermehrt Wissen in den Rechtsabteilungen, was zu entsprechenden Weiterbildungsmaßnahmen führen wird.

▶ **Keine Bange vor „Legal Tech"**
63,8 Prozent der Befragten erwarten einen vermehrten Einsatz von digitalen Technologien. Sie werden vor allem Standardaufgaben wie die Vertragsprüfung und -erstellung übernehmen.

Abläufe in Unternehmen und ihre Geschäftsprozesse haben sich durch die digitale Transformation zum Teil erheblich verändert. Eine Entwicklung, die weiter fortschreitet. Deshalb
müssen sich Rechtsabteilungen zum Teil neu orientieren und sehen sich veränderten
Fragen gegenübergestellt. Das belegen auch die Ergebnisse der vorliegenden Studie:
66,7 Prozent der Befragten stufen die rechtliche Bewertung von bisher unbekannten
Themen und Geschäftsmodellen als besondere Herausforderung ein. Fast jeder Zweite
(46,6 Prozent) sieht im digitalen Wandel eine Ursache dafür, dass rechtliche Bewertungen
nun stärker im internationalen Kontext vorzunehmen sind. 43,2 Prozent gehen davon aus,
sich künftig mit gestiegenen Überwachungs- und Meldepflichten und deren Konsequenzen beschäftigen zu müssen, und erwarten, dass sich ein Spannungsverhältnis zwischen
anwaltlichem Berufsrecht und Digitalisierung (38,4 Prozent) ergeben wird.

Zwei Drittel erwarten höhere rechtliche Komplexität

Durch die digitale Transformation kommt auf den Syndikus eine höhere rechtliche Komplexität zu. Damit zurechtzukommen sehen fast zwei Drittel (63,7 Prozent) als große
Aufgabe. Eine deutliche Mehrheit (85,3 Prozent) geht davon aus, dass mehr Fachwissen
gefragt sein wird, wenn es um spezielle Rechtsgebiete geht, die erst durch die digitale
Transformation entstanden oder stärker in den Fokus gerückt sind. Dazu gehören Fragen
zu Datenschutz, IT-Sicherheit sowie Haftung und Regulierung. Ebenfalls ein klares Votum
ergibt sich, wenn es um erforderliche Qualifikationen jenseits des Kernberufs geht.
68,9 Prozent sagen, dass sich Syndikusrechtsanwälte ein höheres Wissenslevel bei
nicht-juristischen Themen wie IT, Business- und Projektmanagement aneignen sollten.

Steigender Schulungsaufwand auf mehreren Gebieten

Im beruflichen Alltag, anhand von Praxisfällen und auch durch Learning by Doing, nimmt
das eigene Know-how zu, es wird aber nicht ausreichen. So hält ein Großteil der Befragten (73,0 Prozent) einen erhöhten Schulungsaufwand für interne Mandanten hinsichtlich
rechtlicher Rahmenbedingungen für erforderlich. Gut sechs von zehn Studienteilnehmern
(60,7 Prozent) glauben, dass es notwendig sein wird, sich intensiver mit anderen Unter-

nehmensbereichen wie IT, Forschung & Entwicklung oder Marketing zu vernetzen. Der oben identifizierte Bedarf an höherem Wissen auf nicht-juristischen Gebieten lässt sich nach Einschätzung von mehr als der Hälfte (54,9 Prozent) nicht nebenbei im Berufsalltag decken, sondern nur durch zusätzliche Schulungs- und Weiterbildungsmaßnahmen.

Keine Bange vor „Legal Tech"

Wie werden sich die Rechtsabteilungen auf veränderte Aufgaben und höhere Belastungen einstellen? 63,8 Prozent erwarten einen vermehrten Einsatz von digitalen Technologien, zum Beispiel elektronische Akten, besonderes elektronisches Anwaltspostfach (beA) oder Online Dispute Resolution (ODR) zur Streitbeilegung. Aber auch das Pensum für den Einzelnen wird steigen. So glauben fast ebenso viele (61,6 Prozent), dass bei gleicher Belegschaft eine höhere Arbeitsbelastung auf die Rechtsabteilungen zukommt.

In vielen Berufsfeldern werden immer mehr Standardaufgaben an intelligente, leistungsfähige Software delegiert. Das trifft auch auf Rechtsabteilungen zu. Hier können Dokumente zum Beispiel aus dem Gesellschafts-, Arbeits- und Immobilienwirtschaftsrecht automatisiert erstellt werden. Ebenso lässt sich Rechtsberatung teilweise an neue technologische Systeme übertragen, die vorhandenes Wissen aus bearbeiteten Fällen zur Lösung neuer Mandate einsetzen. Den Trend zum sogenannten „Legal Tech" sieht gerade einmal etwas mehr als ein Drittel der Befragten (34,8 Prozent) als Herausforderung an. Bei einer steigenden Arbeitsbelastung liegt es nahe, dafür weitere personelle und finanzielle Mittel bereitzustellen. Immerhin 39,2 Prozent empfinden es als starke oder sehr starke Herausforderung, eine notwendige Budgeterhöhung für die Rechtsabteilung durchzusetzen.

 Die digitale Transformation bringt bislang unbekannte Themen und neue Fragen mit sich. Exemplarisch genannt seien Datenschutz, IT-Sicherheit, Haftung und Regulierung. Dadurch entstehen spezielle Rechtsgebiete, mit denen sich Juristen befassen müssen, oftmals ohne sich dabei an Präzedenzfällen orientieren zu können. Umso mehr sehen sie sich gefordert, zusätzliches Fachwissen und auch nicht-juristisches Know-how zu erwerben und sich mit neuen rechtlichen Rahmenbedingungen vertraut zu machen.

Herausforderungen für die Rechtsabteilungen infolge der fortschreitenden digitalen Transformation

Anteil der Unternehmen mit Antwort „sehr stark" und „stark"

Frage 1.3: Wie bewerten Sie die nachfolgenden Herausforderungen für Ihre Rechtsabteilung infolge der fortschreitenden digitalen Transformation der Geschäftsprozesse?

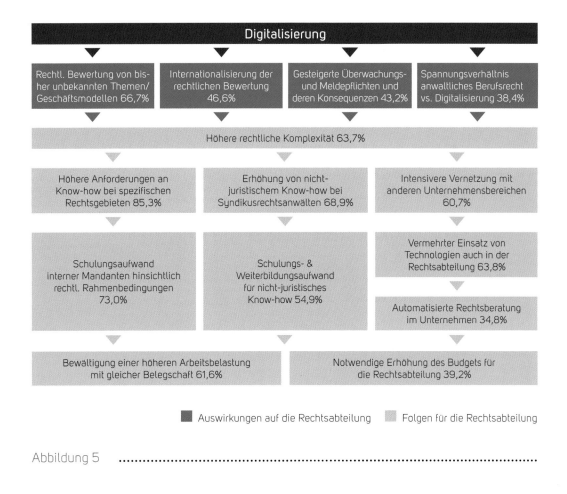

Abbildung 5

Zusammenfassung

Eine deutliche Mehrheit der befragten Rechtsabteilungen ist sich darin einig, dass die digitale Transformation einen „starken Einfluss" – gemessen als Zustimmungswerte zwischen 7 und 10 auf einer Skala von 1 bis 10 – auf ihr Unternehmen hat. Dabei fällt das Votum umso klarer aus, je größer die Firma ist: Bei Juristen aus Großunternehmen (Umsatz über 10 Milliarden Euro) ergibt sich ein Mittelwert von 8,0, bei ihren Kollegen in mittleren und kleinen Unternehmen ein Wert von 7,2. Darauf dass die Digitalisierung unterschätzt werden könnte, deutet wenig hin. Ein Indiz dafür ist, dass lediglich 8,1 Prozent der antwortenden Rechtsabteilungen einen „schwachen Einfluss" (Skalenwert 1 bis 4) sehen.

Auf Rechtsabteilungen kommen neue Aufgaben zu

So stellt sich also nicht mehr die Frage, ob sich die digitale Transformation bemerkbar machen wird, sondern wie. Bereits die bisherige Entwicklung zeigt, dass neue Aufgaben und bislang nicht gekannte Herausforderungen auf die Unternehmen und die für sie tätigen Juristen zukommen. Es eröffnen sich Rechtsfragen und -gebiete, die es zuvor nicht gab, die von geringerer Bedeutung waren oder in veränderter Konstellation auftreten. Wie gehen die Rechtsabteilungen damit um, wie stellen sie sich auf die Zukunft ein, was erwarten sie mit Blick auf ihre beruflichen Anforderungen?

Chancen werden deutlich höher bewertet als die Risiken

Eines steht fest: Die Fach- und Führungskräfte in den Rechtsabteilungen haben keine Angst vor der digitalen Transformation und den Folgen, die sich daraus für ihr Unternehmen und ihre Arbeit ergeben. Sie sehen eindeutig mehr Chancen als Risiken. Knapp zwei Drittel (62,9 Prozent) entscheiden sich auf einer Skala von 1 (höchster Risikowert) bis 10 (höchster Chancenwert) für 7 oder höher.

Die Fraktion der Skeptiker, die eher negative Erwartungen hegen – die Skalenwerte 1 bis 4 zusammengefasst, ist mit 6,3 Prozent fast zu vernachlässigen. Befragte aus Konzernen tendieren stärker dazu, in der Veränderung eine Chance zu sehen (Durchschnittswert 7,3), als Beschäftigte von kleinen und mittleren Unternehmen (6,6).

Digitalisierung erfordert zusätzliche Kenntnisse und Qualifikationen

Der Reiz des Unbekannten, die Neugier auf Wandel, die Freude an neuen Herausforderungen – das zeichnet Mitarbeiter aus, die in der Digitalisierung einen Fortschritt und für sich selbst darin Chancen sehen. Gleichwohl: Sie bringt bislang unbekannte oder weniger im Fokus stehende Themen auf die Agenda. Erfahrungswissen reicht dann nur noch bedingt aus, um neue Aufgaben lösen zu können. Vor allem in Rechtsgebieten wie Datenschutz, IT-Sicherheit, Haftung und Regulierung sind Syndici gefordert, ihre Kenntnisse und Qualifikationen auszubauen. Die überwiegende Mehrheit (85,3 Prozent) der Befragten stellt sich darauf ein, dass mehr Fachwissen in speziellen Rechtsgebieten erforderlich sein wird.

Rechtsberatung muss sich mit neuen Geschäftsmodellen beschäftigen

Die meisten Rechtsabteilungen sind sich bewusst, dass sie sich vermehrt mit digitalen Themen und Geschäftsmodellen befassen und dazu eine juristische Bewertung oder Beratung leisten müssen. Etwa zwei Drittel der Befragten erwarten, dass Fragen von höherer rechtlicher Komplexität auf sie zukommen. Digitale Technologien, zum Beispiel elektronische Akten, besonderes elektronisches Anwaltspostfach (beA) und Online Dispute Resolution (ODR) zur Streitbeilegung, werden zunehmend in den Arbeitsalltag eindringen. Auch erwarten knapp zwei von drei Rechtsabteilungen, dass der Austausch und die Vernetzung mit anderen Bereichen wie IT, Forschung & Entwicklung und Marketing zunehmen werden.

Arbeitsbelastung wird vermutlich steigen

Die Mehrheit der Rechtsabteilungen erwartet, dass im Zuge der digitalen Transformation eine höhere Arbeitsbelastung bei gleicher Belegschaft auf sie zukommen wird. Intelligente, leistungsfähige Software hilft aber auch, eine wachsende Zahl an Standardaufgaben an die elektronischen Helfer zu delegieren. In manchen Fällen lässt sich die Rechtsberatung sogar schon an spezifische Software übertragen, der Wissen aus bearbeiteten Fällen zur Lösung neuer Mandate einsetzt. Als echte Herausforderung nimmt diesen Trend zum sogenannten „Legal Tech" nur ein Drittel der Befragten wahr.

Digital Readiness

2.1.

Rechtsstandort Deutschland hat noch Nachholbedarf

Die Digitalisierung macht vor geografischen Grenzen nicht halt, sondern ist in ihrem Kern global ausgerichtet. Wie ist der deutsche Rechtsstandort dafür gerüstet?

▶ **Rechtsprechung muss sich mitentwickeln**
Das weltumspannende Internet verändert bestehende Abläufe und bringt neue Geschäftsmodelle hervor. Der Rechtsrahmen muss mitwachsen.

▶ **Rechtsstandort erhält nur die Note „befriedigend"**
Lob und Tadel halten sich bei den Studienteilnehmern ziemlich die Waage: Die Befragten bewerten den Rechtsstandort Deutschland mit der Durchschnittsschulnote 3,2.

▶ **Fehlende Technikaffinität und überzogener Datenschutz**
Stark kritisiert werden zu wenig technik-fortschrittliche Denkweise und zu viel Datenschutz, allerdings: Beide Themen werden vielfach auch positiv bewertet.

Die Online-Welt, vom Informationsaustausch bis zum Warenhandel, orientiert sich per se nicht an regionalen oder nationalen Grenzen. Es gehört zu ihren ursprünglichen Eigenschaften, dass sie diese wie selbstverständlich überwindet. Der Begriff „Internet", hergeleitet von „Interconnected set of networks", deutet den weltumspannenden Charakter bereits an. Jeder Computer kann sich mit jedem anderen Computer verbinden, daraus entsteht ein weltweiter Verbund von Rechnernetzwerken. Diese globale Konnektivität ohne Rücksicht auf die Grenzen länderspezifischer Jurisdiktionen fordert die Rechtsabteilungen in besonderem Maße heraus. Für jeden zweiten Befragten (46,6 Prozent) bedeutet deshalb die Internationalisierung der rechtlichen Bewertung (siehe 1.3) eine große Herausforderung für die Rechtsabeilung.

Sich des Wesens des Internets bewusst zu machen und sich die aus seinem Ursprung entstehenden Grundzüge zu vergegenwärtigen, erscheint an dieser Stelle angebracht: Digitalisierung kann nämlich nicht so einfach nach herkömmlichen Mustern bearbeitet, entlang geografischer Grenzen sortiert und entsprechend in Portionen und Sektionen eingeteilt werden. Zugleich tangieren die digitale Technologie und ihre Anwendung schon heute in erheblichem Maße bestehendes Recht und Gesetz. Und das Internet – ob es nun neu entstandene Technologien und Geschäftsmodelle, Regeln des Online-Handels, Aspekte des Datenschutzes oder die Ausgestaltung von Verträgen betrifft – wirft neue Fragen auf, die es zu beantworten gilt. Der Rechtsstandort Deutschland muss sich darauf einstellen.

Rechtsprechung wird sich mitentwickeln

Es fehlt nicht an schlagzeilenträchtigen Projekten wie etwa der Digitalfabrik der Deutschen Bank oder medial begleiteten Praxistests zum autonomen Fahren. Es fehlt auch nicht an Beteuerungen, dass digitale Kompetenz und Qualifikationen gestärkt werden müssen und dass es mehr Chief Digital Officers (CDO) und ähnliche Jobs und Positionen braucht. Aber es reicht nicht aus, die mutmaßlich riesigen Chancen der digitalen Transformation, von Big Data, Industrie 4.0 und dem Internet of Things zu skizzieren und zu bejubeln. Es reicht auch nicht aus, mehr Digitalkompetenz auf allen Ebenen und in sämtlichen Branchen zu fordern. Zwingend muss sich auch der rechtliche Rahmen mitentwickeln. Autonomes Fahren ist dafür ein gutes Beispiel, auch weil es zeigt, welche unterschiedlichen Themenfelder und Spezialgebiete im Einzelfall betroffen sein können.

So hat in diesem Fall der Bundesverkehrsminister die Initiative ergriffen und einen Gesetzentwurf vorgelegt. Dabei geht es nicht nur um die Festlegung und Ausweitung von Teststrecken, sondern auch um grundsätzliche Feststellungen. So etwa, dass die Technologie Änderungen in der Straßenverkehrsordnung erfordert, wenn Autofahrer ihre Verantwortung ein Stück weit an Computer abgeben. Dann sind die Kriterien für ihre Sorgfaltspflicht neu zu definieren. Auch versicherungsrechtliche Fragen stellen sich, wenn nicht der Fahrer, sondern technisches Versagen der Fahrzeuge für Unfälle ursächlich ist.

Rechtsstandort erhält nur die Note „befriedigend"

Die Digitalisierung bringt also Herausforderungen mit sich, die es nicht nur auf gesellschaftlicher, wirtschaftlicher und technischer Ebene zu bestehen gilt, sondern die auch von juristischer Relevanz sind. Die vorliegende Studie hat sich diesem Aspekt gewidmet und die Befragten um eine Einschätzung dazu gebeten, für wie gut gerüstet sie den Rechtsstandort Deutschland im internationalen Vergleich halten.

Auf einer Skala von 1 bis 6, die sich an den Schulnoten orientiert, ergibt sich dabei ein Durchschnittswert von 3,2. Das heißt, die Unternehmen sehen den hiesigen Standort nicht gut, sondern nur befriedigend für die sich aus der Digitalisierung ergebenden Aufgaben gerüstet. Beim Clustern in drei Kategorien – hier wurden jeweils die Noten 1 und 2, 3 und 4 sowie 5 und 6 zusammengefasst – ist das mittlere Feld (Noten 3 und 4) mit einem Anteil von 55,5 Prozent deutlich das stärkste.

Stellt man die beste Kategorie (Noten 1 und 2) und die schlechteste (Noten 5 und 6) gegenüber, so zeigt sich, dass die positive Einschätzung leicht überwiegt. 27,9 Prozent wähnen den Rechtsstandort bezüglich digitaler Herausforderungen für mindestens gut gewappnet, während sich 16,6 Prozent für eine Bewertung entscheiden, die schlechter als „ausreichend" ist. Auf der Notenskala fallen die Ausschläge zum Besten und zum

Schlechtesten eher schwach aus. Während 3,6 Prozent die Note 1 vergeben, entscheiden sich 3,0 Prozent für die Note 6.

Auffallend ist, dass Angehörige von Großunternehmen und Konzernen (mehr als 10 Milliarden Euro Umsatz) mit einer Note von 3,5 ein strengeres Urteil fällen als der Durchschnitt (3,2) und erst recht als die Befragten aus mittelgroßen Unternehmen (Umsatz 1 bis 10 Milliarden Euro), für die sich ein Mittelwert von 3,0 ergibt. Die Bewertung der kleinen Unternehmen (Umsatz geringer als 1 Milliarde Euro) fällt mit 3,3 schlechter aus als der Durchschnitt, aber besser als jener der Großunternehmen.

Fehlende Technikaffinität und überzogener Datenschutz

Ihre Notengebung konnten die Befragten individuell, ohne vorgegebenes Antwortmuster begründen. Diejenigen unter ihnen, die den Rechtsstandort Deutschland für nicht gut gerüstet halten, kritisieren vor allem eine zögerliche Haltung hierzulande beim Einsatz neuer Technologien, konstatieren eine fehlende Technikaffinität und eine nicht fortschrittliche Denkweise. Zudem bemängeln sie eine kaum koordinierte, wenig effiziente Steuerung durch Politik und Wirtschaft. Die Legislative ist ihnen zu langsam; Gesetze seien bei Inkrafttreten schon veraltet. Der Politik fehle der entsprechend notwendige Fokus aufs Thema.

Ebenfalls kritisch wird von vielen das Thema Datenschutz betrachtet. Hier würden rechtlich zu hohe Maßstäbe im Vergleich zu anderen Jurisdiktionen angelegt, der Datenschutz wird als überzogen empfunden. Das deutsche Datenschutzrecht sei teilweise zu eng, der hohe Datenschutz gehe zulasten der Praktikabilität. Aus juristischer Sicht hinkt der rechtliche Rahmen der IT-Entwicklung hinterher. Anglo-amerikanische Rechtsordnungen, so wird geäußert, seien sehr viel weiter als die deutsche. „Bei Behörden und Gerichten ist noch viel zu tun", lautet eine vorgetragene Kritik.

Dem Tadel steht aber auch Lob für den Rechtsstandort Deutschland gegenüber. So erlaube die Abstraktheit der zivilrechtlichen Regelungen ein sicheres Handhaben von Geschäfts- und Vertragsbeziehungen auch in der digitalisierten Welt. Und während die einen die bestehenden Datenschutzvorschriften negativ bewerten, heben die anderen hervor, dass sich das deutsche Datenschutzrecht durch gute und sinnvolle Regelungen auszeichne und international eine führende Rolle einnehme.

Hierbei erweise sich die deutsche Juristenausbildung als großer Pluspunkt, die auf ein tiefes allgemeines Rechtsverständnis setzt – und nicht zu früh im Studium auf Spezialwissen, wie das in anderen Rechtsordnungen der Fall sei. Dadurch falle es deutschen Juristen tendenziell leichter, sich in neue Sachverhalte einzuarbeiten und sich anzupassen, heißt es. Unter jenen, die den Rechtsstandort Deutschland als gut gerüstet sehen, wird häufig das ausgeprägt hohe Bewusstsein für Themen rund um die Digitalisierung hervorgehoben. Deutschland sei ein Vorreiter, was technologischen Fortschritt betrifft, und setze auch einen begleitenden Rechtsrahmen.

In den Unternehmen herrscht eine geteilte Meinung darüber, wie gut der Rechtsstandort Deutschland für die Herausforderungen durch die digitale Transformation gewappnet ist. Auf einer Schulnotenskala von 1 bis 6 fällt die Bewertung mit 3,2 noch befriedigend aus, wobei Vertreter von Konzernen tendenziell kritischer sind (Note 3,5). Uneins sind sich die Befragten, wenn es um den Datenschutz geht: Während die einen Rechtsprechung und Vorschriften als überzogen empfinden, loben die anderen, dass Deutschland hier sinnvolle und ausgewogene Regelungen haben und international eine führende Rolle spiele.

Bewertung des Rechtsstandorts Deutschland

Frage 2.1: Halten Sie den Rechtsstandort Deutschland im internationalen Vergleich für gut gerüstet, um die Herausforderungen der Digitalisierung zu meistern?

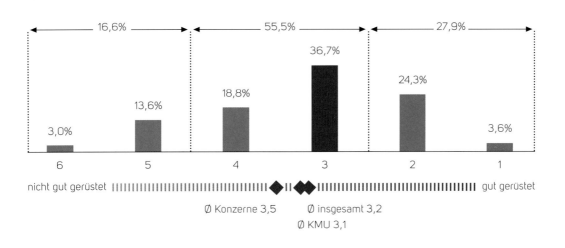

Unternehmen aus Branchen, die sich derzeit als „gut gerüstet" sehen (27,9%)

- ■ Bergbau/Mineralöl-, Stein- und Erdgewinnung
- ■ Gesundheitssystem
- ■ Luft- und Raumfahrt
- ■ Metall- und stahlverarbeitende Industrie

- ■ Nahrungsmittel-/Tabakindustrie
- ■ Reise/Touristik/Hotellerie/Gastronomie
- ■ Banken/Sparkassen
- ■ Konsumgüter

KMU: < 10 Mrd. Euro Umsatz | Konzerne: ab 10 Mrd. Euro Umsatz

Abbildung 6

Bewertung des Rechtsstandorts Deutschland
Offene Fragestellung – die häufigsten Antworten im Überblick

Frage 2.1: Wie begründen Sie Ihre Einschätzung?

Weshalb Deutschland gut gerüstet ist:

■ Abstraktheit der zivilrechtlichen Regelungen erlaubt das sichere Handhaben von Geschäfts- und Vertragsbeziehungen auch in der digitalisierten Welt.

■ Gute und sinnvolle Regelungen im deutschen Datenschutzrecht/Deutschland ist führend im Datenschutzrecht.

■ Der Hauptgrund ist die deutsche Juristenausbildung, die auf ein tiefes allgemeines Rechtsverständnis setzt (und nicht auf Spezialwissen bereits ab dem Grundstudium wie in anderen Rechtsordnungen). Dadurch fällt es deutschen Juristen tendenziell leichter, sich in neue Sachverhalte einzuarbeiten, sich anzupassen.

■ Bewusstsein für Themen rund um die Digitalisierung ist hoch.

■ Deutschland ist Vorreiter beim technologischen Fortschritt und daher auch beim begleitenden Rechtsrahmen.

Häufigkeit (abnehmend)

Abbildung 7

Weshalb Deutschland nicht gut gerüstet ist:

- Zögerliche Haltung in Deutschland beim Einsatz neuer Technologien/Mind-Set ist nicht fortschrittlich/fehlende Technik-Affinität.

- Kaum koordinierte, effiziente Steuerung durch in Politik und Wirtschaft/ Legislative zu langsam/Gesetze bei Inkrafttreten schon veraltet/fehlender Fokus der Politik.

- Hohe Maßstäbe im Datenschutzrecht im Vergleich zu anderen Juristdiktionen / Datenschutz überzogen/deutsches Datenschutzrecht ist teilweise zu eng, der hohe Datenschutz geht zulasten der Praktikabilität.

- Der (zivilrechtliche) Rahmen hinkt der IT-Entwicklung hinterher. Insb. §§ 305 ff. BGB sind hinderlich bei Verträgen.

- Infrastruktur nicht ausreichend/fehlende flächendeckend gute Internet- landschaft.

- Anglo-amerikanische Rechtsordnungen sind sehr viel weiter als wir in Deutschland.

- Bei Behörden und Gerichten ist noch viel zu tun!

Häufigkeit (abnehmend)

2.2.

Rechtsabteilungen sehen sich noch nicht gut genug vorbereitet

Für die Herausforderungen der digitalen Transformation sehen sich die meisten Studienteilnehmer bislang nur „befriedigend" präpariert. Hier gibt es noch großen Nachholbedarf

▶ **Nur eine Minderheit fühlt sich „sehr gut" vorbereitet**
Rechtsabteilungen müssen sich mit den praktischen Folgen der Digitalisierung für die eigene Position und Profession befassen – das gelingt noch nicht gut genug.

▶ **Kritik: geringes Budget, knappe Ressourcen, fehlendes Verständnis**
Skeptiker monieren zu niedrige Budgets und Ressourcen mit entsprechendem Know-how sowie fehlendes Verständnis und fehlende Veränderungsbereitschaft für den digitalen Transformationsprozess.

▶ **Pluspunkte: interdisziplinäre Teams, Spezialsoftware, Projektarbeit**
Die Bildung von interdisziplinären Teams mit klaren Zuständigkeiten, die Nutzung von Spezialsoftware sowie der Druck aus den operativen Unternehmensbereichen werden positiv bewertet.

Es besteht kein Zweifel unter Juristen, dass der digitale Wandel die Entwicklung des Berufs beeinflusst und antreibt. Ob verschiedene Facetten des Datenrechts oder Fragen zum Kartell-, Vertrags- und Haftungsrecht – viele Rechtsbereiche sind betroffen. Dabei vollziehen sich inhaltliche Veränderungen in hoher Geschwindigkeit. Hinzu kommt, dass sich die Rechtspraxis bewähren muss im Kontext von Wirtschaft, Politik und Wissenschaft.

Nur eine Minderheit fühlt sich „sehr gut" vorbereitet

Deshalb ist es spannend zu erfahren, was die Betroffenen dazu sagen. Für diese Studie wurden sie gefragt, wie gut ihre Rechtsabteilung auf die Herausforderungen der digitalen Transformation vorbereitet ist. Die Antwortskala reicht nach dem Schulnotenprinzip von 1 bis 6. „Sehr gut" gewappnet fühlt sich nur eine Minderheit von 4,5 Prozent. Selbst der Anteil derer, die sich für „gut" vorbereitet halten, liegt nur bei 23,3 Prozent. Am häufigsten genannt wurde die Ziffer 3, die für „befriedigend" steht: 48,5 Prozent sehen ihre Rechtsabteilung in diesem Korridor. Gerade noch „ausreichend" gerüstet für die Veränderungen, die durch die Digitalisierung hervorgerufen werden, betrachten sich rund 17,2 Prozent. Die Gruppe derjenigen, die sich die Note 5 oder 6 anhaftet, ist mit 6,5 Prozent sehr klein. Insgesamt ergibt sich unabhängig von der Unternehmensgröße ein Durchschnitt von 3,0.

Aufschlussreich ist ein Vergleich der Ergebnisse zu den Fragen, für wie gut vorbereitet die Studienteilnehmer den Rechtsstandort Deutschland halten – und wie sie dahingehend ihre eigene Rechtsabteilung einschätzen. Dabei fällt auf, dass sich bei beiden Fragen jeweils 27,8 Prozent für die Noten „sehr gut" und „gut", entscheiden. Hier ist zwischen allgemeiner Lage und eigener Situation kein Unterschied festzustellen. Um 10 Prozentpunkte klaffen die Bewertungen im hinteren Drittel auseinander: Unzureichend vorbereitet (Note 5 und Note 6) fühlen sich 6,5 Prozent der Rechtsabteilungen – den Rechtsstandort Deutschland sehen jedoch 17,2 Prozent als wenig gerüstet an. Für mittelmäßig gut (Noten 3 und 4) vorbereitet halten sich 65,7 Prozent der Rechtsabteilungen, während die gleiche Bewertung für den Rechtsstandort Deutschland von 55,5 Prozent abgegeben wird. Fast jeder Zweite (48,5 Prozent) gibt sich selbst ein „befriedigend", der nationale Standort erhält hingegen nur von einem Drittel (rund 36,7 Prozent) die Note 3.

Kritik: geringes Budget, knappe Ressourcen, fehlendes Verständnis

Der wichtigste Grund für eine negative Einschätzung ist die schlechte Ausstattung der Rechtsabteilung: Das Budget ist zu gering und erforderliche Ressourcen fehlen. Zudem fehlt das Verständnis für die Folgen und Herausforderungen der digitalen Transformation. Oft werde die Problematik nicht wahrgenommen, und es mangele an ausreichender Veränderungsbereitschaft. Ebenfalls auf der Beschwerdeliste: Es gebe keine oder zu wenige themenspezifische Fortbildungen und die Anpassungsgeschwindigkeit erscheint manchen zu langsam. Als problematisch wird erkannt, dass aufgrund von fehlenden oder nicht mehr zeitgemäßen gesetzlichen Rahmenbedingungen eine konkrete Ausrichtung und Vorbereitung auf die Digitalisierung nur bedingt möglich sei. Der Berufsalltag mit seiner hohen Arbeitsbelastung, die bestehende Themen bereits mitbringen, tut ein Übriges.

Pluspunkte: interdisziplinäre Teams, Spezialsoftware, Projektarbeit

Ein Grund dafür, dass sich Rechtsabteilungen „gut vorbereitet" gegenüber digitalen Herausforderungen sehen, ist, dass dort fachübergreifende, interdisziplinäre Teams gebildet wurden. Gelobt wird auch die Einführung von juristischer Spezialsoftware und, dass frühzeitig Verantwortliche für Digitalisierung bestimmt und Projekte aufgesetzt wurden. Weitere Pluspunkte: Mancherorts werden mehr Vollzeitstellen geschaffen und mehr Aufträge an Kanzleien vergeben. Und auch die Tatsache, dass operative Unternehmensbereiche frühzeitig eine an Digitalthemen orientierte Ausrichtung der Rechtsabteilung verlangen, ist positiv.

 Die Rechtsabteilungen fühlen sich auf die Herausforderungen durch die digitale Transformation in der Mehrzahl nicht gut, aber immerhin in befriedigendem Maße vorbereitet. Insgesamt sehen sie ihre Profession als etwas besser gerüstet als den Rechtsstandort Deutschland generell. Kritisiert werden fehlende Ressourcen und zu knappes Budget, aber auch die teilweise mangelnde Veränderungsbereitschaft von Kollegen. Positiv vermerkt wird, dass – mit digitalem Fokus – Teams gebildet, Projekte angeschoben und Fortbildungen initiiert werden.

Bewertung der eigenen Rechtsabteilung

Frage 2.2: Wie gut ist Ihre Rechtsabteilung derzeit auf die Herausforderungen der Digitalisierung vorbereitet (Schulnotenskala)?

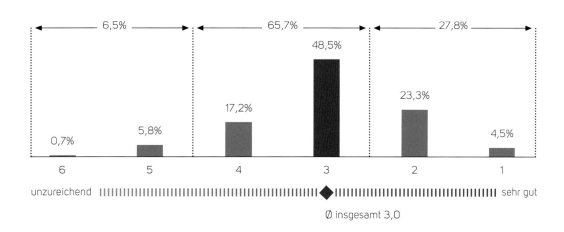

Unternehmen aus Branchen, die sich derzeit als gut bis sehr gut vorbereitet sehen (27,8%)

■ Banken/Sparkassen
■ Elektrotechnik/Elektronik
■ Gesundheitssystem
■ IT/Telekommunikation

■ Konsumgüter
■ Medien
■ Pharma/Biotechnologie/Medizintechnik
■ Reise/Touristik/Hotellerie/Gastronomie

Abbildung 8 ....

Bewertung der eigenen Rechtsabteilung
Offene Fragestellung – die häufigsten Antworten im Überblick

Frage 2.2: Wie gut ist Ihre Rechtsabteilung derzeit auf die Herausforderungen der Digitalisierung vorbereitet?

Weshalb die Rechtsabteilung gut vorbereitet ist:

■ Es wurden fachübergreifende, interdisziplinäre Teams (Arbeitsgruppen) zum Thema Digitalisierung gebildet.

■ Einführung von Spezial-Software im Rechtsbereich (digitale Akte, elektronisches Vertragsmanagement etc.).

■ Frühzeitig Verantwortlichen für Digitalisierung bestimmt bzw. Projekt aufgesetzt.

■ Neue Fortbildungsmaßnahmen implementiert.

■ Erhöhung der FTE-Zahlen.

■ Mehr Vergabe an externe Kanzleien.

■ Operative Unternehmensbereiche verlangten frühzeitig eine entsprechende Ausrichtung der Rechtsabteilung.

Häufigkeit (abnehmend)

Abbildung 9

Weshalb die Rechtsabteilung nicht gut vorbereitet ist:

■ Das vorhandene Budget ist zu gering und erforderliche Ressourcen sind (noch) nicht vorhanden.

■ Problematik wird nicht wahrgenommen/Verständnis fehlt/keine Fortbildungen zu diesem Thema/fehlende Veränderungsbereitschaft/Kollegen zum Teil zu alt für das Thema.

■ Anpassungsgeschwindigkeit im Unternehmen zu langsam.

■ Hohe Arbeitsbelastung mit bereits bestehenden Themen.

■ Aufgrund der fehlenden beziehungsweise nicht mehr zeitgemäßen gesetzlichen Rahmenbedingungen ist eine konkrete Ausrichtung und Vorbereitung nur bedingt möglich.

Häufigkeit (abnehmend)

2.3.

Digitale Geschäftsmodelle werden zu einem Fall für Juristen

Der Syndikus der Zukunft muss IT-Kenntnisse haben –
und sich intensiv mit Geschäftsmodell und -prozessen seines
Unternehmens befassen.

▶ **Unternehmensjuristen müssen „digital trainieren"**
Wenn die Digitalisierung das Geschäft verändert oder gar neu
definiert, können Unternehmensjuristen nicht in der Rolle des
Beobachters verharren.

▶ **IT-Kenntnisse rücken stärker in den Fokus**
Rechtsabteilungen werden zwar auch künftig keine digitalen
Produkte entwickeln und vermarkten, sie müssen aber den Markt
kennen und das Geschäft verstehen.

▶ **Sicherheitsdenken bekommt eine neue Facette**
Datenschutz und -sicherheit sind heute schon relevante Rechtsthemen. Ohne vertiefte IT-Kenntnisse werden Unternehmensjuristen
nur schwer bestehen können.

Die vorangegangenen Auskünfte von Unternehmensjuristen zur Frage, wie gut sie einerseits den Rechtsstandort Deutschland und andererseits die eigene Rechtsabteilung auf die digitalen Herausforderungen vorbereitet sehen, liefern einen klaren Befund: Sie sind noch längst nicht topfit, um die gegenwärtigen und zu erwartenden Veränderungen zu meistern. Zwar fällt das Urteil der Befragten nicht frustrierend negativ aus, aber Durchschnittsnoten – je nach Unternehmensgröße – von 3 bis 3,5 verdeutlichen, dass noch gehöriger Nachholbedarf besteht.

Unternehmensjuristen müssen „digital trainieren"

Die meisten Beteiligten haben erkannt, dass sie in Sachen digitaler Transformation noch trainieren und sich weiter qualifizieren müssen. Um zu einer zweiten, mindestens ebenso wichtigen Erkenntnis zu gelangen, stellt sich die Frage: Welche Fähigkeiten und Eigenschaften werden für Unternehmensjuristen künftig an Bedeutung gewinnen? Aus der Studie ergeben sich eindeutige Trends: Nahezu neun von zehn Befragten (88,3 Prozent) gehen davon aus, dass sie sich künftig mehr mit neuen digitalen Geschäftsfeldern beschäftigen und sie besser verstehen lernen müssen. Das eine bedingt das andere: Die Wesenszüge und Wirkmechanismen eines Geschäftsmodells zu durchdringen, ist kaum möglich, wenn Wissen über die unternehmenseigenen Geschäftsprozesse nicht oder kaum vorhanden ist. Folgerichtig sehen 85,5 Prozent der antwortenden Rechtsprofis hier die Notwendigkeit, sich mehr Kompetenz anzueignen.

IT-Kenntnisse rücken stärker in den Fokus

Ähnlich wichtig wird eingeschätzt (86,9 Prozent), künftig über vertiefte IT-Kenntnisse zu verfügen. Dabei ist nicht gemeint, den Umgang mit Bürosoftware zu beherrschen, sondern sich mit Online, Apps und Vernetzung auszukennen. Die Digitalisierung ist kein Thema, das sich ein- und abkapseln lässt. In der Regel betrifft es zahlreiche Unternehmensbereiche, oftmals ist es sogar Kern und Motor eines neuen oder veränderten Geschäftsmodells. Das bleibt nicht folgenlos für die juristische Arbeit. Silodenken und klare Abgrenzung gegenüber anderen Abteilungen waren vielleicht in früheren Jahren ohne größeren Schaden möglich –

heute wäre es fahrlässig und kann geradezu riskant für den Geschäftserfolg werden. Schon jetzt ist zu beobachten, dass Rechtsabteilungen mit ihren Kollegen aus IT und Datenschutz, Marketing und Vertrieb, Forschung und Entwicklung und auch Compliance zusammenarbeiten. Es gibt also mehr Schnittstellen als früher, an denen Austausch und Kooperation gefragt sind. Und das vielfach auf Feldern, die für die Marktentwicklung essenziell sind, etwa wenn es um die Entwicklung digitaler Angebote und ihren Vertrieb geht. Vor diesem Hintergrund überrascht es nicht, dass nahezu acht von zehn Unternehmensjuristen (78,3 Prozent) die Fähigkeit des interdisziplinären Arbeitens hoch gewichten.

Sicherheitsdenken bekommt eine neue Facette

Wenn es darum geht, IT-Kenntnisse zu verbessern und zu vertiefen, tut Differenzierung not. Auf einer Liste von acht vorgeschlagenen Themen kristallisiert sich eine Tendenz heraus: Der Schutz und die Sicherheit von Daten genießen oberste Priorität. Nur so lässt sich das Votum interpretieren, das Datenschutz (88,3 Prozent der Nennungen), Datensicherheit (85,7 Prozent) und IT-Sicherheit (81,5 Prozent) auf die vordersten Plätze katapultiert. Schon mit etwas Abstand folgen die Themen Haftung (69,8 Prozent), Cyber-Kriminalität (67,1 Prozent) und Regulierung (65,6 Prozent). Kenntnisse zu erwerben, die den Schutz des geistigen Eigentums, im Fachenglischen „Intellectual Property", betreffen, wird von 62,3 Prozent der Befragten als bedeutend angesehen. Nur etwa jeder Zweite (53,2 Prozent) sieht unlauteren Wettbewerb als Thema, das stark oder sehr stark an Bedeutung gewinnen wird.

 Rechtsabteilungen müssen sich künftig mehr denn je mit unternehmerischen Kernfragen beschäftigen: Zu verstehen, wie neue digitale Geschäftsfelder funktionieren und wie die entsprechenden Geschäftsprozesse laufen, gehört zu den Skills, die am stärksten an Bedeutung gewinnen. Außerdem sind Unternehmensjuristen davon überzeugt, dass sie vertiefte IT-Kenntnisse erwerben müssen, vor allem hinsichtlich Datenschutz, Datensicherheit und IT-Sicherheit. Ebenfalls auffallend: Die Rechtsprofis im Unternehmen erwarten, dass die Fähigkeit zum interdisziplinären Arbeiten wichtiger wird.

Bewertung des Rechtsstandorts Deutschland

Anteil der Unternehmen mit Antwort „sehr stark" und „stark"

Frage 2.3: Welche Skills werden im Rahmen der Digitalisierung für Ihre Unternehmensjuristen zukünftig an Bedeutung gewinnen?

Verständnis für neue digitale Geschäftsmodelle	88,3%
Vertiefte IT-Kenntnisse (Online, Apps, Vernetzung etc.)	86,9%
Vertiefte Kenntnisse der unternehmenseigenen Geschäftsprozesse	85,5%
Fähigkeit des interdisziplinären Arbeitens	78,3%
Gesteigerte soziale Kompetenz insbesondere im Umgang mit nicht-juristischen Kollegen	56,4%

Vertiefte Kenntnisse zu:

Datenschutz	88,3%
Datensicherheit	85,7%
IT-Sicherheit	81,5%
Haftung	69,8%
Cyber-Kriminalität	67,1%
Regulierung	65,6%
Intellectual Property	62,3%
Unlauterer Wettbewerb	53,2%

Abbildung 10

Zusammenfassung

Das Internet ist sicher kein Neuland mehr, dazu hat es sich mit all seinen Möglichkeiten und Funktionen schon viel zu selbstverständlich zu einem wesentlichen Teil der Gesellschaft entwickelt. Kommunikation ohne digitale Geräte, Anwendungen und Netze ist kaum mehr vorstellbar.

Was die digitale Transformation betrifft, stehen Wirtschaft und Politik sicher nicht am Anfang. Jedoch: Die permanente, dynamische Entwicklung auf diesem Feld führt dazu, dass immer wieder „Neuland" betreten wird. Das gilt auch für die Gesetzgebung und die juristische Praxis. Kurz gesagt: Die Digitalisierung fordert die Rechtsprechung heraus. Dabei korrespondieren die Bereiche. Entstehen neue digitale Angebote, Produkte und Dienstleistungen, ergibt sich häufig ein Bedarf an rechtlichen Regelungen und Bestimmungen. Diese wiederum können auf Marktgeschehen und -gewichte Einfluss nehmen. Wenn zum Beispiel ein Gesetz verabschiedet wird, das gelockerte Haftungsbedingungen für die Betreiber öffentlicher W-LAN-Netze vorsieht, wird das zu einer größeren Netzabdeckung, etwa in Flughäfen und in Innenstadtlagen, führen.

Herausforderungen für den Rechtsstandort Deutschland

Ebenso wird bestehendes Recht und Gesetz tangiert durch Veränderungen, die digitale Technologie und Geschäftsmodelle hervorrufen. Von Regelungen des E-Commerce über Aspekte des Datenschutzes bis hin zur Ausgestaltung von Verträgen eröffnet sich hier ein breites Feld. Oftmals sind mehrere Rechtsgebiete betroffen, wie etwa die Diskussion um die Entwicklung des autonomen Fahrens zeigt. Wenn Computerprogramme statt Menschen ein Fahrzeug steuern, welche rechtlichen Folgen hat das für die Straßenverkehrsordnung, wie steht es dann um Fragen der Sorgfaltspflicht und inwieweit stellen sich neue versicherungsrechtliche Fragen?

Themen und Fragen, mit denen sich der Rechtsstandort Deutschland auseinandersetzen und für die er auch mit Blick auf internationale Standards und den globalen Geschäftsverkehr – einen gesetzgeberischen Rahmen finden muss, der idealerweise möglichst hohe Freiheiten einräumt und zugleich erkennbare Risiken begrenzt. Die Studie hat explizit danach gefragt, für wie gut gerüstet die Befragten den Rechtsstandort Deutschland im internationalen Vergleich halten. Ergebnis: Die hiesigen Unternehmen stellen ihm kein gutes, sondern nur ein befriedigendes Zeugnis aus. Sie bewerten den Rechtsstandort im Durchschnitt mit der Schulnote 3,2. Dabei fallen die Ausschläge zum Besten und zum Schlechtesten gering aus. Nur 3,6 Prozent vergeben die Note 1, 3,0 Prozent die Note 6. Die mittlere Bewertungskategorie (Noten 3 und 4) ist mit 55,6 Prozent am stärksten ausgeprägt.

Zu viel oder zu wenig Datenschutz?

Keine klare Tendenz ist beim Thema „Datenschutz" zu erkennen. Eine Gruppe findet Rechtsprechung und Vorschriften überzogen, die andere lobt die bestehenden Regelungen als sinnvoll und international vorbildlich. Positiv bewertet wird zudem die deutsche Juristenausbildung. Sie setze auf ein tiefes allgemeines Rechtsverständnis, wodurch es Juristen hierzulande leichter falle, sich in neue Sachverhalte einzuarbeiten und sich anzupassen. Fähigkeiten, die gerade bei aufkommenden Fragen und zu treffenden Entscheidungen rund um die digitale Transformation nützlich sind.

Unternehmensjuristen müssen zusätzliche Fähigkeiten erwerben

Nicht nur der Rechtsstandort im Allgemeinen, sondern auch Unternehmensjuristen im Besonderen müssen mit den praktischen Folgen der Digitalisierung für die eigene Position und Profession umgehen. Das gelingt, aber noch nicht gut genug, wie aus den Antworten der Studienteilnehmer hervorgeht. Sie sehen sich etwas besser vorbereitet als den Rechtsstandort generell, der Unterschied nach Noten fällt mit 3 – gegenüber 3,2 – jedoch gering aus.

Kritisiert wird vor allem ein Mangel an Budget, Kapazitäten und teilweise persönlicher Veränderungsbereitschaft. Gelobt wird, dass zunehmend interdisziplinäre Teams entstehen, themenorientierte Projekte aufgesetzt und mehr Fortbildungen angeboten werden. Die Rechtsabteilungen erwarten, dass sie sich künftig mit unternehmerischen Kernfragen beschäftigen und verstehen lernen müssen, wie neue digitale Geschäftsfelder funktionieren. Vertiefte IT-Kenntnisse, vor allem betreffend Datenschutz, Datensicherheit und IT-Sicherheit, werden Unternehmensjuristen in Zukunft vorweisen müssen.

Risiken der digitalen Transformation

3.

Fast alle Rechtsabteilungen erwarten höhere Risiken für IT-Sicherheit

Die Digitalisierung bringt aus Sicht der Juristen ein erhebliches Gefährdungspotenzial mit sich. Neben der IT-Sicherheit sorgen sie sich vor allem um den Schutz, Abgriff und Verlust von Daten.

▶ **91,3 Prozent sehen IT-Sicherheit als größtes rechtliches Risiko**
Sicherheitslücken in der IT-Infrastruktur werden von den Rechtsabteilungen noch vor den Folgen aus der Missachtung von datenschutzrechtlichen Bestimmungen als stärkste Bedrohung gesehen.

▶ **Rund drei Viertel sehen Gefahr durch Spionage und Datenverlust**
Die Angst vor Cyber-Spionage beziehungsweise Datenklau rangiert mit 77,8 Prozent aller Nennungen nur knapp vor dem Risiko von Daten- oder Know-how-Verlust (74,4 Prozent).

▶ **Fast zwei Drittel betrachten Compliance-Verstöße als hohes Risiko**
Die enorme Bedeutung von Compliance im Unternehmen spiegelt sich auch beim digitalen Transformationsprozess wider. 63,5 Prozent der Befragten sehen Gefahren durch Verstöße in diesem Bereich.

Kein Anschluss unter dieser Nummer, mitunter nicht einmal ein Geräusch. Immer wieder fallen die Netze der Telekommunikationsanbieter aus, häufig sind Millionen von Kunden betroffen, die dann weder telefonieren noch online kommunizieren können. Ein geläufiges Beispiel aus dem Alltag, das zeigt: Je digitaler die (Arbeits-)Welt, desto wichtiger wird es, sich gegen Risiken zu wappnen, die daraus entstehen können.

Dabei sind solche Netzausfälle, die Leitungen lahmlegen, nicht nur schlecht für das betroffene Unternehmen, weil Kunden verständlicherweise unzufrieden werden und neben wirtschaftlichen auch Imageschäden entstehen können. Es kann auch weitaus schlimmer kommen. Dazu genügt ein Blick auf jüngste Geschehnisse, etwa den Mitte letzten Jahres bekanntgewordenen massiven Hackerangriff auf das Computersystem des Deutschen Bundestags. Es wurden Daten gestohlen, die Software musste ausgetauscht und ein neues IT-System muss aufwendig und zeitintensiv installiert werden.

91,3 Prozent sehen IT-Sicherheit als größtes rechtliches Risiko

Wenn selbst mutmaßlich bestens geschützte Stellen wie Regierungen und Behörden zum Opfer von Hackern werden, bestätigt das: Die Informationstechnologie ist nicht nur Treiber der Digitalisierung, sondern auch Einfallstor für gefährliche Angriffe. Dessen sind sich die Befragten bewusst. Auf die Frage, welche rechtlichen Risiken für das Unternehmen aus ihrer Sicht infolge der digitalen Transformation „sehr stark" oder „stark" steigen, nannte eine Mehrheit von 91,3 Prozent die „IT-Sicherheit" und stuft sie somit unter allen Risikofaktoren an erster Stelle ein. Dahinter folgen die sich aus Missachtung datenschutzrechtlicher Bestimmungen ergebenden Konsequenzen (83,1 Prozent), Cyper-Spionage und Abgriff von Daten (77,8 Prozent) sowie der Verlust von Daten und Know-how (74,4 Prozent).

IT-Sicherheit ist für ein Unternehmen üblicherweise kein Kerngeschäft, aber dennoch von großer Bedeutung. Sie muss gewährleistet sein, um operative Risiken zu minimieren, um bei Marktpartnern Ansehen und Vertrauen zu schaffen sowie um (inter-)nationale Gesetze einzuhalten. Experten verorten die IT-Sicherheit auf drei Säulen: Technik; Organisation und Recht sowie der Mensch und sein Umgang mit IT.

Der Punkt Technik beinhaltet unter anderem, dass passende Hard- und Software eingesetzt wird. Um sie auf aktuellem Stand zu halten, gehören regelmäßige Penetrationstests
mit simulierten Angriffen dazu. Hinsichtlich Organisation und Recht gilt es, Backup und Zuständigkeiten zu klären, Zugangs- und Zugriffsverwaltung zu regeln sowie Notfallplan und
Problemmanagement festzulegen. Der mit IT befasste Mensch muss im Umgang mit Geräten und Programmen geschult und für Risiken sensibilisiert sein. Etliche Fragen, etwa ob private Mails am Arbeitsplatz geöffnet werden dürfen, berühren alle Säulen der IT-Sicherheit.

Eine große Gefahr messen die Studienteilnehmer den Folgen bei, die durch Missachtung
datenschutzrechtlicher Bestimmungen entstehen können. 83,1 Prozent sehen hier stark
oder sehr stark steigende Risiken. Dieser beträchtliche Wert erstaunt nicht angesichts
der Tatsache, dass dem Schutz personenbezogener Daten hierzulande eine elementare
Bedeutung beigemessen wird. Unternehmen, die sich nicht an Datenschutzgesetze und
Richtlinien halten, riskieren nicht nur einen Vertrauens- und Ansehensverlust bei Kunden
und in der Öffentlichkeit, sondern müssen auch mit finanziellen Sanktionen rechnen.

Rund drei Viertel sehen Gefahr durch Spionage und Datenverlust

Daten sind das Öl der Digitalisierung und ähnlich wertvoll. Sie sind in ihrer digitalen Form
aber auch anfällig. Der oben erwähnte Hackerangriff auf den Bundestag ist ein Beispiel
dafür. Ob nun in räuberischer Absicht oder durch technische Probleme: Eine Mehrheit der
Studienteilnehmer stuft die Cyber-Spionage und den Abgriff von Daten (77,8 Prozent) sowie den Verlust von Daten und Know-how (74,4 Prozent) als enorme Risikofaktoren ein.

Wie bedrohlich der Datenklau ist, dafür gibt es zahlreiche Beispiele. Sei es das Seiten-
sprungportal Ashley Madison, dessen Onlineseiten gehackt und deren Nutzerdaten dadurch öffentlich wurden. Sei es die Bausparkasse, bei der infolge einer technischen Panne
Hunderte von Kundendaten bei falschen Empfängern landeten. Und sei es die Kanzlei
Mossack Fonseca, die unfreiwillig berühmt wurde, nachdem 2,6 Terabyte Daten und somit 11,5 Millionen Geheimdokumente an die Öffentlichkeit gelangten – sie sind der Stoff,
aus denen die „Panama Papers" geschrieben wurden.

Drei Fälle von unterschiedlichem Ausmaß, die eines zeigen: Gefahren für Dateninhaber und/oder Datenbewahrer lauern permanent und überall. Sie entstehen durch menschliche Fehler oder technische Probleme, sind getrieben von kriminellem Handeln oder aus politisch-journalistischer Motivation heraus. Die rechtlichen, finanziellen und wirtschaftlichen Folgen können immens sein, deshalb kommt Datenschutz und -sicherheit eine herausragende Bedeutung zu. Das erklärt, weshalb die vier erstgenannten Risikofaktoren mit einer Zustimmungsquote zwischen rund 74 und 91 Prozent eben diese Themen betreffen.

In sieben von zehn Fällen lässt sich Datenverlust, worin ja drei von vier Befragten ein (sehr) stark steigendes Risiko sehen, auf defekte Festplatten zurückführen. Das hat eine Studie von Kroll Ontrack ergeben. Problematisch für Unternehmen sind zudem Ausfälle des Netzwerks oder gelöschte Bänder. Auch Anwenderfehler, Software- und Programmierdefizite führen häufig Datenverluste herbei.

Fast zwei Drittel betrachten Compliance-Verstöße als hohes Risiko

Compliance bedeutet, sich an Regeln zu halten. Das können gesetzliche Vorschriften sein und ebenso ethische Standards, an denen Unternehmen ihr Handeln ausrichten. Entsprechende Richtlinien sind meist schriftlich, beispielsweise in definierten Richtlinien oder Leitfäden, verankert. Die digitale Transformation bringt für Organisationen und ihre Mitarbeiter neue Fragen mit, etwa beim sensiblen Umgang mit Kundendaten, der privaten Nutzung von geschäftlichen E-Mail-Accounts, der zu gewährleistenden Sicherheit von Informationen. 63,5 Prozent und somit fast zwei Drittel der Studienteilnehmer werten mögliche Compliance- Verstöße, die sich daraus ergeben, als steigendes Risiko.

In diesem Zusammenhang sind auch neue Bußgeldvorschriften und die erweiterte Produkthaftung für IT- und Datensicherheit zu sehen, denen etwas mehr als jeder zweite Befragte (54,3 beziehungsweise 52,8 Prozent) ein erhöhtes Gefahrenpotenzial zuschreibt. Weniger als die Hälfte erwarten steigende Risiken durch die Verletzung von Urheberrechten und gewerblichen Schutzrechten (45,7 Prozent) sowie durch Konflikte mit branchenspezifischen Regularien (41,7 Prozent).

Mit deutlichem Abstand folgen zwei Aspekte, denen derzeit noch keine Mehrheit der Studienteilnehmer wachsendes Gefahrenpotenzial einräumt. Dies zeigt, dass die kartellrechtlichen Implikationen der Digitalisierung noch nicht ausreichend erkannt werden, obwohl gerade durch die Anhäufung und das Pooling von Daten erhebliche kartellrechtliche Probleme entstehen können.[24] Verstöße gegen das Kartellrecht werden gerade einmal von einem Viertel (25,2 Prozent) genannt. Noch weniger, nämlich 22,5 Prozent, erwarten mehr Risiken infolge möglicher Verstöße gegen das anwaltliche Berufsrecht durch die Digitalisierung.

Bei allen Vorteilen der Digitalisierung entstehen durch sie auch Risiken für Unternehmen. Befragte in den Rechtsabteilungen sorgen sich besonders um eine stabile IT-Sicherheit (91,3 Prozent). Eine große Mehrheit (74,4 bis 83,1 Prozent) erkennt auch erhöhte Gefahren, wenn es darum geht, Daten zu sichern, zu schützen und sie vor Spionageangriffen zu bewahren. Nur jeder Vierte oder weniger zählen hingegen Kartellrechts- oder berufsrechtliche Verstöße infolge digitaler Entwicklung als erhöhte Risikofaktoren.

[24] Siehe hierzu ausführlich: Bauer/Wachendorfer, Netzwerkeffekte, Marktdynamik und Big Data stellen die wettbewerbliche Analyse vor neue Herausforderungen, S. 182-191.

Wachsende Risiken in den Rechtsabteilungen

Anteil der Unternehmen mit Antwort „sehr stark" und „stark" versus Antwort „schwach" und „sehr schwach"

Frage 3: Welche rechtlichen Risiken für das Unternehmen steigen aus Ihrer Sicht infolge der digitalen Transformation?

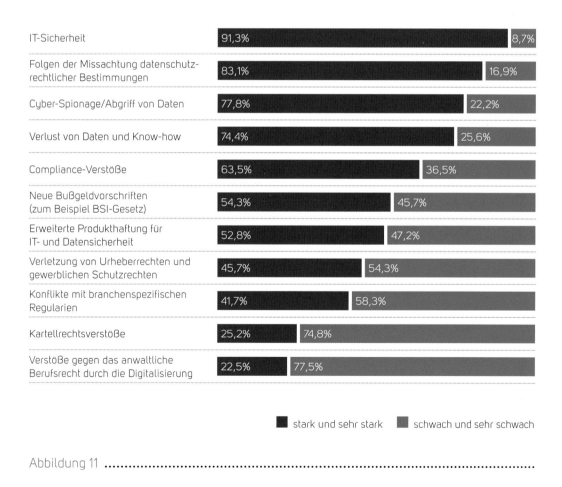

	stark und sehr stark	schwach und sehr schwach
IT-Sicherheit	91,3%	8,7%
Folgen der Missachtung datenschutzrechtlicher Bestimmungen	83,1%	16,9%
Cyber-Spionage/Abgriff von Daten	77,8%	22,2%
Verlust von Daten und Know-how	74,4%	25,6%
Compliance-Verstöße	63,5%	36,5%
Neue Bußgeldvorschriften (zum Beispiel BSI-Gesetz)	54,3%	45,7%
Erweiterte Produkthaftung für IT- und Datensicherheit	52,8%	47,2%
Verletzung von Urheberrechten und gewerblichen Schutzrechten	45,7%	54,3%
Konflikte mit branchenspezifischen Regularien	41,7%	58,3%
Kartellrechtsverstöße	25,2%	74,8%
Verstöße gegen das anwaltliche Berufsrecht durch die Digitalisierung	22,5%	77,5%

Abbildung 11 ....

Themen/Rechtsgebiete

4.

Datenschutz und IT-Sicherheit sind für Syndici die größte Herausforderung

Das Themengebiet Data Compliance, in dem alle Aspekte der Datensicherung zusammengefasst sind, stellt noch vor dem Vertragsrecht und der Regulierung die höchsten Anforderungen.

▶ **Data Compliance ist mit großem Abstand die wichtigste Aufgabe**
Vor allem der Schutz personenbezogener Daten (92,3 Prozent), die Cyber-Security (90,6 Prozent) sowie die Absicherung von Firmendaten (85,6 Prozent) und Know-how (77,5 Prozent) fordern Syndici heraus.

▶ **Für 56,1 Prozent haben Vertragsrecht/Rechtsgeschäfte hohe Relevanz**
Neben der Data Compliance stehen vertragsrechtliche Themen so-wie spezielle Regulierungsfragen wie das Telekommunikationsrecht und der digitale Binnenmarkt ganz oben auf der Agenda.

▶ **Kartellrecht steht bei digitaler Transformation noch nicht im Fokus**
Lediglich 27,1 Prozent der befragten Rechtsabteilungen sehen größere kartellrechtliche Herausforderungen auf sich und Ihre Unternehmen zukommen.

In der gegenwärtigen Phase der Digitalisierung rücken Fragen zu Umgang, Schutz und Vernetzung von Daten immer wieder in den Fokus der öffentlichen Diskussion. Nicht ohne Grund, wie aus dem Lagebericht 2015 des Bundesamtes für Sicherheit in der Informationstechnik (BSI)[25] hervorgeht. Demnach gibt es etliche Gefahrenquellen und ein beträchtliches Schadensrisiko. Laut BSI-Präsident Michael Hange müssten sich alle Unternehmen darauf einstellen, dass „Cyber-Angriffe durchgeführt werden und auch erfolgreich sind".

Wenig verwunderlich daher, dass 90,6 Prozent der für die vorliegende Studie befragten Rechtsabteilungen in der IT-Sicherheit eine der größten Herausforderungen für sich sehen, zumal dazu erhobene Zahlen nicht gerade Anlass zur Beruhigung geben.[26] So teilt der Bundesverband Informationswirtschaft, Telekommunikation und neue Medien (Bitkom) mit, dass in den zurückliegenden zwei Jahren gut die Hälfte aller Unternehmen Ziel von Spionage- oder Sabotageakten gewesen ist. Der dadurch entstehende jährliche Schaden für die deutsche Wirtschaft wird auf rund 51 Milliarden Euro geschätzt.[27]

Data Compliance ist mit großem Abstand die wichtigste Aufgabe

Wenn es um IT-Sicherheit geht, stellt sich ganz unmittelbar die Frage, wie sich unbefugter Zugriff auf Daten und deren Missbrauch verhindern lassen. Diese Annahme wird durch die Befragungsergebnisse bestätigt: Insgesamt birgt der Bereich der „Data Compliance", aufgeschlüsselt in neun inhaltliche Felder, für die Mehrheit der Befragten die größten rechtlichen Herausforderungen. Insbesondere der Schutz von personenbezogenen Daten (92,3 Prozent) und von Unternehmensdaten (85,6 Prozent) steht dabei in vorderster Reihe. Auch Know-how-Schutz wird von einer beachtlichen Mehrheit (77,5 Prozent) genannt und zählt somit zu den Top 4 der rund zwei Dutzend aufgelisteten Rechtsgebieten.

Hier spiegelt sich wider, was auch Diskussionen, Berichten und Umfrageergebnisse bestätigen: Die Bevölkerung ist beim Thema Datenschutz zu einem großen Teil skeptisch. Laut

[25] Bundesamt für Sicherheit in der Informationstechnik, Die Lage der IT-Sicherheit in Deutschland 2015, 2015.
[26] Siehe hierzu ausführlich Kapitel 3, S. 74-79.
[27] www.bitkom.org/Presse/Presseinformation/Digitale-Angriffe-auf-jedes-zweite-Unternehmen.html (Aufgerufen am 14.10.2016).

europaweiter Untersuchungen hat nur etwas mehr als jeder fünfte EU-Bürger (22 Prozent) volles Vertrauen in Internetunternehmen, soziale Netzwerke und E-Mail-Dienste.[28] Entsprechend laut werden Forderungen aus Wirtschaft, Gesellschaft und Recht, eine auf europaweit verbindlichen Grundsätzen beruhende Datenstandort-Politik zu entwickeln, um mehr Datensicherheit und Datensouveränität zu gewährleisten.

Mangelt es daran, werden vor allem bei kleinen und mittelständischen Unternehmen der Auf- und Ausbau digitaler Geschäfte von Zweifeln begleitet sein. Dabei drehen sich Zukunftsfragen nicht darum, wie sich Datenerhebung und -erfassung verhindern lassen, sondern wie ein sicherer und individuell souveräner Umgang damit gewährleistet wird. Denn klar ist: Daten sind zentraler Rohstoff der digitalen Wirtschaft.

Umso mehr erfordert die digitale Transformation der Gesellschaft einen Paradigmenwechsel in der Datenpolitik, sagt Ulrike Meyer, Professorin für IT-Sicherheit an der Rheinisch-Westfälischen Technischen Hochschule Aachen. Ihr Fazit: „Eine Herausforderung der Digitalisierung ist die Entwicklung von Geschäftsmodellen und Technologien, die eine Nutzung der Daten ermöglichen, ohne die Privatsphäre Einzelner oder die Sicherheit der Daten im Allgemeinen zu gefährden."[29]

Offensiv und zukunftsorientiert betrachtet, ist die Digitalisierung ein unternehmerisches Projekt. Eines, das sich entfalten muss. Dafür braucht es Freiheiten, aber auch einen festgelegten Rahmen, der Grenzen und Pflichten definiert. Nur so können risikofreudige Investitionen, Produktinnovationen und neue datenbasierte Dienstleistungen entstehen und sich vorwärts entwickeln.

„Alle digitalen Geschäftsmodelle sollen in einem offenen innovativen Wettbewerb stehen", betont Gesche Joost, Professorin für Designforschung an der Universität der Künste Berlin. Die Internet-Botschafterin der Bundesregierung für die Europäische Kommission sieht es als wichtig an, Insellösungen, Privilegien, Diskriminierungen, „Lock-in"-Praktiken

---

[28] European Commission, Consumer survey identifying the main cross-border obstacles to the DSM and where they matter most, forthcoming 2015.
[29] Bundesministerium für Wirtschaft und Energie, Digitale Strategie 2025, S. 32.

aufzulösen. „Wir müssen dafür zugleich regulatorische Klarheit und Sicherheit schaffen", so Joost.[30]

All das berührt auch Fragen, die über Data Compliance hinausgehen, wie zum Beispiel Haftungsregeln und fairen Wettbewerb. Die Ergebnisse der vorliegenden Befragung zeigen gleichwohl, dass Rechtsabteilungen die auf sie zukommenden Herausforderungen sehr stark an IT-Sicherheit- und Datenschutzthemen festmachen.

Neben den vier oben genannten Aspekten werden auch Urheberrecht (59,8 Prozent), Datenlizenzmanagement (58,3 Prozent) und Intellectual Property (53,5 Prozent) von mehr als der Hälfte der Studienteilnehmer als stark vom digitalen Wandel betroffene Rechtsgebiete identifiziert. Auch (Software-)Patentrechte gehören bei einer Quote von 46,5 Prozent noch zu den häufig genannten Themen, während Rechtsfragen zum unlauteren Wettbewerb lediglich für rund ein Drittel (32,1 Prozent) eine größere Bedeutung im Kontext der digitalen Economy zu haben scheinen.

Für 56,1 Prozent haben Vertragsrecht/Rechtsgeschäfte hohe Relevanz

Wie stark der Blick auf datenschutz- und datensicherheitsbezogene Rechtsgebiete bei den Befragten dominiert, zeigt ein Vergleich von Durchschnittswerten. So ergibt sich für das aus neun Themenfeldern bestehende Gebiet „Data Compliance" ein Mittelwert von 66,3 Prozent. Das heißt: Zwei Drittel der Befragten sehen hier die „größten rechtlichen Herausforderungen" auf die Unternehmen zukommen. Es folgt die Kategorie „Vertragsrecht/Rechtsgeschäfte", die nicht weiter untergliedert wurde, mit einer Quote von 56,1 Prozent.

Mit deutlichem Abstand rangieren dahinter rechtliche Bereiche zur „Regulierung" mit durchschnittlich 39,3 Prozent. IInnerhalb dieses Themenfelds stimmen die meisten Befragten für das Telekommunikationsrecht (57,3 Prozent) und den digitalen Binnenmarkt (50,9 Prozent) als von Digitalisierung stark betroffene Rechtsgebiete.

[30] Bundesministerium für Wirtschaft und Energie, Digitale Strategie 2025, S. 22 ff.

Jeweils ein gutes Viertel der Befragten stuft unterschiedliche Facetten des „Haftungs-rechts" (28,3 Prozent) und „weitere Rechtsgebiete" (26,9 Prozent) als am meisten von der digitalen Transformation betroffen ein. Bei Ersterem schneidet das Produkthaftungs-recht mit 31,9 Prozent der Nennungen überdurchschnittlich hoch ab. Bei Letzterem sind es Arbeitsrecht mit 39,3 Prozent und Litigation mit 32,1 Prozent.

Es wäre jedoch nicht ganz korrekt, aus diesen Zahlen abzuleiten, dass die jeweils oft oder weniger genannten Themen auch eine entsprechend starke oder weniger starke Bedeu-tung für Rechtsfragen rund um die Digital Economy hätten. Die Quoten liefern eher einen Hinweis darauf, was derzeit in den Rechtsabteilungen die Agenda bestimmt im Sinne von: Wie oft landen welche Themen auf dem Tisch des Syndikus? Aus welchen Rechtsgebie-ten ergibt sich ein dringlicher Klärungsbedarf? Welche rechtlichen Aspekte der Digitalisie-rung nehmen aktuell einen breiten Raum ein?

Kartellrecht steht bei digitaler Transformation noch nicht im Fokus

Fest steht aber auch, dass digitale Geschäftsmodelle und -prozesse zahlreiche Rechtsge-biete künftig tangieren werden (oder es bereits tun), die derzeit noch nicht oder eher selten in den Rechtsabteilungen gelandet sind. Ein Beispiel: das Kartellrecht. Digitales Wirtschaf-ten hat strukturelle Veränderungen in der Geschäftswelt nach sich gezogen. Das führt etwa zur Frage, wie aus kartellrechtlicher Sicht kostenlos verfügbare Dienstleistungen im Internet, wie sie typischerweise Suchmaschinen, Preisvergleichsportale und Urlaubsbu-chungsseiten anbieten, zu bewerten sind.

Online-Märkte haben die besondere Eigenschaft, dass sie keine geografisch natürlichen Grenzen kennen. In vielen Branchen wie Handel, Reisevermittlung, Taxidienste, Pro-duktsuche sind riesige Internet-Plattformen entstanden, die in der Realität über große Marktmacht verfügen. Einen möglichen Missbrauch von Marktmacht einzudämmen, damit beschäftigt sich üblicherweise das Wettbewerbs- und Kartellrecht. Die Tatsache, dass das erste, zentrale Angebot kostenlos erfolgt, verhindert nach bisheriger Rechtsauffassung ein kartell- und kontrollrechtliches Eingreifen. Was zeigt: Die Digital Economy schafft neue

Konstellationen zwischen Herstellern, Händlern, Dienstleistern und Kunden; sie wirft Fragen auf, für die die bisherige Gesetzgebung und Rechtsprechung oftmals nur unzureichende Antworten liefert.

Vor diesem Hintergrund erscheint ein Anteil von 27,1 Prozent der Befragten in dieser Studie, die mit Blick auf das Kartellrecht von großen rechtlichen Herausforderungen sprechen, als eher gering. Am seltensten genannt unter allen 23 aufgeführten Rechtsthemen wurde das Gesellschaftsrecht. Es kommt nur auf einen Anteil von 13,9 Prozent. Ebenfalls weniger als ein Viertel der Befragten votierten für Steuer- und Bilanzrecht (22,1 Prozent) und das Strafrecht (23,0 Prozent).

Was mit dem Schutz von Daten und der Sicherheit des IT-Systems zu tun hat, wird in den Rechtsabteilungen von Unternehmen – mit Blick auf die Konsequenzen der digitalen Transformation – als größte rechtliche Herausforderung empfunden. In der vorliegenden Studie fällt das Votum mit 92,3 beziehungsweise 90,6 Prozent ganz eindeutig aus. Generell steht „Data Compliance" im Ruf, am meisten von der Digitalisierung betroffen zu sein – im Durchschnitt zwei Drittel der Befragten sehen das so. Dahinter folgt die Kategorie „Vertragsrecht/Rechtsgeschäfte" (56,1 Prozent) vor „Regulierung" (39,3 Prozent), „Haftungsrecht" (28,3 Prozent) und weiteren Rechtsgebieten (26,9 Prozent), unter denen Arbeitsrecht mit 39,3 und Litigation mit 32,1 Prozent überdurchschnittlich oft genannt werden.

Herausforderungen in den einzelnen Rechtsgebieten
Anteil der Unternehmen mit Antwort „sehr stark" und „stark"

Frage 4: Welche Rechtsgebiete sind aus Ihrer Sicht am meisten von der Digitalen Transformation (Digital Economy, Industrie 4.0) betroffen und bergen die größten rechtlichen Herausforderungen?

Data Compliance:

Datenschutzrecht (personenbezogene Daten)	92,3%	
IT-Sicherheit (Cyber Security)	90,6%	
Schutz von Unternehmensdaten	85,6%	
Know-how-Schutz	77,5%	
Urheberrecht (Schutz von Datenbanken und Datenbank-Werken)	59,8%	
Datenlizenzmanagement	58,3%	
Intellectual Property	53,5%	
Patentrecht (Softwarepatente)	46,5%	
Recht des unlauteren Wettbewerbs	32,1%	

Vertragsrecht/Rechtsgeschäfte:

Vertragsrecht/Rechtsgeschäfte	56,1%	

Abbildung 12 ....

Regulierung:

Telekommunikationsrecht	57,3%	
Digitaler Binnenmarkt	50,9%	
Kartellrecht	27,1%	
Steuer- und Bilanzrecht	22,1%	

Haftungsrecht:

Produkthaftungsrecht	31,9%	
Gefährdungshaftung	29,0%	
Versicherungsrecht	28,2%	
Deliktsrecht	24,0%	

Regulierung:

Arbeitsrecht	39,3%	
Litigation	32,1%	
Berufsrecht	26,5%	
Strafrecht	23,0%	
Gesellschaftsrecht	13,9%	

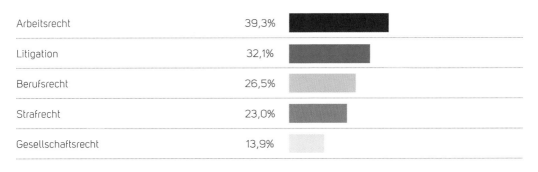

Organisation/ Ressourceneinsatz

5.1 Jeder dritte Jurist befasst sich regelmäßig mit Digitalthemen

In den Rechtsabteilungen ist die Digitalisierung längst mehr als ein Randaspekt. Nahezu ein Drittel der Kapazitäten wird schon heute dafür aufgewendet.

▶ **Juristen wenden 31,4 Prozent ihrer Kapazitäten für Digitalisierung auf**
Nach eigener Einschätzung beansprucht die Digitalisierung durchschnittlich knapp ein Drittel der Arbeitskapaziäten in den Rechtsabteilungen.

▶ **17,1 Prozent der Anwälte arbeiten überwiegend an digitalen Themen**
Beachtliche 12,9 Prozent der Befragten geben sogar an, dass sie durchschnittlich 80 Prozent oder mehr ihrer Arbeitszeit für Aufgaben einsetzen, die unmittelbar mit der Digitalisierung zu tun haben.

▶ **19,0 Prozent der nichtjuristischen Mitarbeiter sind digital eingebunden**
Bei den Paralegals, Rechtsanwaltsfachangestellten und Sachbe-arbeitern sowie im Sekretariat fließt jede fünfte Arbeitsminute in Aufgaben mit Bezug zur Digitalisierung.

Vor etwa 20 Jahren behauptete ein junger Jurist und Informatiker, dass Anwälte mit ihren Mandanten bald vorwiegend per E-Mail kommunizieren würden. Damals war es bei weitem nicht so selbstverständlich wie heute, Nachrichten sekundenschnell zwischen Computern hin- und herzuschicken. Auch deshalb reagierten die in London versammelten Anwälte skeptisch bis ungehalten über diese ihrer Ansicht nach mindestens gewagte, vielleicht sogar freche Prognose von Richard Susskind.[31]

Juristen wenden 31,4 Prozent ihrer Kapazitäten für Digitalisierung auf

Die Lust am Vorwärtsdenken, auch am gezielten Provozieren seines Berufsstandes, hat Richard Susskind bis heute nicht verloren. Er schrieb Bücher wie „The End of Lawyers?" und erst jüngst „The Future of the Professions". Im Lichte der zügig voranschreitenden Digitalisierung scheinen sich etliche seiner Thesen zu bewahrheiten. Zum Beispiel sein früh formulierter Hinweis, dass sich der Juristenberuf durch digitale Technologie erheblich verändern wird.

Die Studie „Digital Economy und Recht" bestätigt, dass die Digitalisierung inzwischen längst in den Rechtsabteilungen angekommen ist. Nach eigener Einschätzung fließt schon heute fast ein Drittel aller Kapazitäten von Rechtsanwälten und Juristent (31,4 Prozent) in digitale Themen. Dabei geben die meisten an, zwischen 20 und 39 Prozent ihrer Arbeitszeit dafür einzusetzen (31,3 Prozent). Immerhin jeder Vierte (26,7 Prozent) taxiert seinen regelmäßigen Arbeitsaufwand in Sachen Digitalisierung auf 10 bis 19 Prozent.

17,1 Prozent der Anwälte arbeiten überwiegend an digitalen Themen

Der Anteil der Befragten, die sagen, dass digitale Themen inzwischen mehr als 60 Prozent ihrer Arbeitskapazitäten ausmachen und somit das dominierende Jobthema sind, liegt bei 17,1 Prozent. Beachtliche 12,9 Prozent räumen sogar ein, dass sie mehr als 80 Prozent ihrer Ressourcen in die Digitalisierung stecken. Nimmt man die Gruppe (10,6 Prozent)

---

[31] www.nzz.ch/bildstrecken/bildstrecken-feuilleton/rechtsanwaelte-und-neue-technologien-der-jurist-im-digitalen-holozaen-ld.14594 (Aufgerufen am 14.10.2016).

derer hinzu, die zwischen 40 und 59 Prozent für Digitales einsetzen, erhöht sich der Anteil der überwiegend digital Arbeitenden auf knapp 27,6 Prozent.

19,0 Prozent der nichtjuristischen Mitarbeiter sind digital eingebunden

Was sich heute feststellen lässt: Digitales Arbeiten – von einfachen bis standardisierbaren Tätigkeiten – spielt in Rechtsabteilungen bereits eine nennenswert große Rolle. Das gilt, wie oben ausgeführt, für examinierte Juristen, genauso aber auch für die Ebene darunter. Sowohl Paralegals, also Fachkräfte mit solidem juristischem Basiswissen, Rechtsanwalts-fachangestellte und Sachbearbeiter als auch Mitarbeiter des Sekretariats und sonstiger Assistenz befassen sich mit Themen der Digitalisierung. Im Durchschnitt liegt der Anteil der Kapazitäten, den sie dafür einsetzen, für beide Gruppen bei jeweils 19,0 Prozent.

Im Vergleich zu den erhobenen Daten für Rechtsanwälte/Juristen fällt aber auf, dass auf Fach- und Sachbearbeitungs- sowie Sekretariats- und Assistenzebene ein hoher Anteil von Mitarbeitern relativ wenig mit Digitalisierung zu tun hat. So geben 50,5 Prozent der Paralegals an, weniger als 10 Prozent ihrer Kapazitäten dafür einzusetzen, während es bei Sekretariats- und Assistenzkräften 44,7 Prozent sind.

Rund ein Drittel der Juristen ist schon heute regelmäßig mit dem Thema Digitalisierung in der Rechtsabteilung betraut. 27,6 Prozent der Befragten geben gar an, dass ihr digitaler Anteil an den eingesetzten Kapazitäten bei 40 Prozent oder höher liegt. Im Vergleich dazu zeigt sich für Positionen der Paralegals (Fach- und Sachbearbeitung) sowie der Assistenz ein erkennbar geringerer Anteil. Hier sind im Durchschnitt 19,0 Prozent regelmäßig mit digitalen Themen befasst.

Aktueller Anteil der Kapazitäten für Themen der Digitalisierung

Frage 5.1: Nach Ihrer Einschätzung, wie viele Kapazitäten (Angabe in Prozent) sind in Ihrer Rechtsabteilung schon heute regelmäßig mit dem Thema Digitalisierung betraut?

Rechtsanwälte/Juristen	31,4%
Paralegals/Rechtsanwaltsfachangestellte/Sachbearbeitung	19,0%
Sekretariat/sonstige Assistenz	19,0%

Rechtsanwälte/Juristen:

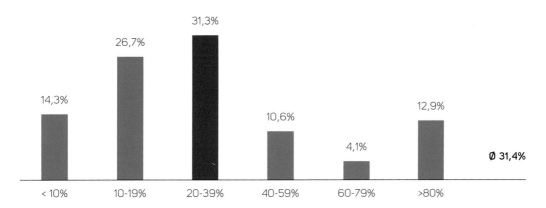

Abbildung 13

5.2 Digitalisierung wird zusätzliche Jobs in Rechtsabteilungen schaffen

73,3 Prozent erwarten steigenden Bedarf an digital kompetenten Rechtsanwälten/Juristen in den nächsten fünf Jahren. Bei Paralegals und Assistenz ist der Trend ähnlich.

▶ **Fast drei Viertel erwarten steigenden Ressourcenbedarf bei Juristen**
Die digitale Transformation wirft neue Fragen auf und schafft neue Aufgabenfelder. Dadurch wird der Bedarf an Juristen mit digitalem Know-how wohl deutlich wachsen.

▶ **Bedarf an Nichtjuristen mit digitaler Kompetenz ist deutlich geringer**
Auf der Ebene der Paralegals sieht nur knapp jeder zweite Studienteilnehmer in den nächsten fünf Jahren einen steigenden Ressourcenbedarf. Bei Sekretariat und Assistenz ist es lediglich jeder Dritte.

▶ **Digitalisierung sorgt für einen Wandel im Berufsbild des Juristen**
Selbst wenn Systeme künstlicher Intelligenz zunehmend besser und stetig weiterentwickelt werden, können sie aus heutiger Sicht den Job des Juristen nicht ersetzen.

Digitalisierung ist ein Treiber für neue oder umgebaute Geschäftsmodelle, zugleich beeinflusst sie die Art und Weise, wie in der traditionellen Wirtschaft heute und künftig gearbeitet wird. Jede Abteilung und alle Prozesse in Unternehmen sind davon betroffen, wenn auch verschieden stark ausgeprägt. Job- und tätigkeitsübergreifende Veränderungen machen vor den Rechtsabteilungen nicht Halt. Sie müssen den Wandelbedarf identifizieren, Jobbeschreibungen definieren und Ressourcen anpassen.

Fast drei Viertel erwarten steigenden Ressourcenbedarf bei Juristen

Fach- und Führungskräfte, aber auch Mitarbeiter auf Assistenzebene kommen nicht umhin, ihre Digitalkompetenz auszubauen. Zugleich stellt sich die Frage, wie sich Qualifikationsprofile und der Kapazitätsbedarf in Rechtsabteilungen entwickeln werden. Die Studienteilnehmer haben dazu ihre Einschätzungen mit Blick auf die kommenden fünf Jahre abgegeben. Daraus lassen sich einige eindeutige Trends herauslesen.

So zeichnet sich ab, dass der Bedarf an digitalen Ressourcen umso stärker steigt, je höher die Qualifikationsebene ist. Sprich: Syndici sind mehr davon betroffen als beispielsweise Mitarbeiter aus Sekretariat und Assistenz. Konkret gehen fast drei Viertel (73,3 Prozent) der Befragten davon aus, dass der Bedarf an Juristen mit digitalem Know-how wachsen wird.

Bedarf an Nichtjuristen mit digitaler Kompetenz ist deutlich geringer

Auf der Ebene der Paralegals, den Rechtsanwaltsfachangestellten und Sachbearbeitern, ist dieser Wert nennenswert geringer. Nur knapp jeder zweite Studienteilnehmer (47,8 Prozent) erwartet hier in den kommenden fünf Jahren höhere Kapazitäten. Gar nur ein Drittel (32,2 Prozent) prognostiziert einen höheren Bedarf an digitaler Fitness für den Tätigkeitsbereich Sekretariat und Assistenz. Daraus lässt sich folgern: Dort, wo Digitalisierung zu komplexen Sachverhalten und Fragestellungen führt, braucht es einen höheren Qualifizierungs- und Spezialisierungsgrad für Digitales. Im Kapitel über die Herausforderungen, die digitale Themen für verschiedene Rechtsgebiete mit sich bringen (Seite 34-49), wurde das bereits deutlich.

Digitalisierung sorgt für einen Wandel im Berufsbild des Juristen

Damit einhergehen wird eine Verlagerung von Aufgaben und Kapazitäten innerhalb der Rechtsabteilungen. Das betrifft zum einen die Abläufe: Daten verarbeiten, Dokumente erstellen, Standardverträge aufsetzen – all das wird schon heute vielfach durch Computerprogramme unterstützt oder an intelligente Software delegiert. Dadurch wird die Arbeit anders verteilt und idealerweise effizienter organisiert.

Was heißt das für den Beruf des Juristen? Wie verändern sich in der Praxis dadurch die Anforderungen? Den „Anwalt aus dem Automaten", der von manchem Futuristen beschrieben wird, gibt es noch nicht – und vermutlich wird es ihn auch nie geben. Denn was „Legal Tech" vermag, ist, durch Ausnutzung digitaler Werkzeuge und Anwendungen manche Arbeitsabläufe zu vereinfachen und zu beschleunigen.

Dadurch verändert sich die Tätigkeit des Juristen. Was sich standardisieren und an den Kollegen Computer übertragen läßt, fällt teilweise oder ganz weg. Aber nimmt dadurch auch die Bedeutung des Juristenberufs ab? Mitnichten. Selbst wenn Systeme künstlicher Intelligenz zunehmend besser und stetig weiterentwickelt werden, können sie aus heutiger Sicht den Job des Juristen nicht ersetzen. Allein die vielschichtigen, komplizierten und miteinander vernetzten rechtlichen Fragestellungen, die die digitale Wirtschaft mit sich bringt, sind dafür Beleg genug.

In den Rechtsabteilungen steigt der Bedarf an Ressourcen für digitale Themen. In besonderer Weise trifft das die Rechtsanwälte/Juristen: Drei von vier Studienteilnehmern sehen hier einen wachsenden Bedarf in den nächsten fünf Jahren. Es werden besondere Qualifikationen und mehr Spezialisten auf dieser Ebene gefragt sein. Die Standardisierung von Abläufen, getrieben durch intelligente Software, führt dazu, dass die erforderlichen Kapazitäten auf der Ebene der Paralegals (47,8 Prozent) und der Assistenz (32,2 Prozent) weniger stark zunehmen werden.

Entwicklung der Kapazitäten in der Rechtsabteilung

Frage 5.2: Wie wird sich der Bedarf an Ressourcen für Themen der Digitalisierung bei Ihnen voraussichtlich in den nächsten fünf Jahren entwickeln?

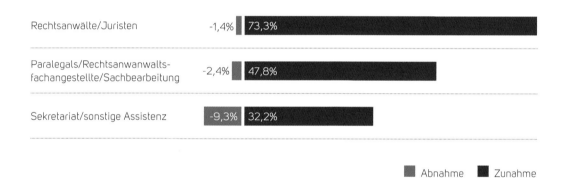

Rechtsanwälte/Juristen -1,4% 73,3%

Paralegals/Rechtsanwanwalts-fachangestellte/Sachbearbeitung -2,4% 47,8%

Sekretariat/sonstige Assistenz -9,3% 32,2%

■ Abnahme ■ Zunahme

Abbildung 14 ....

5.3 Ausgabebereitschaft der Rechtsabteilungen ist in Sachen Digitalisierung sehr gering

Lediglich 9,0 Prozent der Rechtsabteilungen haben höhere Ausgaben speziell für Themen der digitalen Transformation fest eingeplant. Sie erhöhen ihr Budget um durchschnittlich 18,9 Prozent.

▶ **Budgeterhöhungen und -kürzungen halten sich die Waage**
Es herrscht zwar eine breite Übereinstimmung, dass die digitale Wirtschaft professionsübergreifend mehr und speziellere Kapazitäten erfordert – das Kostenbewusstsein bleibt aber ausgeprägt.

▶ **Nur 9,0 Prozent planen Budgeterhöhungen im Zuge der Digitalisierung**
Digitale Themen werden für die Syndici in den Unternehmen an Bedeutung gewinnen und mehr Ressourcen binden – jedoch nur 9,0 Prozent planen dafür mit Budgeterhöhungen.

▶ **Budgets sollen durchschnittlich um knapp ein Fünftel erhöht werden**
Die Unternehmen, die aufgrund digitaler Herausforderungen zusätzliche Mittel für die Rechtsabteilung einkalkulieren, planen mit einer Erhöhung von durchschnittlich 18,9 Prozent.

Arbeitgeber rollen digital qualifizierten Fach- und Führungskräften den roten Teppich aus. Laut einer aktuellen Bitkom-Studie, für die branchenübergreifend rund 500 Geschäftsführer und Personalverantwortliche befragt wurden, prognostizieren mehr als die Hälfte der Unternehmen (54 Prozent) in diesem Feld eine Zunahme an Jobs. Gut ein Drittel der Befragten rechnet damit, dass auch die Stellen im Management ausgebaut werden (37 Prozent), fast identisch fällt die Erwartung fürs mittlere Management (36 Prozent) aus.[32]

Budgeterhöhungen und -kürzungen halten sich die Waage

Die Digitalisierung, folgert Bitkom-Präsident Thorsten Dirks, werde zu einem historischen Wandel in der Arbeitswelt führen. Kein Zweifel besteht, dass dies auch für Rechtsabteilungen gilt. Spannend bleibt die Frage, wie stark sie betroffen sein werden, in welcher Weise sich Jobs verändern werden und wie groß die finanzielle Ausstattung sein wird, um den digitalen Wandel zu meistern. Dass für juristische Ressourcen mehr Mittel eingeplant werden, geht bereits aus dem „Rechtsabteilungs-Report 2015/16" hervor.[33] Demnach haben 38 Prozent der 150 größten Rechtsabteilungen ihr Budget gegenüber dem Vorjahr erhöht.

Das heißt freilich nicht, dass die Unternehmen bei ihren Syndici generell ausgabefreudiger werden, denn zugleich hat ein fast ebenso hoher Anteil (32 Prozent) die Kosten für die Rechtsberatung gesenkt, unter anderem durch geringere Zahlungen an externe Kanzleien. Ergebnisse aus dem Rechtsabteilungs-Report bestätigen, was auch aus der vorliegenden Studie hervorgeht: Datenschutzrecht und juristische Fragen zu Entwicklungen der digitalen Wirtschaft gehören zu den am stärksten wachsenden Rechtsgebieten.

Nur 9,0 Prozent planen Budgeterhöhung im Zuge der Digitalisierung

Vor diesem Hintergrund erscheint der Anteil derer, die in ihrer Rechtsabteilung Budgeterhöhungen für das Thema Digitalisierung geplant haben, extrem gering. Er liegt bei gerade einmal 9,0 Prozent. Offensichtlich geht also im Moment eine deutliche Mehrheit davon

[32] www.bitkom.org/Presse/Presseinformation/Digitalisierung-schafft-neue-Jobs-fuer-Fachkraefte.html (Aufgerufen am 14.10.2016).
[33] Henning: Der Rechtsabteilungs-Report 2015/16, 2015, S. 112 ff.

aus, die Herausforderungen der digitalen Transformation mit bestehenden Mitteln bestreiten zu können. Daraus zu schließen, dass dem Thema zu wenig Bedeutung beigemessen wird, wäre allerdings leichtfertig. Schließlich gilt für die Rechtsabteilungen wie für die meisten anderen Abteilungen in Unternehmen: Mehrkosten sollen vermieden werden. Eine Umverteilung von Aufgaben und Budgetverschiebungen sind Möglichkeiten, um auf veränderte Gegebenheiten zu reagieren, ohne den finanziellen Aufwand zu erhöhen.

Budgets sollen durchschnittlich um knapp ein Fünftel erhöht werden

Bei den Unternehmen, die mit zusätzlichen Mitteln für die Rechtsabteilung aufgrund digitaler Herausforderungen kalkulieren, liegt die durchschnittliche Anpassung des Budgets bei 18,9 Prozent. Was zeigt, dass der erforderliche Ausbau der Kapazitäten nicht mit gering dosierten Erhöhungen sinnvoll zu leisten ist. Die Antworten auf die Frage nach der geplanten Budgeterhöhungen bestätigen, was Bitkom-Präsident Dirks fordert: „Ganz klar müssen wir mehr in die Köpfe investieren, wenn wir die digitale Transformation in Deutschland erfolgreich gestalten wollen."[34]

Unbestritten ist, dass Digitalisierung branchen- und berufsübergreifend zusätzliche Ressourcen, Kompetenzen und Kapazitäten erfordert. Aus diesem Mehrbedarf lässt sich aber nicht automatisch ableiten, dass Unternehmen dafür mehr ausgeben wollen. Das gilt auch bezogen auf die Rechtsabteilungen: Lediglich 9,0 Prozent der Studienteilnehmer geben an, dass hierfür höhere Budgets geplant sind – und zwar in einem Umfang von 18,9 Prozent mehr als bisher.

[34] www.bitkom.org/Presse/Presseinformation/Digitalisierung-schafft-neue-Jobs-fuer-Fachkraefte.html (Aufgerufen am 14.10.2016).

Budgetanpassungen in den Rechtsabteilungen

Frage 5.3: Sind in Ihrer Rechtsabteilung Budgeterhöhungen nur für das Thema Digitalisierung geplant? Wenn ja, in welchem Umfang ist eine Erhöhung geplant?

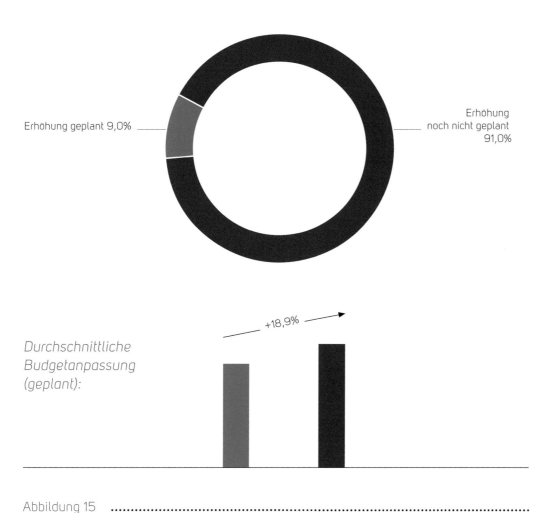

Erhöhung geplant 9,0%

Erhöhung
noch nicht geplant
91,0%

+18,9%

*Durchschnittliche
Budgetanpassung
(geplant):*

Abbildung 15

5.4

Vier von zehn Unternehmen setzen auf optimierte Abläufe

Durch die Digitalisierung fällt Mehrarbeit in den Rechtsabteilungen an. Weniger durch zusätzliches Personal als vielmehr durch veränderte Organisation soll sie bewältigt werden.

▶ **39,9 Prozent sehen in Optimierung die Antwort auf Mehrarbeit**
Die meist gewählte Antwort auf die Frage, wie anfallende Mehrarbeit aufgefangen werden soll, lautet: Abläufe und Organisation optimieren. Das geben immerhin 39,9 Prozent der Befragten an.

▶ **Fast ein Viertel betrachtet Legal Process Outsourcing als hilfreich**
24,4 Prozent sehen in der Verpflichtung externer Paralegals eine gute Möglichkeit, den zusätzlichen Anforderungen gerecht zu werden. Auf den Einsatz von externen Anwälten setzen dagegen nur 3,3 Prozent.

▶ **28,6 Prozent sehen in der Verlagerung von Ressourcen eine Alternative**
14,4 Prozent erwarten eine Verlagerung der Arbeiten auf Paralegals oder Rechtsanwaltsfachangestellte beziehungsweise 14,2 Prozent glauben, dass diese zulasten anderer Rechtsgebiete gehen.

Veränderte Anforderungen durch die Digitalisierung und dadurch entstehender Mehraufwand werden den Alltag in Rechtsabteilungen mitprägen. Derzeit ist nicht abzusehen, dass hierfür zusätzliche Ressourcen geschaffen werden. Wie im vorangegangen Kapitel erläutert wurde, beabsichtigt derzeit nur ein Zehntel der Unternehmen, dafür Budgets zu erhöhen. Das heißt: Es stehen in den meisten Fällen keine Mittel zur Verfügung, um mehr Personal einzustellen oder Aufgaben in nennenswertem Umfang extern zu vergeben.

39,9 Prozent sehen in Optimierung die Antwort auf Mehrarbeit

Daraus folgt die Frage: Wie lässt sich langfristig die durch digitale Themen anfallende Mehrarbeit auffangen? Die häufigste Antwort lautet: Die Prozesse und die Organisation in den Rechtsabteilungen müssen optimiert werden. Das sagen 39,9 Prozent. Das Ziel solcher Maßnahmen ist höhere Effizienz. Um sie zu realisieren, sind zwei Stoßrichtungen wichtig. Erstens: Eine Analyse des Status quo, aus der sich konkrete Verbesserungen für den organisatorischen Ablauf ableiten lassen. Zweitens: Die Nutzung moderner IT-basierter Programme, die nicht nur die Dokumenten- und Vertragsverwaltung vereinfachten, sondern auch Zugriff und Zusammenarbeit innerhalb der Rechtsabteilung beschleunigten.

Fast ein Viertel betrachtet Legal Process Outsourcing als hilfreich

Als Mittel gegen die Mehrarbeit wird am zweithäufigsten vorgeschlagen, externe Paralegals einzusetzen. Sie können dank ihrer einschlägigen Kompetenzen ein breites Tätigkeitsfeld abdecken, angefangen von juristischen Recherchen über das Erstellen von Präsentationen und Dokumenten bis hin zur eigenverantwortlichen Erledigung verschiedenster Aufgaben. 24,4 Prozent der Studienteilnehmer sehen in dieser Form des Legal Process Outsourcing ein probates Mittel, um das steigende Arbeitsaufkommen zu bewältigen.

Externe Anwälte oder Kanzleien zu beauftragen, wird zwar auch als Option gesehen – aber nur von 3,3 Prozent der Befragten. Auf externe Spezialisten zurückzugreifen, wird somit von gut einem Viertel (27,8 Prozent der Nennungen) befürwortet. Das Berufsbild und das Tätigkeitsspektrum von Juristen ebenso wie die Arbeitsprozesse in Kanzleien und Rechtsabteilungen werden aufgrund des technologischen Wandels spürbar anders, moderner und im Optimalfall effizienter. Das soll möglichst kostenneutral erreicht werden, weshalb statt eines Ausbaus der Kapazitäten eine interne Umverteilung erforderlich wird.

28,6 Prozent sehen in der Verlagerung von Ressourcen eine Alternative

Allzu groß ist die Begeisterung dafür allerdings nicht. Gerade einmal 14,4 Prozent der Befragten sehen in der Verlagerung von Themen der Digitalisierung auf Paralegals oder Rechtsanwaltsfachangestellte eine Alternative. Ebenso häufig wird dafür votiert, bestehende Kapazitäten in anderen Rechtsgebieten zu verschieben und sie für digitale Aufgaben einzusetzen. Jeweils rund 14 Prozent – das sind für sich genommen geringe Anteile, doch summiert man die beiden Verlagerungsthemen, ergeben sich immerhin 28,6 Prozent der Nennungen. Das ist sogar noch etwas höher als beim Einsatz von externen Kräften.

Für die Option, dass Rechtsabteilungen für die anstehenden digitalen Herausforderungen befristet Juristen beschäftigen, stimmen nur 3,8 Prozent der Studienteilnehmer. Eine Quote, die sicher nicht so zu interpretieren ist, dass Neueinstellungen generell abgelehnt werden. Sie spiegelt vielmehr ausgeprägten Realitätssinn wider: Wenn die finanziellen Mittel begrenzt sind und kaum Aussicht auf steigende Budgets besteht, dann wird sich der Wunsch, zusätzliche Juristen an Bord zu holen, nicht verwirklichen lassen.

Begrenzte Budgets bei anfallender Mehrarbeit – da sind praktikable und sinnvolle Lösungen nur schwer zu finden. Zwei von fünf Rechtsabteilungen (39,9 Prozent) schlagen vor, die internen Abläufe und die Organisation so zu optimieren, dass die durch die Digitalisierung zusätzlich entstehenden Aufgaben gemeistert werden können. Als zweithäufigste Variante wird Outsourcing genannt, also die Beauftragung von externen juristischen Fachkräften (24,4 Prozent), zu einem deutlich geringeren Anteil auch von externen Anwälten und Kanzleien (3,3 Prozent). Jeweils rund 14 Prozent der Befragten sehen in der Verlagerung von Aufgaben auf Paralegals und von anders verteilten Ressourcen zugunsten digitaler Themen eine Lösung.

Organisatorische Änderungen in der Rechtsabteilung

Frage 5.4: Sofern einschlägig, wie fangen Sie langfristig die anfallende Mehrarbeit durch das Thema Digitalisierung auf?

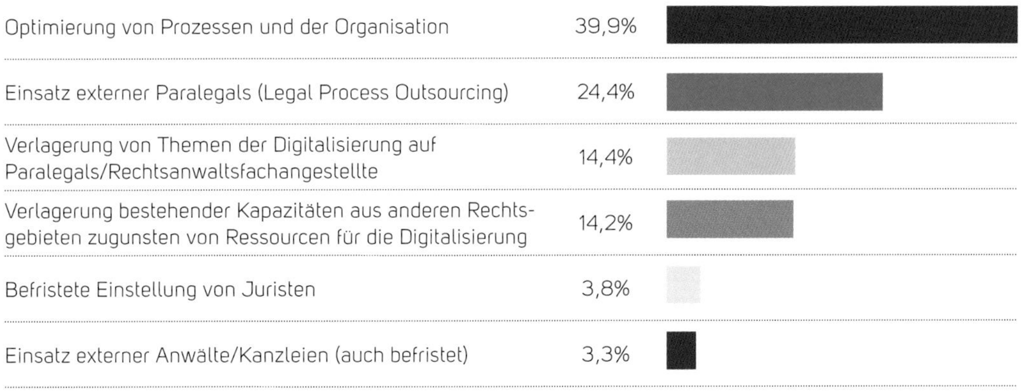

Optimierung von Prozessen und der Organisation	39,9%	
Einsatz externer Paralegals (Legal Process Outsourcing)	24,4%	
Verlagerung von Themen der Digitalisierung auf Paralegals/Rechtsanwaltsfachangestellte	14,4%	
Verlagerung bestehender Kapazitäten aus anderen Rechts-gebieten zugunsten von Ressourcen für die Digitalisierung	14,2%	
Befristete Einstellung von Juristen	3,8%	
Einsatz externer Anwälte/Kanzleien (auch befristet)	3,3%	

Abbildung 16 ....

Zusammenfassung

Zahlreiche Unternehmen kennen die Problematik: Die Abläufe innerhalb der Rechtsabteilung sind zu unübersichtlich, zu ineffizient und zu langsam. Ein echtes Problem, schließlich zeigt nicht nur diese Studie, dass durch die zunehmende Verrechtlichung des Wirtschaftslebens und durch die voranschreitende Digitalisierung zahlreich neue Herausforderungen auf die Rechtsabteilungen zukommen, die jedoch weitestgehend mit den bestehenden Ressourcen bewältigt werden müssen. Gefragt sind deshalb Ideen, mit denen das Legal Information Management umgebaut und schneller gemacht werden kann.

Enorme Produktivitätsfortschritte sind möglich

Wie das geht, hat die Rechtsabteilung von SAP mit ihrer Inhouse-Initiative LES („Legal ECcellence") gezeigt. Allein indem Informationen und Inhalte den Datenstrukturen folgen und semantisch kategorisiert werden, um dann automatisch auffindbar, wiederverwendbar und anpassungsfähig zu sein, hat zu einem großen Produktivitätsgewinn geführt. So hat sich etwa die Dauer für eine Vertragserstellung von 180 auf 10 Minuten reduziert.[35]

Ein Drittel der Juristen beschäftigt sich regelmäßig mit Digitalthemen

Ein Beispiel, das zeigt, wie der Einsatz moderner Mittel und Maßnahmen die Arbeit in Rechtsabteilungen schneller, besser und effizienter macht. Sie sind auf unterschiedliche Weise mit der Digitalisierung befasst. Dieses Thema beansprucht laut vorliegender Studie durchschnittlich knapp ein Drittel der Kapazitäten. Am stärksten betroffen sind Juristen: Gut ein Viertel (27,6 Prozent) gibt an, dass bereits heute der Anteil der eingesetzten Arbeitszeit für Digitales bei 40 Prozent oder höher liegt. Fachangestellte, Sachbearbeiter und Sekretariatskräfte hingegen wenden für Digitales nur 19,0 Prozent der Arbeitszeit auf.

Der Trend wird sich verfestigen, Kompetenzen fürs Digitale werden künftig noch mehr gefragt sein. Auch hier zeichnet sich ab, dass der Bedarf an entsprechenden Ressourcen umso kräftiger wächst, je höher die Qualifikationsebene ist. Das heißt: Syndici sind stärker

---

[35] http://xenionlaw.com/mensch-vs-maschine-die-zukunft-juristischer-arbeit/ (Aufgerufen am 14.10.2016).

davon betroffen als Mitarbeiter aus Sekretariat und Assistenz. 73,3 Prozent der Befragten gehen davon aus, dass der Bedarf an Juristen mit digitalem Know-how deutlich zunehmen wird. Für die Ebene der Paralegals prognostiziert jeder zweite Studienteilnehmer (48 Prozent) einen steigenden Bedarf in den nächsten fünf Jahren.

Höhe der Budgets hinkt der steigenden Digitalnachfrage hinterher

Zwar rollen Arbeitgeber digital qualifizierten Fach- und Führungskräften den roten Teppich aus. Die vermehrte Nachfrage nach Digitalexperten und ein sich verändernder Bedarf, wie er auch in den Rechtsabteilungen festzustellen ist, führen dort jedoch nicht automatisch zu einem höheren Budget. Kostenbewusstsein bleibt branchen- und abteilungsübergreifend ein großes Thema.

Das spiegelt sich auch in den Ergebnissen der Befragung wider: Obwohl digitale Themen für die Syndici in Unternehmen an Bedeutung gewinnen und mehr Ressourcen binden, sollen nur 9 von 100 Rechtsabteilungen mehr Geld für Digitales erhalten. Immerhin: Wo geplant ist, mehr Mittel bereitzustellen, sollen die Budgets durchschnittlich um knapp ein Fünftel (18,9 Prozent) erhöht werden.

Effizientere Prozesse und Organisation soll Mehrarbeit kompensieren

Es offenbart sich also ein Dilemma: Frische Kompetenzen, veränderte Kapazitäten und Mehrarbeit durch Digitalisierung stehen auf der einen Seite – und der Zwang zum Sparen auf der anderen. Im Saldo wird die Zahl der Beschäftigten in den Rechtsabteilungen nicht steigen, das lässt sich aus den Einschätzungen der Studienteilnehmer folgern.

Doch wie sollen die juristischen Stäbe langfristig die durch digitale Themen anfallende Mehrarbeit auffangen? Unter sechs genannten Vorschlägen findet keiner eine absolute Mehrheit. Die häufigste Antwort (39,9 Prozent) lautet: Abläufe und Organisation in den Rechtsabteilungen müssen optimiert werden. Etwa ein Viertel sieht den Einsatz externer Fachkräfte oder Anwälte beziehungsweise die interne Verlagerung als Alternative.

Hypothesen

6.1
Rechtsabteilungen sehen sich als Ratgeber und weniger als Mitgestalter

Der digitale Wandel verändert die Rolle und Wahrnehmung von Juristen im Unternehmen. Sie sind vor allem als Berater und Projektbegleiter gefragt.

▶ **83,3 Prozent sehen Rechtsabteilung in wichtiger Beraterfunktion**
Juristischer Rat wird im Zuge der Digitalisierung zunehmend stark gefragt sein. Hier spielt die Rechtsabteilung eine Schlüsselrolle.

▶ **Jurastudium muss sich wegen Digitalisierung verändern**
67,0 Prozent der Befragten machne sich dafür stark, dass digitale Skills bereits im Rahmen der Ausbildung vermittelt werden.

▶ **Mehr digitale Fähigkeiten und zusätzliche Ressourcen notwendig**
Nur 52,3 Prozent sind der Meinung, dass die Rechtsabteilung bereits heute gut auf die Digitalisierung eingestellt ist.

▶ **Fast jeder Befragte rechnet mit vermehrtem Einsatz von Technologie**
Die Digitalisierung betrifft auch die Rechtsabteilung selbst. 95,0 Prozent gehen davon aus, dass sich der Arbeitsalltag ändern wird.

Die Digitalisierung wird sämtliche Lebens- und Arbeitsfelder verändern (oder hat es bereits getan), wenngleich unterschiedlich stark. Auch Rechtsabteilungen dürfen sich nicht mit der Frage aufhalten, ob sie vom Wandel betroffen sind, sondern wie sie damit umgehen. Und sie müssen herausfinden, welche Konsequenzen daraus für sie entstehen.

Die Änderungen durch die digitale Transformation vollziehen sich rasch und sie greifen tief, davon sind zahlreiche Mitarbeiterinnen und Mitarbeiter in Rechtsabteilungen schon jetzt überzeugt. Mit kleinen Anpassungen und Verbesserungen ist es ihrer Meinung nach nicht mehr getan. Vielmehr müsste das gesamte Spektrum der unternehmensjuristischen Tätigkeiten betrachten werden und hinterfragt werden, was exponentiell besser, schneller und kostengünstiger gemacht werden könne.

Darüber denken viele Leiter Recht in den Rechtsabteilungen der Unternehmen intensiv nach. Es geht um das Selbstverständnis ihres Berufs, um die (Neu-)Definition ihrer Kernaufgaben, um ihre Rolle in einem veränderten Umfeld. Deshalb wurden Rechtsabteilungen im Rahmen dieser Studie dezidiert um Einschätzungen aus erster Hand gebeten und mit 15 Hypothesen zur digitalen Transformation konfrontiert. Das Maß der Zustimmung („trifft voll zu" und „trifft eher zu") oder Ablehnung („trifft eher nicht zu" und „trifft nicht zu") konnten sie jeweils in zwei verschieden starken Intensitäten ausdrücken.

83,3 Prozent sehen Rechtsabteilung in wichtiger Beraterfunktion

Die mit 83,3 Prozent höchste Zustimmungsquote entfällt auf die Aussage, wonach die Rechtsabteilung gefragter juristischer Berater zur Digitalisierung im Unternehmen sei. In der Rolle als Sparringspartner wird die Rechtsabteilung also von einer gewaltigen Mehrheit erwartet. Darin drückt sich zum einen die Erwartung aus, dass die Rechtsabteilung ihrer originären Aufgabe gerecht wird, Ratgeber in juristischen Fragen zu sein. Zum anderen geht damit die Herausforderung einher, kompetent und kenntnisreich in allen relevanten Rechtsgebieten zu sein, die mit der Digitalisierung zu tun haben. Es folgen vier Hypothesen, für die sich jeweils rund Zwei-Drittel-Mehrheiten ergeben; die einzelnen Ergebnisse liegen gerade mal um 4 Prozentpunkte auseinander. Ein deutliches Votum von 69,2 Prozent weist der Rechtsabteilung eine aktive Rolle bei Digitalisierungsprojekten im Unternehmen zu. Fast ebenso viele Befragte (66,1 Prozent) erwarten, dass die Juristen im Haus noch enger an das operative Business heranrücken. Einschätzungen, die zeigen, dass die Rechtsabteilung über die reine Ratgeberfunktion hinaus in Aktion treten soll. Offensichtlich handelt es sich dabei nicht nur um Absichtserklärungen: Schließlich sagen 65,2 Prozent der Studienteilnehmer, dass sie bereits begonnen haben, Prozesse und Organisation an den digitalen Herausforderungen auszurichten.

Jurastudium muss sich wegen Digitalisierung verändern

Der durch die Technologie geprägte Wandel führt also zu praktischen Konsequenzen in den Unternehmen, wozu auch die fachliche (Weiter-)Qualifizierung und das Herausbilden erforderlicher Mitarbeiter-Skills gehören. Die Befragten sind allerdings überwiegend der Auffassung, dass künftig damit schon früher begonnen werden muss. Digitale Fitness sollte schon im Studium gelehrt und gelernt werden. Immerhin 67,0 Prozent machen sich dafür stark: Sie fordern, dass sich die Ausbildung von Rechtsanwälten in Deutschland aufgrund der Digitalisierung verändern muss.

Mehr digitale Fähigkeiten und zusätzliche Ressourcen notwendig

Dass die Rechtsabteilungen bereits heute gut genug darauf eingestellt sind, das findet nur die Hälfte (53 Prozent) der Befragten. Zweigeteilt ist die Meinung darüber, ob die Rechtsabteilung den Herausforderungen der Digitalisierung in den kommenden fünf Jahren auch ohne den Aufbau zusätzlicher Ressourcen begegnen kann. 50 Prozent halten das für möglich, ebenso viele jedoch nicht.

Inwieweit sich die Rechtsabteilung, die ihre Kernaufgabe in der juristischen Beratung sieht, auch eine Rolle als Mitgestalter der digitalen Transformation im Unternehmen zutraut, sagt etwas aus über ihr Selbstverständnis und ihr Selbstbewusstsein. Das Ergebnis der Umfrage lässt Interpretationsspielraum: Demnach nimmt die Rechtsabteilung nur für etwas mehr als die Hälfte (52,3 Prozent) eine aktiv gestaltende Funktion im Digitalisierungsprozess ein.

Fast jeder Befragte rechnet mit vermehrtem Einsatz von Technologie

Was sich noch stärker durchsetzen könnte, ist der Einsatz von Shared Services. Sie erleichtern Tätigkeiten, die nicht das Kerngeschäft der Rechtsabteilung betreffen, und werden über digitale Plattformen abgewickelt. Diese werden von mehreren Unternehmen gemeinsam genutzt. Knapp zwei Drittel (62,3 Prozent) gehen davon aus, dass solche Anwendungen künftig zunehmen werden. Dass auch die Kooperation zwischen externen Kanzleien durch die fortschreitende Digitalisierung zunehmen wird, das erwarten allerdings weniger als die Hälfte (45,7 Prozent), und darunter sogar nur 6,3 Prozent mit hoher Überzeugung („trifft voll zu"). Ebenfalls 45,2 Prozent gehen davon aus, dass einfachere juristische Tätigkeiten an externe Kräfte ausgelagert werden.

Sicher sind sich die Rechtsabteilungen, dass ihr Arbeitsalltag durch die Digitalisierung künftig anders ablaufen und der Einsatz von Technologie zunehmen wird. Fast alle Befragten (95,0 Prozent) stimmen hier zu, auch mit dem Markteintritt neuer Rechtsdienstleister rechnet eine deutliche Mehrheit (78,3 Prozent). Jedoch glaubt nur ein Drittel (34,4 Prozent), dass softwarebasierte Tools zur Streitschlichtung an Bedeutung gewinnen werden. Noch geringer sind die Erwartungen lediglich in diesem Punkt: dass hierzulande „sehr schnell und flexibel" rechtliche Rahmenbedingungen für Digitalisierung geschaffen werden. Eine Verneinungsquote von 72,3 Prozent bestätigt hier eine verbreitete Skepsis.

Die Rechtsabteilung wird im Zuge des digitalen Wandels vor allem als juristischer Ratgeber gefragt sein (Zustimmungsquote: 83,3 Prozent). Sie wird nach Einschätzung von zwei Dritteln der Befragten sich auch in Projekte einbringen und näher ans operative Geschäft heranrücken. Einig sind sich fast alle darin, dass der Einsatz von Technologie in der Rechtsabteilung steigen wird (95,0 Prozent).

Hypothesen zur digitalen Transformation in der Rechtsabteilung

Frage 6.1: Bitte geben Sie uns Ihre Einschätzung zu den nachfolgenden Hypothesen:

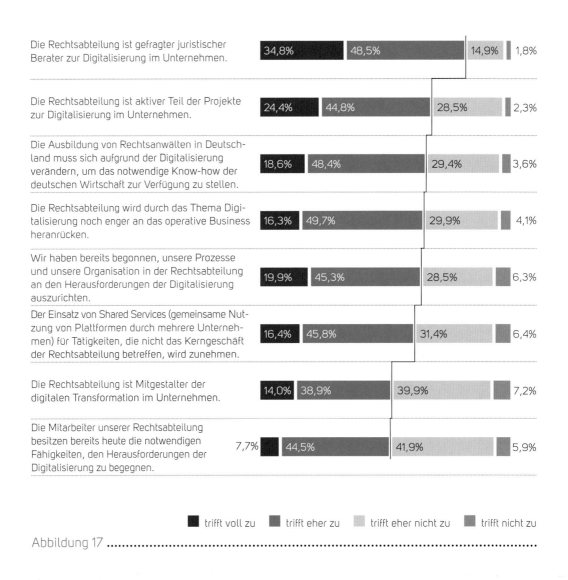

Die Rechtsabteilung ist gefragter juristischer Berater zur Digitalisierung im Unternehmen.
34,8% | 48,5% | 14,9% | 1,8%

Die Rechtsabteilung ist aktiver Teil der Projekte zur Digitalisierung im Unternehmen.
24,4% | 44,8% | 28,5% | 2,3%

Die Ausbildung von Rechtsanwälten in Deutschland muss sich aufgrund der Digitalisierung verändern, um das notwendige Know-how der deutschen Wirtschaft zur Verfügung zu stellen.
18,6% | 48,4% | 29,4% | 3,6%

Die Rechtsabteilung wird durch das Thema Digitalisierung noch enger an das operative Business heranrücken.
16,3% | 49,7% | 29,9% | 4,1%

Wir haben bereits begonnen, unsere Prozesse und unsere Organisation in der Rechtsabteilung an den Herausforderungen der Digitalisierung auszurichten.
19,9% | 45,3% | 28,5% | 6,3%

Der Einsatz von Shared Services (gemeinsame Nutzung von Plattformen durch mehrere Unternehmen) für Tätigkeiten, die nicht das Kerngeschäft der Rechtsabteilung betreffen, wird zunehmen.
16,4% | 45,8% | 31,4% | 6,4%

Die Rechtsabteilung ist Mitgestalter der digitalen Transformation im Unternehmen.
14,0% | 38,9% | 39,9% | 7,2%

Die Mitarbeiter unserer Rechtsabteilung besitzen bereits heute die notwendigen Fähigkeiten, den Herausforderungen der Digitalisierung zu begegnen.
7,7% | 44,5% | 41,9% | 5,9%

■ trifft voll zu   ■ trifft eher zu   ▪ trifft eher nicht zu   ■ trifft nicht zu

Abbildung 17 ....

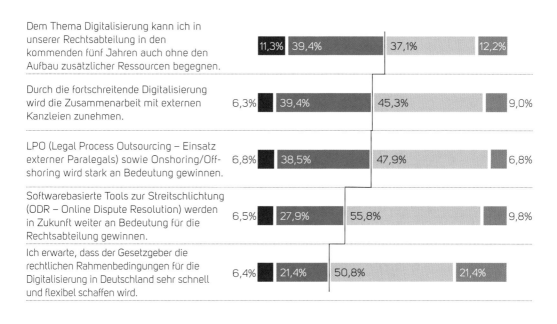

Dem Thema Digitalisierung kann ich in unserer Rechtsabteilung in den kommenden fünf Jahren auch ohne den Aufbau zusätzlicher Ressourcen begegnen.
11,3% | 39,4% | 37,1% | 12,2%

Durch die fortschreitende Digitalisierung wird die Zusammenarbeit mit externen Kanzleien zunehmen.
6,3% | 39,4% | 45,3% | 9,0%

LPO (Legal Process Outsourcing – Einsatz externer Paralegals) sowie Onshoring/Offshoring wird stark an Bedeutung gewinnen.
6,8% | 38,5% | 47,9% | 6,8%

Softwarebasierte Tools zur Streitschlichtung (ODR – Online Dispute Resolution) werden in Zukunft weiter an Bedeutung für die Rechtsabteilung gewinnen.
6,5% | 27,9% | 55,8% | 9,8%

Ich erwarte, dass der Gesetzgeber die rechtlichen Rahmenbedingungen für die Digitalisierung in Deutschland sehr schnell und flexibel schaffen wird.
6,4% | 21,4% | 50,8% | 21,4%

Die Digitalisierung macht auch vor der Rechtsberatung keinen Halt:

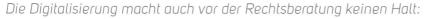

Der Einsatz von Technologie in der Rechtsabteilung wird steigen.
44,1% | 50,9% | 4,1% | 0,9%

Neue Rechtsdienstleister werden auf den Markt kommen.
28,5% | 49,8% | 19,9% | 1,8%

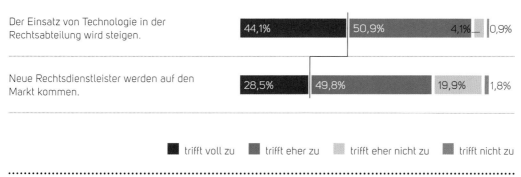

■ trifft voll zu   ■ trifft eher zu   ▒ trifft eher nicht zu   ■ trifft nicht zu

6.2 Shared Services in den Rechtsabteilungen auf dem Vormarsch

Vorgänge, die sich standardisieren lassen und die keine ausgeprägte juristische Kompetenz erfordern, wollen Rechtsabteilungen
zunehmend an Shared Services Plattformen auslagern.

▶ **Einsatz von Center of Scale oder Center of Expertise ist möglich**
Hochskalierbare Aufgaben computergestützt zu erledigen, ist etwa in
Rechnungswesen und Kundenverwaltung gängig. Auch Rechtsabtei-
lungen wollen hier mehr Möglichkeiten nutzen.

▶ **Standardverträge bieten sich am ehesten für Shared Services an**
Die größten Möglichkeiten, Shared-Services-Plattformen in der
Rechtsabteilung zu nutzen, sehen die meisten Befragten in der
Prüfung und Gestaltung von einfachen Verträgen.

▶ **Je weniger Rechtskompetenz nötig, desto geeigneter die Plattform**
Tätigkeiten der Rechtsabteilung auf digitalen Dienstleistungsplattformen bereitzustellen und dort zu bündeln, wird von vielen befürwortet – wenn kein Spezialisten-Know-how gefragt ist.

Shared Services haben das Ziel, möglichst viele Abläufe zu automatisieren, zahlreiche Aufgaben zu standardisieren und dadurch auch die Kosten zu reduzieren – und das bei gleichbleibender Qualität. Tätigkeiten werden auf digitale Plattformen ausgelagert, die in der Lage sind, große Mengen an Daten und Dokumenten blitzschnell zu sortieren, zu systematisieren und zu verifizieren.

Einsatz von Center of Scale oder Center of Expertise ist möglich

Dabei gilt es zu unterscheiden: Weit verbreitet sind sogenannte Center of Scale (CoS), die sich durch hohe Skaleneffekte und Automatisierungsgrad auszeichnen und in Funktionsbereichen wie Rechnungswesen, Reisemanagement, Kundenbetreuung stark zum Einsatz kommen.

Daneben gibt es Center of Expertise (CoE), in denen wissensbasierte Beratungsleistungen gebündelt werden. Um diese Center aufzubauen, werden qualifizierte Experten benötigt. In der Regel können zwar alle Geschäftsbereiche auf deren Know-how zugreifen, die Praxis zeigt aber, dass der Funktionsbereich „Recht und Steuern" als besonders tauglich dafür angesehen wird – und daher als äußerst wachstumsstark gilt.[36]

Standardverträge bieten sich am ehesten für Shared Services an

Auch in der vorliegenden Studie zeichnet sich ein solcher Trend deutlich ab. 62 Prozent und damit fast zwei Drittel der Antwortgeber gehen davon aus, dass vermehrt Shared Services eingesetzt werden, die nicht das Kerngeschäft der Rechtsabteilung betreffen. Auf die Frage, welche rechtlichen Tätigkeiten künftig besonders geeignet sind, um sie an moderne Software zu delegieren, lautet die häufigste Antwort ganz eindeutig „Standardverträge". Das heißt: Die Mehrheit der Studienteilnehmer würde die Prüfung und Gestaltung von einfachen Verträgen an Shared-Services-Plattformen auslagern und durch diese Vorgehensweise keine signifikanten Qualitätsverluste erwarten.

---

[36] KPMG AG WPG/Universität St. Gallen, Shared Services für Controlling-Prozesse, S. 18.

Je weniger Rechtskompetenz nötig, desto geeigneter die Plattform

Auch Inhalte rund um Wissensmanagement, Informationen über gesetzliche Neuerungen und Entwicklungen, Aufgaben des Legal Research wie Recherchen zu Markenrecht oder Due Diligence sowie das Mahnwesen gehören zu den meistgenannten Beispielen, die über die digitalen Dienstleistungsplattformen erledigt werden können. Generell gilt: Je weniger die Tätigkeiten eine Rechtsbewertung oder -entscheidung erfordern, desto mehr werden sie für Shared Services in Betracht gezogen.

 Shared-Services-Plattformen sind eine sehr interessante Alternative, um Abläufe zu optimieren und Kosten zu sparen. Während das Center of Scale vor allem im Rechnungswesen, zur Reiseabwicklungen und zur Kundenbetreuung genutzt wird, nutzt der Bereich Steuern und Recht zumeist die sogenannten Center of Expertise, in denen wissensbasierte Beratungsleistungen gebündelt werden. 62,3 Prozent der Befragten erwarten, dass der Einsatz von Shared Services zunimmt. Als wichtigste Aufgabe wird dabei die Prüfung und Gestaltung von einfachen Verträgen gesehen. Als Faustregel gilt: Je weniger Rechtskompetenz nötig ist, desto geeigneter ist die Shared-Services-Plattform.

Möglichkeiten der Nutzung von Shared-Services-Plattformen
Offene Fragestellung – die häufigsten Antworten im Überblick

Frage 6.2: Welche rechtlichen Tätigkeiten können Ihrer Meinung nach zukünftig in Shared-Service-Plattformen ausgelagert werden?

Möglichkeiten für Shared Services sehen wir bei ...

- Prüfung und Gestaltung einfacher Verträge (Standardverträge)

- Wissensmanagement/Knowledge Management

- Information und Bewertung gesetzlicher Neuerungen und Entwicklungen

- Aufgaben, die kaum Rechtsbewertung oder Rechtsentscheidung erfordern

- Legal Research (Markenrecherchen, Due Diligence)

- Company-Secretary–Tätigkeiten

- Mahnwesen/Forderungsmanagement und -durchsetzung;

- Corporate-Housekeeping-Prozesse (Insolvenzanmeldungen, Ausstellen von Vollmachten, IP-Management, Registeranmeldungen und Korrespondenzen)

- Trainings im Bereich Kartell-Compliance und anderer Compliance-Strukturen

- allgemeinen Rechtsinformationen

Häufigkeit (abnehmend)

Abbildung 18

Zusammenfassung

Das Fahrgastgewerbe sah sich von der Digitalisierung und all den Veränderungen, die sie in so vielen Märkten, Branchen und Berufen auslöst, lange Zeit nicht oder allenfalls rudimentär betroffen. Bis ein Unternehmen auftauchte, das, ohne ein Taxi zu besitzen, die bisherige Logik und Gesetzmäßigkeiten eines Geschäftsmodells auf den Kopf stellte.

So wie Uber als Online-Vermittler von Fahrdienstleistungen alte Gewissheiten im Fahr- und Transportwesen aufgelöst hat, passiert das auch in anderen Bereichen. Der Community-Marktplatz Airbnb zum Beispiel kam aus dem Nichts, um innerhalb weniger Jahre ein globaler Riese im Vermitteln von Unterkünften zu werden – eine Herausforderung für herkömmliche Reisebüros, Holiday-Portale und vor allem Touristikunternehmen, die es ohne digitale Transformation in dieser Weise nicht gegeben hätte.

Rechtsabteilung muss sich fragen, was sie besser machen kann

Airbnb wurde 2008 gegründet, Uber ein Jahr später. Es handelt sich also um junge Firmen. Sie zeigen, wie die neuen digitalen Möglichkeiten in kürzester Zeit vertraute Regeln brechen können. Die wichtigsten Lehren aus solchen Beispielen: Digitalisierung kann Veränderungen in rasender Geschwindigkeit und in fundamentaler Weise herbeiführen.

Deshalb wäre es fahrlässig, wenn sich Rechtsabteilungen auf Muster der Vergangenheit verließen und dem Wandel um sich herum mit punktueller Kosmetik begegneten. Ein Mann der Praxis wie Kai Jacob, Head of Global Contract & Legal Information Management bei SAP, warnt nicht von ungefähr. Kleine Anpassungen und Verbesserungen seien nicht ausreichend. Rechtsabteilungen müssten das gesamte Spektrum ihrer Tätigkeiten betrachten und sich fragen, was sie besser, schneller und kostengünstiger machen könnten.

83,3 Prozent der Rechtsabteilungen sehen sich als juristische Berater

In der vorliegenden Studie wurden die befragten Fach- und Führungskräfte mit 15 Hypothesen zur digitalen Transformation konfrontiert. Ihre Einschätzungen ergeben ein Bild darüber, wie sie die Position und das Profil der Rechtsabteilung sehen, wie sie ihre Rolle in einem durch die Digitalisierung veränderten Umfeld definieren und wie es um ihr Selbstverständnis bestellt ist. Ein Kernergebnis: Die Rechtsabteilung ist im Zuge des digitalen Wandels vor allem als juristischer Berater gefragt. Das sagen 83,3 Prozent.

Neben der Ratgeberfunktion rückt aktives Handeln in den Fokus

Auf die folgenden Statements entfallen jeweils rund Zwei-Drittel-Anteile. Rechtsabteilungen wird eine aktive Rolle bei Digitalisierungsprojekten im Unternehmen zukommen (69,2 Prozent). Fast ebenso viele Befragte (66,1 Prozent) erwarten, dass die Juristen noch enger an das operative Business heranrücken. Deutliche Hinweise also, dass Rechtsabteilungen bereit sind, über ihre Ratgeberfunktion hinaus aktiv zu werden.

Und die Rechtsabteilungen tun das auch schon: Laut 65,2 Prozent der für diese Studie Befragten haben sie bereits begonnen, Prozesse und Organisation in der Rechtsabteilung an digitalen Herausforderungen auszurichten. Die Juristen verstehen sich jedoch deutlich stärker als Sparringspartner – und weniger als Mitgestalter der digitalen Entwicklung im Unternehmen (52,9 Prozent). Für wie einschneidend die Studienteilnehmer den digitalen Wandel halten, geht gleichwohl aus einem anderen Votum hervor: Rund zwei Drittel (67,0 Prozent) fordern, das sich hierzulande die Ausbildung von Rechtsanwälten verändern muss.

62,3 Prozent sagen: Einsatz von Shared-Service-Plattformen nimmt zu

Einig sind sich fast alle (95,0 Prozent) darin, dass der Technologieeinsatz in der Rechtsabteilung zunehmen wird; auch das Aufkommen neuer Rechtsdienstleister wird erwartet (78,3 Prozent). Moderne leistungsfähige Computeranwendungen ermöglichen es, Tätigkeiten auf Shared-Serviced-Plattformen zu verlagern. Knapp zwei Drittel (62,3 Prozent) gehen davon aus, dass dies in zunehmendem Maße passieren wird. Das wird laut Einschätzung der Studienteilnehmer vor allem die Prüfung und Gestaltung von einfachen Verträgen betreffen. Daneben gehören Wissensmanagement, Informationen über gesetzliche Neuerungen, Legal Research sowie das Mahnwesen zu den meistgenannten Beispielen.

Trends/Entwicklungen

7.1

Data Compliance soll international geregelt werden

Für Datenschutz und angrenzende Themen werden mehrheitlich globale Gesetze favorisiert, während Vertrags- und Haftungsrecht sowie Regulierung national oder europaweit gelöst werden sollen.

▶ **Mehrheit fordert globale Gesetze für Datenschutz und IT-Sicherheit**
Auf dem Gebiet der Data Compliance sollen vor allem der Umgang mit personenbezogenen Daten und Fragen der IT-Sicherheit durch internationales Recht geregelt werden.

▶ **Votum für europäisches und nationales Vertrags- und Haftungsrecht**
In beiden Rechtsgebieten spielt nach Einschätzung der befragten Rechtsprofis internationale Gesetzgebung eine geringe Rolle, wie Voten zwischen 9,0 und 16,9 Prozent zeigen.

▶ **Regulierung ist eindeutig Aufgabe des europäischen Gesetzgebers**
Eine große Mehrheit spricht sich bei Fragen des digitalen Binnenmarkts (78,4 Prozent), des Telekommunikationsrechts (67,6 Prozent) und des Kartellrechts (66,2 Prozent) für europäische Lösungen aus.

Hochleistungsfähige Computer, automatisierte Datengewinnung und -verarbeitung, intelligente Anwendungen: Die digitale Welt bringt immer neue, bessere, schnellere Lösungen und Geschäftsmodelle hervor. Ob und wie sie in der Praxis eingesetzt werden, hängt wesentlich von den Richtlinien und Regeln des Datenschutzes ab. Aktuell identifiziert der deutsche Digitalverband Bitkom zwei Themen, die Unternehmen besonders herausfordern: die Umsetzung der EU-Datenschutzgrundverordnung und die Debatte um die Rechtmäßigkeit von Datentransfers in Drittländer außerhalb der Europäischen Union.[37]

Ein Faszinosum der Digitalisierung besteht darin, dass sie es ermöglicht, in kürzester Zeit längste Strecken zu überwinden sowie Menschen und Maschinen in die Lage zu versetzen, rund um den Globus zu informieren, zu kommunizieren und sich zu vernetzen. Denn die Digitalisierung – und das gehört zu den Wesensmerkmalen dieser Technologie – kennt per se keine Grenzen.

Wirtschafts- und Gesellschaftsordnungen hingegen sind, bei aller internationalen Ausrichtung und Anpassung, heimatstaatlich geprägt. Trotz der seit Jahrzehnten zunehmenden Globalisierung und damit einhergehend immer engeren Beziehungen zwischen Volkswirtschaften, tun sich in der rechtlich-ökonomischen Praxis noch große Lücken auf. Es bestehen zwar Bestimmungen in Teilbereichen, etwa im Handels-, Transport- und Privatrecht, die hilfreich sind, aber „auf keinem Gebiet gibt es bislang Regelungen, die tatsächlich weltweit ohne Ausnahme gelten".[38]

Für die digitale Wirtschaft rückt angesichts ihrer beschriebenen Charakteristik die Frage nach der erforderlichen Reichweite der Gesetzgebung besonders in den Fokus. In der vorliegenden Studie geben die Teilnehmer dazu ihre Einschätzung ab. Gegliedert wurde für die Befragung in die Rechtsgebiete Data Compliance, Vertragsrecht/Rechtsgeschäfte, Haftungsrecht und Regulierung. Bei der Zuständigkeit wird unterschieden nach nationaler und europäischer Gesetzgebung sowie nach internationalen Standards und Normung. Eine weitere Antwortoption ist, keine Gesetzgebung als erforderlich zu erachten.

[37] www.bitkom.org/Presse/Presseinformation/Konferenz-diskutiert-Umsetzung-der-EU-Datenschutzverordnung.html (Aufgerufen am 14.10.2016).
[38] www.globalisierung-fakten.de/globalisierung-informationen/gruende/rechte (Aufgerufen am 14.10.2016).

Mehrheit fordert globale Gesetze für Datenschutz und IT-Sicherheit

Was die Nutzung von und den Umgang mit Daten betrifft, so ist ein Trend zur Schaffung globaler Standards auszumachen. In fünf von neun unter Data Compliance aufgeführten rechtlichen Aspekten befürwortet eine Mehrheit international geltende Regelungen. Ganz oben rangieren das Datenschutzrecht mit Blick auf personenbezogene Daten und die IT-Sicherheit – mehr als die Hälfte der Rechtsprofis (jeweils 51,6 Prozent) spricht sich dafür aus. Geht es nach den Studienteilnehmern, sind global geltende gesetzliche Vorschriften auch im Patentrecht (48,6 Prozent), vor allem Software betreffend, beim Intellectual Property (47,6 Prozent), also dem Schutz des geistigen Eigentums, sowie beim Urheberrecht (47,6 Prozent) notwendig.

Auf anderen Feldern ist der Wunsch nach internationalen Rechtsstandards weniger stark ausgeprägt. Gut ein Drittel der Befragten äußert ihn mit Blick auf den Schutz von Unternehmensdaten (39,0 Prozent) und von Know-how (38,4 Prozent) sowie beim Datenlizenzmanagement (33,8 Prozent). Nicht einmal jeder Vierte plädiert für globale Regelungen, wenn es um das Recht des unlauteren Wettbewerbs geht. Ein typisches Beispiel dafür ist das Aufkommen von digitalen Dienstleistungsplattformen wie Uber und Airbnb. Sie stehen stellvertretend für Diskussionen, ob es sich hier um unlauteren Wettbewerb handelt oder neue Formen einer Sharing Economy entstehen, die es im Vor-Digital-Zeitalter eben nicht gab. Hier sieht mehr als die Hälfte der Syndici (53,3 Prozent) den europäischen Gesetzgeber gefordert. Kein anderes Data-Compliance-Thema wird so stark auf EU-Ebene verortet.

Gleichwohl beschäftigt sich bislang auch die deutsche Politik intensiv mit diesen Fragen. So hat das Bundesministerium für Wirtschaft (BMWi) im Juli dieses Jahres einen Entwurf für die 9. Novelle des Gesetzes gegen Wettbewerbsbeschränkungen (GWB) vorgelegt, um „das Wettbewerbsrecht an die zunehmende Digitalisierung der Märkte anzupassen". Dies geschieht aus der Erkenntnis heraus, dass „gerade internet- und datenbasierte Geschäftsmodelle schneller zu einer Marktkonzentration führen können".[39]

---

[39] www.bmwi.de/DE/Themen/Wirtschaft/Wettbewerbspolitik/wettbewerbsrecht.html (Aufgerufen am 14.10.2016).

Rund um Data Compliance gibt es kaum Stimmen, die sich grundsätzlich gegen gesetzge-berische Aktivitäten aussprechen. Beim Datenschutz sind Regelungen tatsächlich von allen (99,5 Prozent) gewünscht, ähnlich hoch fällt die Zustimmungsquote bei IT-Sicherheit (98,2 Prozent) sowie bei der Schutzwürdigkeit von geistigem Eigentum beziehungsweise von Urheberrechten aus (je 96,9 Prozent). Durchaus überraschend, dass die stärkste Abwei-chung beim Aspekt „Unlauterer Wettbewerb" auftritt. Es ist zwar eine echte Minderheit, aber mit 7,0 Prozent sprechen sich doch erstaunlich viele Befragte gegen eine gesetzliche Rege-lung aus – oder anders gesagt, „nur" 93,0 Prozent für gesetzgeberische Maßnahmen.

Votum für europäisches und nationales Vertrags- und Haftungsrecht

Verträge rechtssicher abzuschließen, liegt sowohl im Interesse der Verbraucher als auch in jenem der Unternehmen. Doch auf welcher Ebene sollen hierzu Regeln getroffen werden? Mit einem Anteil von 42,1 Prozent fordern die meisten Befragten hier europaweit geltende Vereinbarungen, während 33,7 Prozent damit zufrieden sind, wenn sich der nationale Gesetzgeber um die Ausgestaltung und Anpassung des Vertragsrechts kümmert. Sprich: Mehr als drei Viertel der Studienteilnehmer sprechen sich für eine europäische oder natio-nale Reichweite aus, während nur 14,2 Prozent der Studienteilnehmer im Vertragsrecht internationale Standards und Normen für erstrebenswert halten.

Ganz ähnlich ist die Situation beim Haftungsrecht. Auch hier sprechen sich bei sämtlichen rechtlichen Unterpunkten rund drei Viertel aller Befragten für die Anwendung von euro-päischem oder nationalem Recht aus. Dennoch sind dort auch Unterschiede zu beobach-ten. Bei der Produkthaftung sehen Rechtsabteilungen ganz eindeutig den europäischen Gesetzgeber gefordert. 53,5 Prozent äußern sich in diese Richtung. Dagegen votieren lediglich 18,8 Prozent für heimatstaatliche Regelungen. Im Gegensatz dazu wird der Regelungsbedarf beim Deliktsrecht stärker auf nationaler denn auf europaweiter Ebene gesehen. 41,9 Prozent stimmen für Ersteres, 38,1 Prozent für Letzteres. Bei den zwei rest-lichen Rechtsgebieten, der Gefährdungshaftung und dem Versicherungsrecht, sprechen sich 37,0 beziehungsweise 37,3 Prozent für eine nationale Regelung aus. 40,3 Prozent beziehungsweise 38,3 Prozent sind für einen europäischen Ansatz.

Regulierung ist eindeutig Aufgabe des europäischen Gesetzgebers

Die gegenwärtigen Gesetze passen nicht mehr zu neuen Onlineplattformen wie Facebook, Google, Amazon oder Zalando, die mit ihren Geschäftsmodellen die gesamte Wirtschaft verändern – und deshalb „müssen wir der Digitalisierung eine Richtung geben", sagt Matthias Machnig, Wirtschaftsstaatssekretär und enger Mitarbeiter von Vizekanzler Sigmar Gabriel.

Daraus ergeben sich Regulierungsfragen, die nach Einschätzung der Studienteilnehmer jedoch kaum in internationale Standards münden werden. Eine überwältigende Mehrheit sieht hier den europäischen Gesetzgeber gefordert, vor allem, was den digitalen Binnenmarkt betrifft (78,4 Prozent). Aber auch Telekommunikationsrecht (67,6 Prozent) und Kartellrecht (66,2 Prozent) sind demnach Aufgaben, denen sich die EU widmen soll. Lediglich die Steuer- und Bilanzgesetze sehen fast gleich viele beim nationalen Gesetzgeber (35,7 Prozent) ebenso gut aufgehoben wie beim europäischen Gesetzgeber (37,7 Prozent).

Digitalisierung sprengt Grenzen in vielerlei Hinsicht – auch bei Fragen, die die rechtliche Zuständigkeit und die Ausgestaltung von Gesetzen angehen. In den meisten Rechtsgebieten sehen die Studienteilnehmer den europäischen Gesetzgeber in der Pflicht; bei Data Compliance fordern zum Teil mehr als die Hälfte der Rechtsprofis sogar internationale Standards. Eindeutig auf europäisches Recht setzen die Befragten, wenn es um Regulierungsfragen geht, besonders stark beim digitalen Binnenmarkt (78,4 Prozent).

Erforderliche Reichweite bei der Gesetzgebung

Frage 7.1: Welche Reichweite bei der Gesetzgebung ist durch die Digitalisierung aus Ihrer Sicht gefragt?

Data Compliance

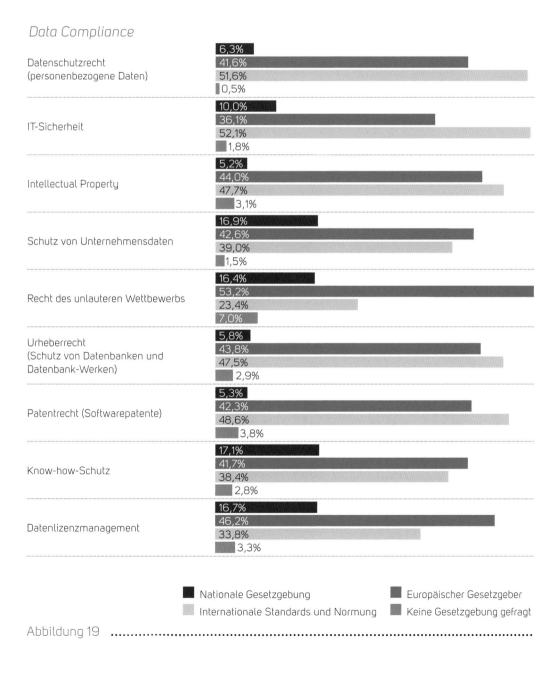

Abbildung 19

Erforderliche Reichweite bei der Gesetzgebung

Frage 7.1: Welche Reichweite bei der Gesetzgebung ist durch die Digitalisierung aus Ihrer Sicht gefragt?

Vertragsrecht/Rechtsgeschäfte

Vertragsrecht
- 33,7%
- 42,1%
- 14,2%
- 10,0%

Haftungsrecht

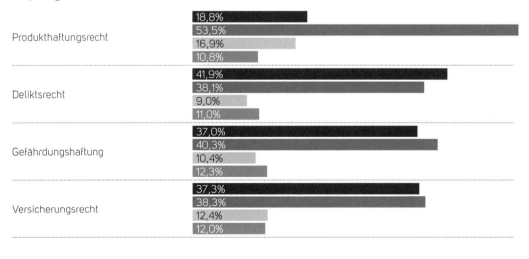

Produkthaftungsrecht
- 18,8%
- 53,5%
- 16,9%
- 10,8%

Deliktsrecht
- 41,9%
- 38,1%
- 9,0%
- 11,0%

Gefährdungshaftung
- 37,0%
- 40,3%
- 10,4%
- 12,3%

Versicherungsrecht
- 37,3%
- 38,3%
- 12,4%
- 12,0%

■ Nationale Gesetzgebung   ■ Europäischer Gesetzgeber
▨ Internationale Standards und Normung   ■ Keine Gesetzgebung gefragt

Abbildung 20/ 21

Erforderliche Reichweite bei der Gesetzgebung

Frage 7.1: Welche Reichweite bei der Gesetzgebung ist durch die Digitalisierung aus Ihrer Sicht gefragt?

Regulierung

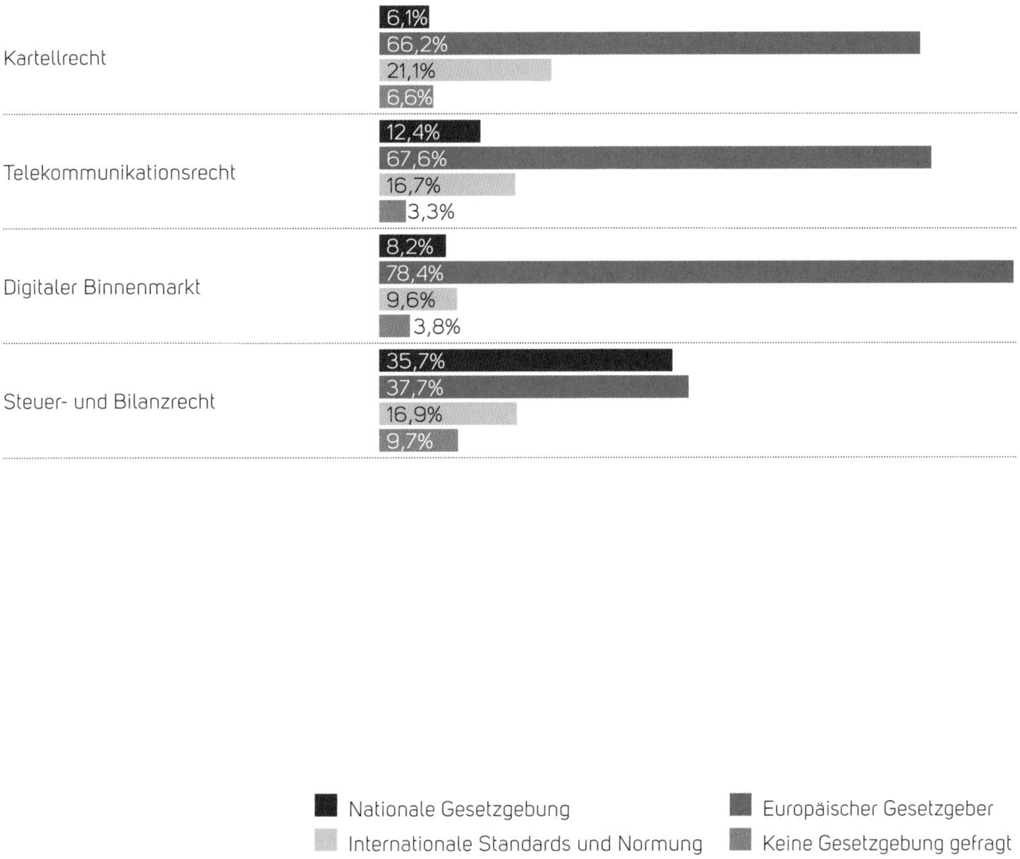

Kartellrecht
- 6,1%
- 66,2%
- 21,1%
- 6,6%

Telekommunikationsrecht
- 12,4%
- 67,6%
- 16,7%
- 3,3%

Digitaler Binnenmarkt
- 8,2%
- 78,4%
- 9,6%
- 3,8%

Steuer- und Bilanzrecht
- 35,7%
- 37,7%
- 16,9%
- 9,7%

■ Nationale Gesetzgebung   ■ Europäischer Gesetzgeber
▨ Internationale Standards und Normung   ■ Keine Gesetzgebung gefragt

Abbildung 22 ....

7.2 Rechtsabteilung rückt stärker ins Unternehmensgeschehen

Durch die Digitalisierung gewinnt interdisziplinäres Arbeiten an Bedeutung, es werden mehr neue Geschäftsmodelle ausprobiert und Datenschutz bleibt ein Dauerthema.

▶ **Datenschutz wird wichtiger und braucht international gültige Regeln**
Unternehmen wappnen sich fürs digitale Zeitalter, indem sie großes Augenmerk auf die Nutzung und Sicherung von Daten legen. Dafür benötigen Sie jedoch einen weltweit anwendbaren Rechtsrahmen.

▶ **Arbeiten im digitalen Zeitalter wird variabler und interdisziplinärer**
Digitale Geschäftsmodelle erfordern stärker vernetzte Tätigkeiten, weshalb Grenzen zwischen unterschiedlichen Professionen und Abteilungen durchlässiger werden.

▶ **Rechtsexpertise ist bei der Unternehmensentwicklung stärker gefragt**
Der digitale Wandel wird zu einer größeren Bedeutung der Rechtsabteilung führen. Sie müssen früher in Prozesse eingebunden werden und andere Bereiche müssen ihre Arbeitsweise verstehen lernen.

Bei der Frage, welche wichtigen Trends infolge der digitalen Transformation in den nächsten fünf Jahren auf die Unternehmen zukommen werden, lautet die häufigste Antwort
der sich beteiligenden Rechtsabteilungen: Der Datenschutz wird eine noch bedeutendere
Rolle spielen. In mehreren Kapiteln der vorliegenden Studie wurde dieses Thema bereits
aufgegriffen. Das unterstreicht, wie allgegenwärtig unterschiedliche Aspekte des Datenschutzes sind.

Dabei geht es um stabile IT-Sicherheitssysteme und um die Abwehrfähigkeit gegen
Hackerangriffe und Cyberspionage, aber auch um rechtliche Standards, die den globalen
Datentransfer erst möglich machen. Denn wenn Daten tatsächlich das „Öl der Digitalwirt-
schaft" sind, dann sind funktionierende Datenleitungen so wichtig wie die Pipelines der
Ölindustrie.

Datenschutz wird wichtiger und braucht international gültige Regeln

Das ist in der Praxis komplizierter, als es in der Theorie klingt. Am „Safe-Harbor"-Modell
und seinen Folgen lässt sich das gut studieren: Im Jahr 2000 vereinbarten die Europäische Union und die Vereinigten Staaten, dass personenbezogene Daten legal in die USA
übermittelt werden können, obwohl es dort keinen Datenschutz auf EU-Standard gibt.

Das aber ist laut Artikel 25 und 26 der Europäischen Datenschutzrichtlinie Voraussetzung
für den Austausch personenbezogener Daten. Um die ökonomisch wichtige Handelspart-
nerschaft nicht zu beeinträchtigen, wurde deshalb Safe Harbor erarbeitet. Inzwischen ist
der Fachbegriff auch einer breiteren Öffentlichkeit bekannt, nachdem der Europäische
Gerichtshof die 15 Jahre zuvor getroffene Entscheidung der Europäischen Kommission im
Oktober 2015 aufgehoben hat.[40]

An diesem Beispiel wird deutlich, was Susanne Dehmel, Geschäftsleiterin Vertrauen und
Sicherheit des Digitalverbands Bitkom, meint, wenn sie für die Digitalwirtschaft „inter-

---

[40] www.bfdi.bund.de/DE/Europa_International/International/Artikel/SafeHarbor.html (Aufgerufen am 14.10.2016).

national einheitliche Regelungen zum Datenschutz auf hohem Niveau" fordert. Schließlich haben „tausende Unternehmen ihre Datenübermittlungen bisher auf Safe Harbor gestützt".[41] Mit diesem Thema müssen sich die Unternehmen und ihre Rechtsabteilungen intensiv befassen, damit ein reibungsloser Geschäftsverkehr gewährleistet ist. Das gilt ebenso mit Blick auf die neue EU-Datenschutz-Grundverordnung, die ab Mai 2018 in Kraft treten wird.

Arbeiten im digitalen Zeitalter wird variabler und interdisziplinärer

Auch der Arbeitsalltag und die Arbeitsweise in Unternehmen werden sich verändern. Ein Großteil der Befragten erwartet, dass sich in der digitalen Wirtschaft Einheiten stärker miteinander vernetzen und dadurch mehr interdisziplinäres Arbeiten gefordert sein wird. Ein Trend, den auch Branchenexperten beobachten. „Es werden sich neue und anspruchsvolle Berufe herausbilden", so Wolfgang Dorst, Bereichsleiter Industrial Internet, 3D-Druck vom Digitalverband Bitkom. „Die Art der Zusammenarbeit wird variabler und interdisziplinärer."[42]

Damit einher gehen flexiblere Arbeitsformen, so die Erwartung der Rechtsprofis. Und dadurch wird sich unter anderem auch die Meeting- und Kommunikationskultur deutlich verändern. Beschäftigte werden weniger ortsgebunden sein und auch im Home Office arbeiten können. Gut möglich, dass auch der Einsatz freier Mitarbeiter, die Kapazitätsspitzen abdecken oder Spezialwissen aufweisen, zunimmt. Für solche flexiblen Arbeitsmodelle in der Juristerei sind standortunabhängige IT-Systeme, die größtmögliche Datensicherheit gewährleisten, von zenraler Bedeutung.[43]

Was vor einigen Jahren noch wie pure Fiktion klangt, ist heute technisch schon möglich: Autos fahren ohne Menschen am Steuer, der Kühlschrank ordert selbstständig beim Lebensmittelhändler, und vielleicht wird geschehen, was Gunter Dueck, früher Chief

---

[41] www.computerwoche.de/a/reaktionen-auf-das-aus-von-safe-harbor,3216883 (Aufgerufen am 14.10.2016).

[42] www.bitkom.org/Themen/Branchen/Industrie-40/Perspektive-der-Arbeit.html (Aufgerufen am 14.10.2016).

[43] Prognos AG/Deutscher Anwaltverein e. V., Der Rechtsdienstleistungsmarkt 2030, S. 22.

Technology Officer bei IBM, heute gefragter Redner und Buchautor, prophezeit: Wer künftige seine gesundheitlichen Beschwerden googelt, braucht danach nicht mehr zum Arzt, sondern es wird in vielen Fällen ein Apothekenautomat reichen. „Unternehmen müssen ganz neu denken und viel Neues ausprobieren", sagt Dueck.[44] Das erwarten auch viele der Studienteilnehmer. Sie glauben, dass in Unternehmen eine ausgeprägte Experimentierlust entstehen wird, um neue Geschäftsmodelle frühzeitig zu testen und in den Markt einführen zu können.

Welche Rolle wird dabei die Rechtsabteilung spielen? Eine deutlich aktivere als heute, davon sind zahlreiche Befragte überzeugt. Ihrer Einschätzung nach werden die Juristen im Haus zum aktiven Bestandteil der Unternehmensentwicklung und fungieren nicht nur als Abteilung, die sich mit Fragen der rechtlichen Absicherung beschäftigt. Breiter Konsens herrscht darüber, dass es nötig ist, branchen- und unternehmensinterne Grenzen aufzubrechen, um Digitalisierung aktiv und dynamisch gestalten zu können.

Dabei wird die Rechtsabteilung bislang eher als Randerscheinung wahrgenommen, wie aus der Zukunftsstudie des Münchner Kreises hervorgeht. Speziell wenn es um die Kooperation mit anderen Unternehmen geht, gilt die Abteilung Forschung und Entwicklung als erste Anlaufstelle, gefolgt von Produktion/Services, IT und Marketing/Vertrieb. Die der Rechtsabteilung zugeschriebene Bedeutung fällt etwa so hoch aus wie für das Personalwesen und Public Relations.[45]

Rechtsexpertise ist bei der Unternehmensentwicklung stärker gefragt

Künftig ist zu erwarten, dass bei der Planung und Entwicklung von neuen, datenbasierten Geschäftsmodellen schon in einem frühen Stadium rechtliche Expertise gefordert sein wird. Zum Beispiel kann Klärungsbedarf darüber bestehen, wie es um die Eigentums- und Verwertungsrechte von Daten bestellt ist. Zudem sind einzelne Rechtsgebiete und Paragraphen stets im Kontext zu betrachten.

[44] Dueck, Kress Pro 7/2016, S. 86.
[45] Münchner Kreis e. V., u.a., Digitalisierung – Achillesferse der deutschen Wirtschaft?, S. 13.

Fragen des Urheberrechts, des Verbraucher- und des Datenschutzes können sich leicht mit wettbewerbsrechtlichen Problemen überschneiden.[46]

Dabei müssen nicht nur die Rechtsexperten öfter und enger mit anderen Fachabteilungen kooperieren und deren Arbeitsweise verstehen lernen. Umgekehrt ist das ebenso notwendig. Speziell das IT-Department, so geht aus der Befragung hervor, müsse sein Verständnis für juristische Fragestellungen erhöhen.

 Durch die Digitalisierung im Unternehmen wird es vermehrt zu flexiblen Arbeitsformen und interdisziplinären Kooperation kommen. Das Entwickeln und Erproben neuer Geschäftsmodelle wird zunehmen – und die Rechtsabteilung dabei stärker als bislang zum aktiven Mitgestalter. Was weiterhin oberste Priorität genießt, ist der Datenschutz. Und der wird nach Einschätzung der Befragten sogar noch an Bedeutung gewinnen.

46 Expertenkommission Forschung und Innovation (EFI), Jahresgutachten zu Forschung, Innovation und technologischer Leistungsfähigkeit Deutschlands 2016, S. 76.

Trends in den kommenden fünf Jahren
Offene Fragestellung – die häufigsten Antworten im Überblick

Frage 7.2: Welche Trends im Zusammenhang mit der Digitalisierung sehen Sie
in den kommenden fünf Jahren auf die Rechtsabteilung zukommen?

Bei der Digitalisierung im Unternehmen:

■ Datenschutz wird weiter an Bedeutung gewinnen

■ Gesteigertes interdisziplinäres Arbeiten durch stärkere Vernetzung der Einheiten
untereinander

■ Neue Geschäftsmodelle werden im Unternehmen ausprobiert werden

■ Neue Arbeitsformen, Home Office, Großraumbüros, neue Meeting-/
Kommunikationskultur

■ IT-Department muss sein Verständnis für Recht erhöhen

■ Die Rechtsabteilung wird aktiver Bestandteil der Unternehmensentwicklung
und nicht nur Abteilung für rechtliche Absicherung

Abbildung 23

7.3

Der Trend geht eindeutig zum papierlosen Büro

Die Nutzung von Legal Technology wird in Rechtsabteilungen und Kanzleien ihre Spuren hinterlassen. Rechtsabteilungen erwarten, dass Digitalisierung ihre Arbeit beschleunigt.

▶ **Papierloses Büro und Legal Technology sind auf dem Vormarsch**
Keine Dokumentenstapel und Schrankwände voller Ordner mehr:
In Rechtsabteilungen werden sich elektronische Aktenführung und intelligente Legal-Technology-Lösungen durchsetzen.

▶ **Kürzere Reaktionszeiten sorgen für verändertes Anforderungsprofil**
Die digitale Wirtschaft zwingt auch die Syndici dazu, ihr berufliches Profil zu schärfen. Sie werden zusätzliche Kenntnisse und neue Fähigkeiten erwerben müssen.

▶ **IT-Lösungen unterstützen anwaltliche Arbeit, ersetzen sie aber nicht**
Das Prinzip der Arbeitsteilung wird sich in den Rechtsabteilungen noch stärker durchsetzen. Die Sorge, dass Legal Technology dabei die anwaltliche Arbeit ersetzen wird, ist aber unbegründet.

Im vorherigen Kapitel wurde beschrieben, was sich durch die Digitalisierung in Unternehmen verändern wird. Im zweiten Teil der Fragestellung geht es darum, wie der digitale Wandel auf und in die Rechtsabteilung wirkt. Ein Ergebnis ist, dass die elektronische Aktenführung zur Regel wird. Die Einführung und die verbindliche Nutzungspflicht des besonderen elektronischen Anwaltspostfachs (beA) wird diesen Trend beschleunigen.

Papierloses Büro und Legal Technology sind auf dem Vormarsch

Sich vom Papier größtenteils zu trennen, bedeutet auch, alte Gewohnheiten hinter sich zu lassen. Und das betrifft nicht nur die Organisation in Rechtsabteilungen und Kanzleien, sondern auch die juristische Tätigkeit im Kern. Die Befragten erwarten daher eine Angebotserweiterung um digitale Leistungen und die automatisierte Rechtsberatung. Der Einsatz von Legal Technology wird sich spürbar ausdehnen. Bemerkenswert ist, dass auch manche Kanzleien auf Druck der Mandanten bereits eigene Lösungen entwickelt haben.[47]

Fest steht, dass auch in den Rechtsabteilungen immer größere Datenmengen anfallen und verarbeitet werden müssen. Sie zu sammeln und zu sortieren, zu analysieren und zu bewerten – das ist für Juristen essenziell. Laut Boston Consulting Group (BCG) könnten Computerprogramme künftig 30 bis 50 Prozent der Aufgaben von Junior-Anwälten übernehmen.[48] Legal Technology ermöglicht, Arbeitsabläufe zu digitalisieren und zu automatisieren. Dadurch lassen sich die Auswertung von Vertragswerken, das Management von Fällen und Back-Office-Arbeiten in großen Teilen an den „Kollegen Computer" delegieren.

Kürzere Reaktionszeiten sorgen für verändertes Anforderungsprofil

All das wird helfen, das höhere Tempo mitgehen zu können, das von Mandanten, benachbarten Ressorts und der Geschäftsführung verlangt wird. Denn nach Einschätzung der Studienteilnehmer wird künftig auch die Rechtsabteilung von der allgemeinen Beschleunigung betroffen sein. Anfragen sollen schnell beantwortet werden, und das natürlich

[47] www.lto.de/recht/kanzleien-unternehmen/k/legal-tech-studie-bucerius-boston-consulting-kanzlei-organisation/ (Aufgerufen am 14.10.2016).
[48] www.lto.de/recht/kanzleien-unternehmen/k/legal-tech-studie-bucerius-boston-consulting-kanzlei-organisation/ (Aufgerufen am 14.10.2016).

qualitativ erstklassig und am liebsten, wie online gewohnt, per Suchabfrage mit wenigen Klicks. Standardisiertes Vertragswesen lässt sich ebenso durch spezielle Programme erledigen. Diese Contract-Management-Systeme könnten zum „Turbo für die Rechtsabteilung" werden. Wenn alles schneller gehen soll und Teile der bisherigen Arbeit von Software erledigt werden, führt das dazu, dass sich das Anforderungsprofil an Juristen verändern wird und dass zusätzliche Kenntnisse und neue Fähigkeiten nötig werden.

IT-Lösungen unterstützen anwaltliche Arbeit, ersetzen sie aber nicht

Das Prinzip der Arbeitsteilung wird dadurch noch stärker zum Vorschein kommen. „Natürlich erledigen Anwälte Arbeiten, die nur sie umsetzen können. Sie beurteilen aber auch Tätigkeiten als anwaltliche Arbeit, die es aber eigentlich gar nicht sind. Befürchtungen, dass der Beruf des Juristen durch Digitalisierung überflüssig wird, teilen die meisten Experten nicht. Grund: Software unterstützt die anwaltliche Arbeit – ersetzt sie jedoch nicht.

Folgerichtig erwarten die Studienteilnehmer, dass Beratung abnehmen wird, was den individuellen Geschäftsvorfall betrifft, hingegen die Zurverfügungstellung von Mustern, Tools, Plattformen hingegen jedoch zunehmen wird. Zu erwarten ist auch, dass nicht nur die Ressourcen zwischen Mensch und Maschine effizient aufgeteilt werden. Wirtschaftlichkeitserwägungen werden dazu führen, dass es bei manchen Leistungen zu verstärktem Outsourcing an kostengünstige Anbieter kommt.

Software übernimmt herkömmliche Standard- und Sekretariatsaufgaben, das papierlose Büro wird in Rechtsabteilungen binnen der nächsten Jahre zur Selbstverständlichkeit. Mit dem Einzug von Legal Technology und dem Trend zu mehr automatisierter Rechtsberatung geht ein sich veränderndes Anforderungsprofil der Juristen einher. Sie werden ihre Kenntnisse erweitern und Fertigkeiten schärfen müssen.

Trends in den kommenden fünf Jahren

Offene Fragestellung – die häufigsten Antworten im Überblick

Frage 7.2: Welche Trends im Zusammenhang mit der Digitalisierung sehen Sie in den kommenden fünf Jahren auf die Rechtsabteilung zukommen?

Bei der Digitalisierung in der Rechtsabteilung:

■ Papierloses Büro; elektronische Aktenführung

■ Angebotserweiterung um digitale Leistungen/automatisierte Rechtsberatung

■ Erhöhung der Schnelligkeit/Response-Zeiten werden verkürzt/Mandanten erwarten Qualität und Geschwindigkeit wie bei Suchabfrage (alles soll sofort verfügbar sein)

■ Verändertes Anforderungsprofil an Kenntnisse und Fähigkeiten der Rechtsanwälte

■ Contract Management Systems

■ beA – besonderes elektronisches Postfach

■ Verstärktes Ourtsourcing an kostengünstige Anbieter

■ Abnahme der Beratung des individuellen Geschäftsvorfalls, Zunahme der Zurverfügungstellung von Mustern, Tools, Plattformen für das Geschäft

■ Internationalisierung der Rechtsberatung

Abbildung 24

Zusammenfassung

Digitalisierung ist kein Thema, das sich eindeutig abgrenzen lässt. Natürlich treibt sie die Wirtschaft (und umgekehrt), aber wie kaum eine Technologie zuvor berührt sie auch das tägliche Leben des Einzelnen und spielt in Gesellschaft und Politik eine große Rolle. Für Gesetzgeber und Rechtsprechung, für Macher der (digitalen) Wirtschaft und Juristen in Unternehmen ergeben sich daraus besondere Herausforderungen.

Bedarf an europäischer und globaler Gesetzgebung identifiziert

Beispiel Datenschutz: Das Thema betrifft jeden, tangiert die Privatsphäre und somit ein zentrales Grundrecht. Zugleich erfreuen sich digitale Geräte und Anwendungen hoher Beliebtheit. Durch die intelligente Verarbeitung und Verknüpfung von Daten entstehen zudem ganz neue Geschäftsmodelle – und dadurch Fragen, die es vorher nicht gab. Unternehmen beschäftigen sich derzeit vor allem damit, welche Folgen sich aus den Neuerungen der EU-Datenschutzgrundverordnung (DSGV) ergeben werden und wohin die Debatte um die Rechtmäßigkeit von Datentransfers in Länder außerhalb der EU führen wird.

Beispiel Kartellrecht: FDP-Chef Christian Lindner hat die Marktmacht von Netzriesen wie Google und Facebook zum Anlass genommen, um ein schärferes Kartellrecht zu fordern. Dass die Daten von Facebook und Whatsapp stärker integriert werden, wäre durch ein anderes Kartellrecht und Auflagen zu verhindern gewesen, betont er. Bundeswirtschaftsminister Sigmar Gabriel (SPD) strebt eine Reform des Kartellrechts an, um bei Übernahmen wie jener von Whatsapp durch Facebook handlungsfähiger zu sein. Beide sind sich einig, dass das Kartellamt prüfen muss, wie sich ein Markt verändert, wenn ein Unternehmen bei der Währung im Netz, also bei Daten, eine beherrschende Stellung erreicht.

Die digitale Welt bringt immer neue Lösungen und Geschäftsmodelle hervor. Und während Wirtschafts- und Gesellschaftsordnungen national oder kontinental geprägt sind, kennt die Digitalisierung keine Grenzen. Das wirft die Frage auf, welche Reichweite eine Gesetzgebung braucht, um Entwicklungen des digitalen Wandels in verschiedenen Rechtsgebieten so zu regeln, dass die Interessen von Unternehmen und Bürgern unversehrt bleiben, zugleich aber Geschäftsmodelle und wirtschaftlicher Fortschritt sich entfalten können.

Vertragsrecht und Regulierung sind eine europäische Angelegenheit

In der rechtlich-ökonomischen Praxis weisen globale Richtlinien und Regelungen zum Teil erhebliche Lücken auf. Vor allem, wenn es um Datenschutz und IT-Sicherheit geht, fordert die Mehrheit der befragten Rechtsabteilungen (51,6 beziehungsweise 52,1 Prozent), dass internationale Standards und Normen gelten sollen. Rund um Data Compliance wünschen sich 99,5 Prozent, dass gesetzliche Regelungen verabschiedet werden.

Zusammen drei Viertel der Befragten wünschen sich, dass das Thema Vertragsrecht/ Rechtsgeschäfte entweder auf nationaler (33,7 Prozent) oder europäischer Ebene (42,1 Prozent) behandelt wird. Regulierung hingegen ist eindeutig eine europäische Angelegenheit; vor allem bei Fragen des digitalen Binnenmarkts (78,4 Prozent), des Telekommunikationsrechts (67,6 Prozent) und des Kartellrechts (66,2 Prozent) zeichnet sich diese Tendenz ab.

Anforderungsprofil an Unternehmen und Juristen verändert sich

Welche Trends werden, ausgelöst durch die Digitalisierung, auf Unternehmen und Rechtsabteilungen in den nächsten fünf Jahren zukommen? Aus den Aussagen der Teilnehmer lassen sich folgende Schlüsse ziehen: Datenschutz ist bereits ein großes Thema – und wird noch mehr an Bedeutung gewinnen. Im Firmenalltag rücken interdisziplinäre Kooperation, vernetzte Tätigkeiten, abteilungs- und berufsübergreifende Zusammenarbeit stärker in den Mittelpunkt. Zugleich erwarten die Befragten, dass sich die Kommunikationskultur verändern und die Lust am Erproben neuer Geschäftsmodelle steigen wird.

In den Rechtsabteilungen selbst zeichnet sich ab, dass Software in wachsendem Maße bisherige Standard- und Sekretariatsaufgaben übernimmt. Die elektronische Aktenführung und darüber hinausgehend das papierlose Büro werden sich durchsetzen. Parallel zum Einzug von Legal Technology und zum Trend zu mehr automatisierter Rechtsberatung wird sich das Anforderungsprofil von Juristen verändern. Sie werden ihre Kenntnisse erweitern und ihre Fertigkeiten schärfen müssen.

Rechtliche Herausforderungen der Digitalisierung

Datenschutz: Bremse oder Treiber der digitalen Transformation?

Michael Kamps

Als das Bundesverfassungsgericht im Dezember 1983 sein „Volkszählungsurteil" verkündete und damit das Grundrecht auf informationelle Selbstbestimmung statuierte, war kaum absehbar, dass das wenige Jahre zuvor erstmals kodifizierte Datenschutzrecht in den kommenden Jahrzehnten von einem „Orchideengebiet" zu einem die Digitalisierung maßgeblich bestimmenden Rechtsbereich werden würde. Mit der ab Mai 2018 geltenden EU-Datenschutz-Grundverordnung hat der europäische Gesetzgeber jüngst einen wesentlichen Schritt zur Vollharmonisierung des Datenschutzrechts vollzogen. Gleichzeitig wird die umfassende Regulierung der Verarbeitung personenbezogener Daten von (nicht nur digitalaffinen) Unternehmen vielfach als Hindernis für die Umsetzung von datenbezogenen Geschäftsmodellen und Prozessen wahrgenommen. Der vorliegende Beitrag ordnet die in der Studie geäußerten Einschätzungen zum Datenschutz ein und beleuchtet einige wesentliche Aspekte des Datenschutzrechts für die digitale Transformation.

▶ Daten werden als „Öl" oder „Gold" des 21. Jahrhunderts betrachtet – personenbezogene Daten sind indes nicht unbeschränkt kommerzialisierbar, sondern unterliegen spezifischer Regulierung zum Schutz des Grundrechts auf informationelle Selbstbestimmung.

▶ Das Datenschutzrecht wird von Rechtsabteilungen zu Recht als wesentliches Thema bei der Digitalisierung betrachtet. Insbesondere die ab 2018 geltende EU-Datenschutz-Grundverordnung führt zu einer Erweiterung der Pflichten und zu einer signifikanten Erhöhung der Risiken bei Rechtsverstößen im Zusammenhang mit personenbezogenen Daten.

▶ Eine sachgerechte „Data Compliance"-Organisation ist auch im Hinblick auf die mit tatsächlichen oder vermeintlichen Datenschutzverstößen verbundenen Reputationsrisiken für Unternehmen erforderlich.

▶ Die digitale Transformation führt zu neuen Herausforderungen bei der Anwendung datenschutzrechtlicher Vorschriften. Insbesondere der Personenbezug von Daten, die Zweckbindung der Datenverarbeitung und die Beteiligung unterschiedlicher Akteure müssen bei innovativen Produkten und Anwendungen geprüft und gestaltet werden. „Data Compliance" ist ein notwendiges Werkzeug zur Absicherung datenbezogener Prozesse und Geschäftsmodelle.

▶ Datenschutzrechtler im Unternehmen müssen seit jeher interdisziplinär agieren – die Schnittstelle zu den technischen Aspekten der Datenverarbeitung liegt auf der Hand. Zukünftig werden datenschutzrechtliche Anforderungen wesentlich früher bei der Entwicklung von Produkten und Geschäftsmodellen berücksichtigt werden müssen (Privacy by Design, Privacy Impact Assessment).

A. Einleitung

Am 6. Oktober 2015 wurde in einem Gebäude am Boulevard Konrad Adenauer in Luxemburg ein Satz mit nur fünf Worten verkündet, der gleichwohl diesseits und jenseits des Atlantiks hektische Betriebsamkeit auslöste: „Die Entscheidung 2000/520 ist ungültig." Die Urheber dieses Satzes waren die fünfzehn Richter der Großen Kammer des Europäischen Gerichtshofs (EuGH)[49], für ungültig erklärt wurde die „Safe-Harbor"-Entscheidung der Europäischen Kommission, und die transatlantische Unruhe beruhte auf dem Umstand, dass auf Grundlage des Safe-Harbor-Konzepts personenbezogene Daten aus der EU an über 5.000 US-amerikanische Unternehmen übermittelt wurden, darunter das „Who is Who" der dortigen Digitalwirtschaft. Die fünf Worte führten nicht nur dazu, dass der Datenschutz in Hauptnachrichtensendungen und auf den Titelseiten der Wirtschaftspresse diskutiert wurde. Viele Unternehmensjuristen – bei Global Playern ebenso wie bei Mittelständlern – arbeiteten im Krisenmodus, führten Telefonkonferenzen mit Fachabteilungen, prüften bestehende und entwarfen neue Verträge.

I. Die bemerkenswerte Karriere des Datenschutzrechts

Der „Safe-Harbor-Paukenschlag" im vergangenen Oktober illustriert die bemerkenswerte Karriere des Datenschutzrechts in den vergangenen Jahrzehnten: Seit 1971 in Hessen das erste Landesdatenschutzgesetz in Kraft trat, 1979 das Bundesdatenschutzgesetz folgte und das Bundesverfassungsgericht 1983 in seinem Volkszählungsurteil das „Grundrecht auf informationelle Selbstbestimmung"statuierte[50], hat sich der Rechtsrahmen für die Verarbeitung personenbezogener Daten von einem „Orchi-

deenfach" zu einem maßgeblichen Faktor der digitalen Transformation entwickelt.

Mit der ab Mai 2018 anwendbaren EU-Datenschutz-Grundverordnung („EU-DSGVO")[51] wird diese Entwicklung einen vorläufigen neuen Höhepunkt erreichen: Nicht nur ein erheblich verschärftes Sanktionsregime für Datenschutzverstöße (mit Geldbußen von bis zu 20 Millionen Euro oder 4 Prozent des weltweiten Vorjahresumsatzes[52]), sondern auch eine Erweiterung von internen Dokumentations- und Prüfpflichten führt dazu, dass der Datenschutz notwendiger Bestandteil von Compliance-Systemen bleibt beziehungsweise werden muss. Anders als in den Kindertagen des Datenschutzrechts ist der Einsatz automatisierter Datenverarbeitungssysteme nicht auf wenige Betreiber von Großrechenanlagen beschränkt, sondern durchzieht nach einer rasanten technologischen Entwicklung sämtliche Lebens- und Wirtschaftsbereiche und bildet die Grundlage der digitalen Wirtschaft.

Gleichzeitig hat – nicht nur, aber besonders spürbar in Deutschland – die öffentliche Sensibilität für mögliche Datenschutzrisiken zugenommen: Eine Schlagzeile über tatsächliche oder bloß vermeintliche „Datenskandale" führt regelmäßig zu erregten öffentlichen Diskussionen. Die hierbei nur allzu oft geäußerten und gelegentlich holzschnittartigen Vorwürfe gegen jedwedes datenverarbeitende Unternehmen stehen im krassen Gegensatz zur Bereitwilligkeit, mit der auch private oder gar sensible Informationen in sozialen Netzwerken offenbart und geteilt werden. Dieses Paradoxon sollte indes nicht darüber hinwegtäuschen, dass die rechtlich unzulässige oder gegenüber Betroffenen nicht hinreichend transparent kommunizierte Datenverarbeitung nicht nur zu einer spontanen Skandalisierung, sondern auch zu nachhaltigen Reputationsschäden, gegebenenfalls sogar zu

---

[49] EuGH, Urteil v. 06.10.2015, Rs. C362/14 – Schrems./.Data Protection Commissioner, NJW 2015, 1319-1326.
[50] BVerfG, NJW 1984, 419-428.

[51] Amtsblatt der Europäischen Union, L 119, Seite 1-88.
[52] Vgl. Art. 83 Abs. 4, 5 EU-DSGVO.

einem existenzgefährdenden Entzug des Kunden- oder Nutzervertrauens führen kann.

II. Hohe Sensibilisierung, aber ambivalente Wahrnehmung

Die offenkundige Relevanz des Datenschutzrechts hat die für diese Studie befragten Unternehmensjuristen zweifelsfrei erreicht: Sowohl bei den „digitalisierungsrelevanten" Herausforderungen als auch bei den wesentlichsten rechtlichen Risiken und den notwendigen Kenntnissen in Spezialbereichen belegt der Datenschutz in den Nennungen den oder jedenfalls einen Spitzenplatz (oft gemeinsam mit den verwandten Themen der IT- und Informationssicherheit).[53]
Besteht insoweit bei den Unternehmensjuristen weitgehend Einigkeit, fällt das Stichwort „Datenschutz" auch bei der detaillierteren Bewertung des „Rechtsstandortes Deutschland" – mit einer ambivalenten Einschätzung: Denn das (deutsche) Datenschutzrecht wird sowohl als Hemmnis als auch als Treiber für die insgesamt eher moderat eingeschätzte „digital readiness" der deutschen Rechtsordnung genannt. Einerseits werden überzogene Anforderungen und fehlende Praktikabilität beim Datenschutz moniert, andererseits wird Deutschland als führend im Datenschutz bewertet und sinnvolle datenschutzrechtliche Regelungen als positiv für die zukünftige Entwicklung betrachtet.[54]
Ein wesentlicher Faktor für die eher negative Einschätzung mag das empfundene „Gefälle" zwischen den (hohen) Anforderungen des deutschen und europäischen Datenschutzrechts und den (tatsächlich oder vermeintlich) geringeren Anforderungen in anderen Rechtsordnungen, insbesondere den USA sein. Die EU-DSGVO trägt dem durch die Einführung des Marktortprinzips Rechnung, sodass die Anwendung der europäischen Datenschutzregeln nicht mehr vom Sitz eines Unternehmens abhängt, sondern an geschäftliche Aktivitäten innerhalb der EU anknüpft. Dabei ist (noch) offen, wie effektiv europäische Aufsichtsbehörden auch gegenüber Unternehmen mit Sitz außerhalb der EU tätig werden können. Sowohl die öffentlichen Diskussionen rund um die Safe-Harbor-Entscheidung als auch das intensive Lobbying im Gesetzgebungsverfahren zur EU-DSGVO dokumentieren allerdings, dass der europäische Rechtsrahmen auch jenseits des Atlantiks durchaus ernst genommen wird. Dessen ungeachtet kommt in der Befragung für die vorliegende Studie der Wunsch nach einem „level playing field" deutlich zum Vorschein: Nach der Einschätzung der Unternehmensjuristen sollen nicht nur nationale und europäische Regelungen, sondern auch internationale Standards und Normen für rechtliche Verbindlichkeit sorgen.[55]

III. Interdisziplinärer Player mit Innen- und Außenwirkung – der Datenschutzrechtler im Unternehmen

Viele der in der Befragung für die vorliegende Studie genannten Trends im Zusammenhang mit der Digitalisierung betreffen auch und gerade den datenschutzrechtlich tätigen Unternehmensjuristen: Datenschutz ist seit jeher ein Themenfeld an der Schnittstelle zwischen Recht und Technologie, und insoweit ist ein interdisziplinäres Verständnis Voraussetzung und notwendige Folge der Beschäftigung mit datenschutzrechtlichen Fragestellungen.
Unter der neuen EU-Datenschutz-Grundverordnung wird die Berücksichtigung des regulatorischen Rahmens bereits am Anfang der Entwicklung von Produkten und Diensten zur gesetzlichen Anforderung: Die EU-DSGVO enthält sowohl verbindliche Vorgaben zu datenschutzfreundlichen Voreinstellungen

---

[53] Siehe hierzu die Studienergebnisse auf S. 34 ff.
[54] Siehe hierzu die Studienergebnisse auf S. 59.

[55] Siehe hierzu die Studienergebnisse auf S. 72 ff.

(„privacy by design")[56] als auch zur Daten-schutz-Folgenabschätzung" („privacy impact assessment")[57]. Auch bei der Umsetzung der datenschutzrechtlichen Anforderungen im Rahmen von Compliance-Management-Systemen wird der Datenschutzrechtler in der Rechtsabteilung – ungeachtet der organisatorischen Umsetzung (in der Funktion des oder neben dem Datenschutzbeauftragten?[58]) – eine wesentliche Rolle spielen. Inhaltliche Verbindungen ergeben sich über die Aspekte des Systemdatenschutzes hinaus überdies zu den Fragen der IT- und Informationssicherheit[59].

Eine weitere wesentliche Schnittstelle für den mit der digitalen Transformation befassten Datenschutzrechtler wird der Kontakt zu den Aufsichtsbehörden sein – sei es im Rahmen „erzwungener" Kontakte (etwa bei der regulären Aufsichtstätigkeit[60] oder bei meldepflichtigen Datenschutzverstößen[61]), sei es bei der präventiven Kontaktaufnahme zur Vorabstimmung besonders datenintensiver oder sensibler Prozesse. Auch insoweit steht zu erwarten, dass die Berührungspunkte zu Aufsichtsbehörden unter der EU-Datenschutz-Grundverordnung aufgrund der gestärkten Position der Behörden und der weitergehenden Meldepflichten für Datenschutzverstöße[62] eher zunehmen werden. Die (europaweit einzigartige) förderale Struktur der Datenschutzaufsicht für die Privatwirtschaft in Deutschland stellt in diesem Zusammenhang eine besondere Herausforderung insbesondere für Konzerne mit Gesellschaften in verschiedenen Bundesländern dar.

B. Datenschutz als inhaltliche Herausforderung für die digitale Transformation

Ungeachtet der Vielzahl möglicher Ausprägungen und Fallgestaltungen des Schlagwortes „digitale Transformation" lassen sich einige wesentliche Aspekte definieren, die bei der datenschutzrechtlichen Prüfung und Gestaltung von digitalen Prozessen und Geschäftsmodellen von besonderer Bedeutung sind.

Hierzu zählt zunächst das restriktive datenschutzrechtliche Regelungsprinzip des „Verbotes mit Erlaubnisvorbehalt": Denn die Erhebung, Verarbeitung und Nutzung personenbezogener Daten ist grundsätzlich verboten, es sei denn sie ist auf Grundlage eines gesetzlichen Erlaubnistatbestandes oder einer Einwilligung des Betroffenen zulässig[63]. Hinzu kommt, dass mit dem „Erheben"[64] und „Verarbeiten"[65] die wesentlichen technischen Schritte der Datenverarbeitung gesetzlich geregelt sind und mit dem „Nutzen"[66] ein Auffangtatbestand definiert ist, sodass im Ergebnis jeder Umgang mit personenbezogenen Daten reguliert ist.

I. Personenbezug und „Volumenrisiko"

Insbesondere im Zusammenhang mit der Vernetzung von Maschinen („Industrie 4.0", „M2M-Kommunikation") wird in der Praxis gelegentlich vertreten, dass sich die hierbei erzeugten Daten nicht auf Menschen beziehen und deshalb der datenschutzrechtlichen Regulierung

[56] Vgl. Art. 25 EU-DSGVO.

[57] Vgl. Art. 35 EU-DSGVO.

[58] Das bekannte Konzept des betrieblichen Datenschutzbeauftragten als vielfach gesetzlich vorgeschriebenes unabhängiges Selbstkontrollorgan, § 4f f. BDSG, steht unter der EU-DSGVO auf dem Prüfstand: Nach Art. 37 Abs. 1 EU-DSGVO besteht eine Bestellpflichten nur in vergleichsweise wenigen Fällen; nach Art. 37 Abs. 4 EU-DSGVO kann das nationale Recht weitergehende Bestellpflichten vorsehen. Die Entscheidung des deutschen Gesetzgebers hierzu ist noch offen.

[59] Siehe hierzu ausführlich: Matthiesen, der die vergleichbaren Anforderungen an technische und organisatorische Maßnahmen im Datenschutzrecht mit den neuen gesetzlichen Regelungen zur IT-Sicherheit beschreibt. IT-Sicherheit – Umsetzung gesetzlicher Pflichten und vertraglicher Schutz des Unternehmens, S. 156-160.

[60] Vgl. § 38 BDSG.

[61] Vgl. etwa § 42a BDSG, § 15a TMG.

[62] Art 33 und 34 EU-DSGVO sehen eine über die in § 42a BDSG genannten Datenkategorien hinausgehende Pflicht zur Information von Aufsichtsbehörde und ggf. Betroffenen bei Datenschutzverstößen vor.

[63] Vgl. § 4 Abs. 1 BDSG.

[64] „Beschaffen von Daten über den Betroffenen", vgl. § 3 Abs. 3 BDSG.

[65] „Speichern, Verändern, Übermitteln, Sperren und Löschen personenbezogener Daten", vgl. § 3 Abs. 4 BDSG.

[66] „jede Verwendung personenbezogener Daten, soweit es sich nicht um Verarbeitung handelt", vgl. § 3 Abs. 5 BDSG.

entzogen sind. In der Tat stellt der Begriff der „personenbezogenen Daten" eine wesentliche Definition und Voraussetzung für die Anwendbarkeit des Datenschutzrechts dar. Reguliert werden nämlich nur „Einzelangaben über die persönlichen oder sachlichen Verhältnisse einer bestimmten oder bestimmbaren natürlichen Person"[67].

1. Relativer und absoluter Personenbezug

Unproblematisch liegt ein Personenbezug vor, wenn ein Datum unmittelbar aus sich heraus einer Person zugeordnet werden kann. Streitig ist, welche Anforderungen an die „Bestimmbarkeit" einer Person zu stellen sind. Vertreter des sogenannten „relativen Personenbezuges" stellen auf die Bestimmbarkeit durch die jeweilige verantwortliche Stelle ab: Kann ein Unternehmen aufgrund des bei ihm vorhandenen Wissens einen Bezug zwischen einem Datum und einer Person herstellen, ist diese bestimmbar und das Datum personenbezogen[68]. Nach der Theorie des sogenannten „absoluten Personenbezuges" soll es ausreichen, wenn zwar nicht die verantwortliche Stelle, sondern allein ein außenstehender Dritter auf Grundlage der dort vorhandenen Informationen mit einem Datum einen Personenbezug herstellen kann. Namentlich die deutschen und europäischen Aufsichtsbehörden vertreten einen absoluten Personenbezug[69]. Es spricht vieles dafür, dass der EuGH in einem aktuellen Verfahren[70] für den absoluten Personenbezug votieren wird; hierauf deutet jedenfalls der Schlussantrag des Generalanwalts vom 12.05.2016 hin.

2. Praktische Relevanz

Setzt sich die Auffassung vom absoluten Personenbezug durch, wird der Begriff der personenbezogenen Daten erheblich erweitert. Gleichzeitig wird es für ein Unternehmen schwieriger, die Frage nach dem Personenbezug der von ihr verarbeiteten Daten verlässlich zu beantworten. Denn im Rahmen der rechtlichen Prüfung muss das Unternehmen nicht nur die eigenen Erkenntnismöglichkeiten berücksichtigen, sondern auch das bei Dritten vorhandene „Zusatzwissen". Trotz entsprechender Einschränkungen sowohl in der geltenden EU-Datenschutzrichtlinie[71] als auch in der EU-Datenschutz-Grundverordnung[72] werden unter Umständen nur anonymisierte Daten nicht als „personenbezogen" gelten. Selbst wenn der fehlende direkte Personenbezug für die verantwortliche Stelle zu gewissen Erleichterungen – abhängig von der rechtlichen Grundlage der Datenverarbeitung[73] – führen mag, bedarf die Verarbeitung auch „nur" personenbeziehbarer Daten einer datenschutzrechtlichen Grundlage.

3. Dynamische Datenverarbeitung und „Volumenrisiko"

Im Zusammenhang mit dem Personenbezug von Daten ist auch der Umstand relevant, dass Prozesse im Bereich „Data Analytics" oft eine sich stetig verändernde Basis von Daten aus unterschiedlichen Quellen nutzen. Eine solche technisch-operative Gestaltung erschwert die rechtliche Prüfung insbesondere im Hinblick auf den Personenbezug, weil sich die Mög-

---

[67] Vgl. § 3 Abs. 1 BDSG.

[68] Vgl. etwa Gola/Schomerus, BDSG, C. H. Beck, München, 2015, § 3 Rdnr. 10.

[69] Vgl. etwa Beschluss des „Düsseldorfer Kreises" vom 26./27.11.2009 zur „Ausgestaltung von Analyseverfahren zur Reichweitenmessung bei Internet-Angeboten" sowie die „Stellungnahme 4/2007 zum Begriff „personenbezogene Daten" der Artikel-29-Arbeitsgruppe (WP 136).

[70] EuGH, Rs. C582/14 – Breyer ./. Bundesrepublik Deutschland zum Personenbezug von IP-Adressen.

[71] Erwägungsgrund 26 der EU-Datenschutzrichtlinie 95/46/EG („EU-DSRL") will alle Mittel berücksichtigen, die „vernünftigerweise entweder von dem Verantwortlichen für die Verarbeitung oder von einem Dritten" zur Herstellung des Personenbezuges eingesetzt werden können.

[72] Erwägungsgrund 26 der EU-DSGVO spricht von den Mitteln, die „von dem Verantwortlichen oder einer anderen Person nach allgemeinem Ermessen wahrscheinlich" zur Idenfizierung genutzt werden; bei der Feststellung der Wahrscheinlichkeit sollen „alle objektiven Faktoren, wie die Kosten der Identifizierung und der dafür erforderliche Zeitaufwand (...) zum Zeitpunkt der Verarbeitung" berücksichtigt werden.

[73] Denkbar ist insbesondere die Berücksichtigung im Rahmen von datenschutzrechtlichen Interessenabwägungen wie etwa bei dem gesetzlichen Erlaubnistatbestand in § 28 Abs. 1 Nr. 1 BDSG.

lichkeit zur Identifizierung einer Person mit der Datenbasis verändert. Die Wahrscheinlichkeit der Identifikation einer Person steigt, je mehr Daten insgesamt verfügbar sind. Insbesondere dieses sogenannte „Volumenrisiko" ist bei einer bewusst dynamisch angelegten Datenverarbeitung mit traditionellen Dokumentations- und Prüfungsmethoden kaum zu fassen; rechtlich relevant ist der „Zeitpunkt der Verarbeitung" (also die Durchführung eines konkreten Analysevorgangs). Eine Möglichkeit zur Risikoreduzierung bieten bei Planung und Einrichtung eines Prozesses definierte Vorgaben im Hinblick auf die zur Analyse verwendeten Datenkategorien beziehungsweise ihre Detailtiefe[74].

II. Zweckbindung, Zweckänderung und „Dynamisierung"

Eine weitere wesentliche datenschutzrechtliche Herausforderung bei der digitalen Transformation ergibt sich aus dem datenschutzrechtlichen Grundsatz der Zweckbindung[75].

1. Grundsatz

Nach diesem Grundsatz dürften personenbezogene Daten grundsätzlich nur für vor der Verarbeitung festgelegte eindeutige Zwecke erhoben, verarbeitet und genutzt werden. Eine Änderung dieser „Inititalzwecke" bedarf ihrerseits einer erneuten datenschutzrechtlichen Rechtfertigung[76]. So müssen bei einwilligungsbasierter Datenverarbeitung (zum Beispiel Werbung oder Marktforschung) die Zwecke der Datenverarbeitung als notwendige Voraussetzung für eine wirksame Einwilligung vor deren Erteilung konkret und

detailliert festgelegt, transparent kommuniziert und zum Gegenstand der Einwilligung gemacht werden. Eine Zweckänderung wird in aller Regel eine erneute/erweiterte Einwilligung erfordern. In ähnlicher Weise erfordern Datenverarbeitungen auf Grundlage von gesetzlichen Erlaubnistatbeständen eine interne Dokumentation und in der Regel eine Information des Betroffenen (zum Beispiel in Datenschutzhinweisen oder Merkblättern zur Datenverarbeitung).

2. Big Data: Vielen Quellen und neue Zwecke

Mag der Zweckbindungsgrundsatz auf den ersten Blick lediglich ein allgemeines Prinzip darstellen, so ergibt sich die praktische Relevanz beim Blick auf Big-Data-Anwendungen: Denn hierbei werden fortlaufend Daten aus unterschiedlichen Quellen in einer einheitlichen Datenbasis zusammengefürt. Hierbei muss indes vor der Zusammenführung von Daten für jede Einzelquelle der jeweilige „Initialzweck" ermittelt und geprüft werden, ob die beabsichtigte Analyse noch von diesem Zweck gedeckt ist. Bei der Einführung neuer Big-Data-Anwendungen wird ein Unternehmen (oder eine Unternehmensgruppe, siehe hierzu auch nachstehend Ziffer III) in der Regel auf vorhandene Datenbestände zurückgreifen, für die bereits konkrete Verwendungszwecke definiert und – etwa in einem Einwilligungsprozess – auch umgesetzt worden sind.

Für einen „regulären" Kundendatensatz im B2C-Bereich wird sich ein grundlegender Verwendungszweck aus der Vorbereitung, Durchführung oder Beendigung eines Vertragsverhältnisses mit dem Betroffenen ergeben, oft ergänzt durch die einwilligungsbasierte Verarbeitung von Kundendaten zu Zwecken der Werbung und Marktforschung. Möglicherweise erhebt das entsprechende Unternehmen bei Nutzung digitaler Angebote (Websites, Apps) darüber hinaus pseudonymisierte Nutzungsprofile auf Basis von Cookies oder sonstigen Tracking-Instrumenten.

---

[74] Auch insoweit wird eine Anonymisierung oder jedenfalls eine Pseudonymisierung in Betracht kommen.

[75] Im europäischen Recht ist der Zweckbindungsgrundsatz in Art. 6 Abs. 1 b) EU-DSRL (beziehungsweise Art. 5 Abs. 1 b) EU-DSGVO) als Prinzip ausdrücklich formuliert. Das BDSG hat auf die direkte Übernahme der Datenschutzprinzipien aus dem EU-Recht verzichtet, setzt die Zweckbindung aber in mehreren Vorschriften voraus.

[76] Das deutsche Recht enthält in § 28 Abs. 2 BDSG eine ausdrückliche Regelung für die Zweckänderung im Zusammenhang mit den gesetzlichen Erlaubnistatbeständen in § 28 Abs. 1 BDSG.

3. Zwecke auf dem rechtlichen Prüfstand

Die Zusammenführung dieser Datenkategorien in eine einheitliche Data-Analytics-Anwendung ist allerdings nicht ohne weiteres möglich: Die Verarbeitung und Nutzung der „Vertragsdaten" ist durch den gesetzlichen Erlaubnistatbestand auf die Zwecke des Vertrages beschränkt[77], die Werbeeinwilligung wird ihrerseits konkrete Zwecke (zum Beispiel Versand von Newslettern) definieren und pseudonymisierte Nutzungsprofile dürfen nach der relevanten gesetzlichen Vorschrift nicht re-personalisiert – also mit Angaben über die hinter einem Pseudonym stehende Person zusammengeführt – werden[78].

Vor diesem Hintergrund geht die Praxis zusehends dazu über, interne Data-Analytics-Prozesse in Datenschutzinformationen transparent zu machen und in Einwilligungserklärungen als weiteren Zweck beziehungsweise „Hilfszweck" neben dem eigentlichen Einwilligungszweck (zum Beispiel Versand von E-Mail-Newslettern) konkret zu benennen. Dieser Ansatz wird sich im Hinblick auf die gestiegenen Transparenzanforderungen aus der EU-DSGVO[79] in Zukunft eher verstärken. Dessen ungeachtet enthält die EU-DSGVO eine ausdrückliche Regelung zu Zweckänderungen, die unter anderem Grundlage für statistische Auswertungen sein kann[80].

4. „Dynamik der Zwecke"

Bei einwilligungsbasierten Prozessen ergibt sich im Zusammenhang mit Data-Analytics-/Big-Data-Anwendungen eine weitere Herausforderung. In der Regel wird ein Unternehmen daran interessiert sein, personenbezogene Daten eines Betroffenen nicht nur punktuell, sondern über einen längeren Zeitraum (etwa die Dauer einer Kundenbeziehung) zu erheben, zu verarbeiten oder zu nutzen. Bei Erhebung einer Einwilligung (etwa bei Abschluss eines Vertrages) lassen sich zwar die zu diesem Zeitpunkt festgelegten, nicht aber erst zukünftig geplante Zwecke berücksichtigen. Aufgrund der gesetzlichen Anforderungen an eine informierte Einwilligung besteht aber nicht die Möglichkeit, bei der „Initialeinwilligung" die Zwecke so weit zu fassen, dass sämtliche zukünftigen Zwecke bereits umfasst sind – in der Regel werden derartige „Pauschaleinwilligungen" aufgrund mangelnder Bestimmtheit unwirksam sein.

Dieser Herausforderung werden Unternehmen nur mit einem Konzept für eine „dynamische Einwilligung" Rechnung tragen können, die die „Dynamik der Zwecke" bereits berücksichtigt. So kann durch eine in der Regel technologiebasierte Gestaltung des Einwilligungsprozesses der Betroffene über neue Zwecke informiert werden und die Möglichkeit erhalten, in Ergänzung zur Initialeinwilligung die Datenverarbeitung für weitere Zwecke „freizugeben". Denkbar ist etwa ein „Einwilligungsmanagement"-Bereich auf einer Webseite oder in einer App, in der der Nutzer jederzeit seine entsprechenden Einstellungen aufrufen und ändern kann. Diese und vergleichbare Lösungen bergen aus (vor allem operativer) Unternehmenssicht zwar stets das Risiko, dass der Nutzer neben möglichen neuen Zwecken auch seine bisher erteilten Einwilligungen überdenkt und gegebenenfalls widerruft. Allerdings ist diese Möglichkeit ein konzeptioneller Bestandteil des Rechts auf informationelle Selbstbestimmung, und gerade bei einwilligungsbasierten Prozessen dient ein hohes Maß an Transparenz nicht nur der Einhaltung gesetzlicher Vorgaben, sondern auch der Vermeidung von Reputationsrisiken[81].

---

[77] Vgl. § 28 Abs. 1 Nr. 1 BDSG.

[78] Vgl. § 15 Abs. 3 Satz 3 TMG.

[79] Vgl. etwa Art. 12 sowie Art. 13 und 14 EU-DSGVO zu den Informationspflichten gegenüber den Betroffenen bei der Datenerhebung oder Art. 30 EU-DSGVO zur internen Dokumentation beim Verarbeiter („Verzeichnis von Verarbeitungstätigkeiten").

[80] Vgl. Art. 6 Abs. 4 EU-DSGVO; aus Erwägungsgrund 50 ergibt sich, dass nicht lediglich die in § 28 Abs. 2 Nr. 3 BDSG erwähnte Verarbeitung im Interesse einer Forschungseinrichtung umfasst sein soll, sondern auch „statistische Zwecke" (also auch sog. „explorative Analysen" ohne personenbezogenes Ergebnis; zu „statistischen Zwecken vgl. auch Erwägungsgrund 162).

---

[81] Die Erfahrungen in der Praxis zeigen, dass der Vorwurf eines „Datenskandals" nicht nur bei Nichteinhaltung gesetzlicher Maßgaben erhoben wird, sondern auch und gerade, wenn Datenverarbeitungsprozesse nicht hinreichend transparent gemacht werden.

III. Vernetzung – Joint Controller und Multiparty-Konstellationen

Mit der fortschreitenden und allgegenwärtigen Vernetzung von Datenverarbeitungsprozessen ergibt sich neben der grundlegenden Frage des Personenbezuges und der Dynamik der Zwecke ein weiterer Komplexitätstreiber aus der Vielzahl möglicher Beteiligter an einem Verarbeitungsvorgang.

Das Datenschutzrecht geht bislang von einem zweidimensionalen „Datenschutzverhältnis" aus, an dem neben dem Betroffenen jeweils eine „verantwortliche Stelle" beteiligt ist. Anerkannt ist die Einschaltung weisungsgebundener Dritter, die als „Auftragsdatenverarbeiter" für die verantwortliche Stelle tätig sind[82]. Jede andere Stelle außer der verantwortlichen Stelle ist „Dritter"[83] im datenschutzrechtlichen Sinne, und die Übermittlung[84] personenbezogener Daten bedarf – genau wie die Erhebung, Verarbeitung und Nutzung durch die verantwortliche Stelle selbst – einer datenschutzrechtlichen Rechtfertigung. In Ermangelung eines datenschutzrechtlichen Konzernprivilegs gilt dies auch für die Übermittlung an verbundene Unternehmen innerhalb eines Konzerns.

Hierdurch entsteht ein Zielkonflikt zwischen dem Bedürfnis der gemeinsamen Verarbeitung durch mehrere Stellen und dem gesetzlich vorgesehenen Schutz vor einer unkontrollierbaren Verbreitung personenbezogener Daten an Dritte. Dieser Zielkonflikt lässt sich nur teilweise durch die Gestaltung als Auftragsdatenverarbeitung lösen. Schon jetzt nehmen – oft getrieben durch die digitale Transformation – Fallgestaltungen zu, in denen Datenverarbeitungsprozesse konzeptionell mehrere verantwortliche Stellen vorsehen. Rechtlich können diese Fälle – sofern einwilligungsbasiert – durch die transparente Darstellung der datenverarbeitenden Stellen gelöst werden; in anderen Fällen kann die gemeinsame Verarbeitung durch mehrere Stellen auf eine Interessenabwägung gestützt werden[85].

Schon nach geltendem Recht war es häufig empfehlenswert, für derartige „Multiparty-Konstellationen" verbindliche Rahmenbedingungen in vertraglichen Vereinbarungen zwischen den beteiligten Stellen festzulegen. Die EU-DSGVO erkennt die Fälle gemeinsamer Verantwortlichkeit erstmals ausdrücklich an[86] und sieht vertragliche Regelungen – insbesondere im Hinblick auf die Geltendmachung von Betroffenenrechten – ausdrücklich vor[87]. Dabei bleiben die ergänzenden Voraussetzungen für eine Einbindung von Datenempfängern in Drittstaaten außerhalb der EU[88] unberührt.

C. Ausblick

Das Datenschutzrecht wird von Unternehmensjuristen völlig zu Recht als ein wesentliches Arbeitsfeld bei der digitalen Transformation betrachtet. Denn obschon Daten als „Öl" oder „Gold" des 21. Jahrhunderts betrachtet werden, gelten für personenbezogene Daten wegen der möglichen Eingriffe in das Grundrecht auf informationelle Selbstbestimmung besondere regulatorische Vorgaben, die einer unbeschränkten

---

[82] Diese gelten nach § 3 Abs. 8 Satz 3 BDSG nicht als „Dritte", wenn sie in Übereinstimmung mit § 11 BDSG von der verantwortlichen Stelle beauftragt wurden.

[83] Vgl. § 3 Abs. 8 BDSG.

[84] Als „Übermittlung" gilt auch die Bereitstellung personenbezogener Daten zur Einsicht oder zum Abruf, vgl. § 3 Abs. 4 Nr. 3a) BDSG, etwa durch die Gewährung von Zugriff auf eine gemeinsame Datenbank.

[85] In diese Richtung deutet der oft als „kleines Konzernprivileg" bezeichnete Erwägungsgrund 48 der EU-DSGVO. Danach können Unternehmen innerhalb einer Gruppe „ein berechtigtes Interesse haben, personenbezogene Daten innerhalb der Unternehmensgruppe für interne Verwaltungszwecke, einschließlich der Verarbeitung personenbezogener Daten von Kunden und Beschäftigten, zu übermitteln".

[86] Vgl. Art. 3 Nr. 8 EU-DSGVO.

[87] Vgl. Art. 21 Abs. 1 EU-DSGVO.

[88] Derartige Drittstaatenübermittlungen werden – wie bisher – ergänzende Maßnahmen zur Sicherstellung eines angemessenen Datenschutzniveaus erfordern. Hierzu können bei konzerninternen Übermittlungen verbindliche Unternehmensregelungen (Binding Corporate Rules) gehören. Im Übrigen können Übermittlungen in Drittstaaten (jedenfalls vorläufig) noch auf die EU-Standardvertragsklauseln oder – bei Übermittlungen in die USA – auf den EU-US Privacy Shield als Nachfolger des im Oktober 2015 vom EuGH für unwirksam erklärten Safe-Harbor-Konzepts gestützt werden.

Kommerzialisierung entgegenstehen. Im Rahmen der insbesondere angesichts der zukünftig möglichen erheblichen wirtschaftlichen Sanktionen bei Datenschutzverstößen ist der Datenschutzrechtler vor allem als Gestalter gefragt, der rechtliche Gestaltungsspielräume bei der Umsetzung von digitalen Prozessen und Geschäftsmodellen nutzt und ein sachgerechtes Risikomanagement sicherstellt. Als Moderator interner Prozesse kann der datenschutzrechtlich tätige Unternehmensjurist überdies einen Beitrag dazu leisten, die datenschutzrechtlichen Anforderungen nicht nur als Hemmnis, sondern auch als Chance für die Entwicklung innovativer Produkte und Dienste mit hoher Nutzerakzeptanz zu verstehen.

IT-Sicherheit – Umsetzung gesetzlicher Pflichten und vertraglicher Schutz des Unternehmens

Dr. Reemt Matthiesen

IT-Sicherheit ist eines der „großen" Themen der Digitalisierung, gesetzlich allerdings nur punktuell geregelt: Bei der Verarbeitung personenbezogener Daten sind angemessene technische und organisatorische Maßnahmen umzusetzen und regelmäßig zu überprüfen (Verstöße werden nach der DSGVO bußgeldbewehrt sein). Anbieter „kritischer Infrastrukturen" aus definierten Bereichen (wie IT, Gesundheit) sind nach dem BSIG verpflichtet, angemessene Maßnahmen zum Schutz der IT-Systeme zu ergreifen; weitere Pflichten zur Ergreifung von Maßnahmen zur IT-Sicherheit bestehen etwa wie für Betreiber von Webseiten oder Finanzinstitute. Rechtsabteilungen haben zwei Kernaufgaben:

■ Aufklärung der IT-Abteilung über die gesetzlichen Anforderungen, damit interne Richtlinien zur IT-Sicherheit mit den gesetzlichen Anforderungen (soweit einschlägig) konform gehen.

■ Die Umsetzung von Vorgaben zur IT-Sicherheit gegenüber Vertragspartnern (Dienstleister, Cloud-Anbieter et cetera) ist vertraglich sicherzustellen. Das bezieht sich auf die Umsetzung gesetzlicher Anforderungen (wenn und soweit anwendbar) und ebenso auf Maßnahmen zum Schutz sensibler Unternehmensdaten (Know-how, IP).

▶ Auch wenn Maßnahmen zur IT-Sicherheit gesetzlich nur punktuell vorgeschrieben sind, ist aus Unternehmenssicht ein umfassendes IT-Sicherheitskonzept zum Schutz von Daten und Prozessen notwendig.

▶ Die Rechtsabteilung hat die IT-Abteilung über gesetzliche Pflichten (etwa zum Schutz personenbezogener Daten) aufzuklären und mit ihr abzustimmen, ob und wie diese umgesetzt werden. Dies nicht zuletzt, weil Verstöße bußgeldbewehrt sind.

▶ Anforderungen der IT-Abteilung zur IT-Sicherheit sind gegenüber Dienstleistern konkret und verbindlich umzusetzen. Das gilt für die Weitergabe gesetzlicher Pflichten und für unternehmensintern definierte Anforderungen (etwa zum Schutz von Know-how).

A. IT-Sicherheit als eine der großen Herausforderungen der Digitalisierung

Die Studie zeigt: Unternehmen sehen die IT-Sicherheit als das Gebiet mit dem höchsten Risikopotenzial an. Eng verzahnt hiermit sind „Cyber-Spionage/Abgriff von Daten" und „Verlust von Daten und Know-how", die ebenfalls an prominenter Stelle stehen (siehe Abbildung unten). Ebenso ist IT-Sicherheit (Cyber Security) laut über 90 Prozent der Teilnehmer ein Rechtsgebiet, das „stark" oder „sehr stark" betroffen ist, der Schutz von Unternehmensdaten birgt laut 86 Prozent große Herausforderungen (siehe Abbildung rechts oben). Was aber ist IT-Sicherheit, wann und wie kann bzw. muss die Rechtsabteilung sich einbringen? Hierfür sind aus unserer Sicht zwei Aspekte maßgeblich, die wir im Folgenden skizzieren wollen:

■ Wann unterliegen Unternehmen welchen gesetzlichen Pflichten zur IT-Sicherheit?
■ Wie kann die Rechtsabteilung die Umsetzung von IT-Sicherheit rechtlich unterstützen und begleiten?

Soweit Unternehmen gesetzlichen Pflichten unterliegen, können sich aus Sicht der Rechtsabteilung die notwendigen Maßnahmen überschneiden. Dennoch ist es sinnvoll, die Aspekte getrennt zu behandeln.

B. Ziel von IT-Sicherheit

IT-Sicherheit ist gesetzlich definiert als „Einhaltung bestimmter Sicherheitsstandards, die die Verfügbarkeit, Unversehrtheit oder Vertraulichkeit von Informationen betreffen, durch Sicherheitsvorkehrungen
1. in informationstechnischen Systemen oder Komponenten oder
2. bei der Anwendung von informationstechnischen Systemen oder Komponenten" (§ 2 Abs. 2 BSIG). IT-Sicherheit soll die Verfügbarkeit, Integrität, Vertraulichkeit und Authentizität sichern.

Dabei spielen zwei Aspekte eine Rolle:
■ IT-Sicherheit dient dem Schutz des Unternehmens, seiner Daten, seiner Prozesse. Das ist die nach innen gerichtete Sicht. IT-Sicherheit dient der Vermeidung von Datenverlusten, der Abwehr von Cyber-Angriffen und ganz generell der Aufrechterhaltung des Betriebes. So betrachtet, stellt die Gewährleistung von IT-Sicherheit ein ureigenes Unternehmensinteresse dar. Dass dessen Bedeutung aufgrund der Digitalisierung steigt, ist offensichtlich.
■ IT-Sicherheit dient zugleich (oder kann dienen) dem Schutz des Gemeinwesens und dem Schutz natürlicher Personen (Kunden, Mitarbeiter et cetera). Insofern ist IT-Sicherheit nach außen gerichtet. Hierzu bedarf es gesetzlicher Anordnungen wie etwa im BSIG.

Welche rechtlichen Risiken für das Unternehmen steigen aus Ihrer Sicht infolge der digitalen Transformation?

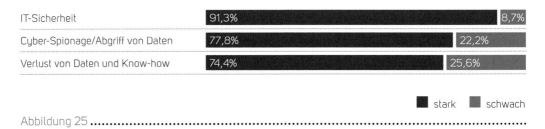

	stark	schwach
IT-Sicherheit	91,3%	8,7%
Cyber-Spionage/Abgriff von Daten	77,8%	22,2%
Verlust von Daten und Know-how	74,4%	25,6%

Abbildung 25 ....

Welche Rechtsgebiete sind aus Ihrer Sicht am meisten von der digitalen Transformation
(Digital Economy, Industrie 4.0) betroffen und bergen die größten rechtlichen Herausforderungen?

IT-Sicherheit (Cyber Security)	90,6%	
Schutz von Unternehmensdaten	85,6%	
Know-how-Schutz	77,5%	

Abbildung 26

C. Gesetzliche Pflichten zur IT-Sicherheit

Ein allgemeines Gesetz, welches Anforderungen
an die IT-Sicherheit für sämtliche Unternehmen
festlegt, gibt es bekanntlich nicht. Wohl aber gibt
es für einzelne bestimmte Kategorien von Unternehmen Anforderungen an die IT-Sicherheit. Das
gilt zum einen für sämtliche Unternehmen, die
personenbezogene Daten verarbeiten und darüber
hinaus für Unternehmen, die bestimmte aus Sicht
des Gesetzgebers für die gesamte Wirtschaft und
Gesellschaft wesentliche Dienste erbringen.

I. Datenschutzrechtliche Anforderungen an die IT-Sicherheit

§ 9 BDSG und die Anlage hierzu bestimmen allgemein, dass die „erforderlichen" Maßnahmen
zum Schutz personenbezogener Daten zu treffen
sind, wobei diese Maßnahmen ihrerseits mit dem
Blick auf das Schutzbedürfnis der Daten unter
einem Verhältnismäßigkeitsvorbehalt stehen. In
der DSGVO sind die Anforderungen an die Sicherheit ebenfalls niedergelegt (Art. 32 DSGVO).
Inhaltlich folgt hieraus keine wesentliche Änderung. Umzusetzen sind „geeignete technische
und organisatorische Maßnahmen, um ein dem
Risiko angemessenes Schutzniveau zu gewährleisten". Ausdrücklich niedergelegt ist nur, dass
Unternehmen ein Verfahren zur regelmäßigen
Überprüfung und Evaluierung der Wirksamkeit
der getroffenen Maßnahmen zur Gewährleistung

der Sicherheit implementieren müssen. Setzt ein
Unternehmen keine angemessenen Sicherheitsmaßnahmen zum Schutz personenbezogener
Daten um, so kann dies zu einem Bußgeld von
bis zu 2 Prozent des weltweiten jährlichen Kon-
zernumsatzes führen (Art. 83 Abs. 4 a). Das gilt
unabhängig davon, ob es einen Sicherheitsvor-
fall gab oder nicht. Eine solche Geldbuße kann
auch dann verhängt werden, wenn kein Verfahren zur regelmäßigen Überprüfung der Schutzmaßnahmen eingeführt und umgesetzt wurde.
Die Anforderungen gelten selbstverständlich
nicht, wenn und soweit keine personenbezogenen Daten verarbeitet werden. Auch kann die
Schutzwürdigkeit der in dem betroffenen System
verarbeiteten Daten durchaus verschieden sein:
So mögen in einem System nur relativ unsensib-
le personenbezogene Daten verarbeitet werden,
gleichzeitig mag dort aber wesentliches Know-
how gespeichert sein. Der nach Datenschutzrecht erforderliche Schutz mag deshalb deutlich
geringer sein als die Schutzwürdigkeit von Daten
aus Unternehmenssicht (s. dazu D).

II. IT-Sicherheitsgesetz, NIS-Richtlinie[89]

Das 2014 verabschiedete IT-Sicherheitsgesetz legt
im BSIG Sicherheitsanforderungen für Betreiber
kritischer IT-Infrastrukturen fest. Die in § 2 Abs. 10
BSIG erfolgte Definition der kritischen Infrastrukturen ist weit und (teilweise zu) unscharf, sie erfasst

---

[89] Dazu umfassend etwa Spindler, CR 2016, 297 mwN.

Unternehmen aus den Sektoren „Energie, Informationstechnik und Telekommunikation, Transport und Verkehr, Gesundheit, Wasser, Ernährung sowie Finanz- und Versicherungswesen" mit „hoher Bedeutung für das Funktionieren des Gemeinwesens", bei deren Ausfall oder Beeinträchtigung „Versorgungsengpässe oder Gefährdungen für die Öffentliche Sicherheit eintreten würden".

Das Bundesministerium des Innern hat in der BSI-KritisV näher definiert, welche Unternehmen aus den beschriebenen Sektoren erfasst werden, insbesondere durch Festlegung von Schwellenwerten. So ist eine Serverfarm, die Dienste für die Allgemeinheit anbietet, erfasst, wenn sie im Jahresdurchschnitt 25.000 laufende Instanzen aufweist (Anhang 4, Teil 3 Nr. 2.21 BSI-KritisV). Betreiber kritischer Infrastrukturen sind verpflichtet, technische und organisatorische Vorkehrungen zur Vermeidung von Störungen nach dem „Stand der Technik" zu treffen. Auch insoweit gilt das Verhältnismäßigkeitsprinzip: Vorkehrungen sind angemessen, wenn der erforderliche Aufwand nicht außer Verhältnis zu den Folgen eines Ausfalls/einer Beeinträchtigung der jeweiligen kritischen Infrastruktur stehen. Der Stand der Technik „soll" eingehalten werden. Unternehmen können also im Ausnahmefall hiervon abweichen (§ 8a Abs. 1 BSIG).

Die Erfüllungen dieser Anforderungen sind alle zwei Jahre (erstmals zum 22. April 2016) nachzuweisen. Dies hat durch Sicherheitsaudits, Prüfungen oder Zertifizierungen zu geschehen. Eine Besonderheit ist, dass Branchenverbände branchenspezifische Sicherheitsheitsstandards zur Gewährleistung der Sicherheitsanforderungen vorschlagen und sich auch vom BSI genehmigen lassen können (§ 8a Abs. 2 BSIG). Darüber hinaus sieht das BSIG vor, dass die Betreiber kritischer Infrastrukturen erhebliche Störungen der Verfügbarkeit, der Integrität, Authentizität und Vertraulichkeit ihrer IT-Systeme unverzüglich dem Bundesamt melden müssen. Dabei ist das betroffene Unternehmen nur dann namentlich in der Meldung zu nennen, wenn

die Störung tatsächlich zu einem Ausfall oder einer Beeinträchtigung der Funktionsfähigkeit der Infrastrukturen geführt hat (§ 8b Abs. 4 BSIG). Einem ähnlichen Ansatz folgt die NIS-Richtlinie der EU, die inzwischen nur noch vom Parlament in zweiter Lesung zu bestätigen ist. Inhaltlich weicht diese teilweise vom BSIG ab. Bei der NIS-Richtlinie handelt es sich um eine Richtlinie zur Mindestharmonisierung (Art. 2), Anforderungen des BSIG, die über die NIS-Richtlinie hinausgehen, können also bestehen bleiben. Interessant ist daher primär, an welchen Stellen die NIS-Richtlinie über das BSIG hinausgeht. Das betrifft insbesondere Anbieter digitaler Dienste, die in Annex III der Richtlinie definiert werden. Dabei handelt es sich um Cloud-Dienste, Online-Handelsplattformen und Suchmaschinen. Auch nach der NIS-Richtlinie müssen Anbieter Maßnahmen ergreifen, um einen angemessenen technischen und organisatorischen Schutz zu gewährleisten (Art. 14 Abs. 1). Dabei ist der Stand der Technik „zu berücksichtigen" (also nicht immer einzuhalten). Ebenso haben Mitgliedstaaten Meldepflichten bei Sicherheitsvorfällen einzuführen (Art. 14 Abs. 2). Eine weitere Besonderheit ist, dass die Sicherheitspflichten auch nicht in der EU ansässige Anbieter erfassen (Art. 15).

III. Weitere spezialgesetzliche Regelungen

Über das BSIG hinaus bestehen weitere spezialgesetzliche Regelungen für bestimmte Industriezweige. Zu nennen sind etwa § 109 TKG, §§ 25 a, 25 b KWG, § 33 WpHG, §§ 28, 29 KAGB oder §§ 64 a, 32 VAG.

IV. Bewertung

Die Definitionen der IT-Sicherheit sind allgemein gehalten und bieten nur wenig Rechtssicherheit. Das ist angesichts der schnellen technischen Entwicklung auch nachvollziehbar. Wichtig ist daher eine enge Abstimmung zwischen Unternehmen (etwa in Branchenverbänden) und über Zertifizierungsmöglichkeiten, um Standards festzulegen, welche Maßnahmen als angemessen angesehen werden können.[90]

D. Schutz des Unternehmens durch IT-Sicherheit und rechtliche Umsetzung

Die Definition konkreter technischer und organisatorischer Maßnahmen zur Umsetzung von IT-Sicherheit obliegt primär der IT-Abteilung der Unternehmen. Sie bestimmt, welche Maßnahmen zu treffen sind, welche IT-Strategie das Unternehmen hat (Outsourcing ja/nein, Cloud-Anbieter ja/nein, mit welchen Einschränkungen etc.). Die Aufgabe der Rechtsabteilung ist es hierbei vor allem[91]

- zu informieren, wann und wo gesetzliche Pflichten zur IT-Sicherheit bestehen (dazu C), und abzustimmen, ob die getroffenen Maßnahmen den gesetzlichen Anforderungen entsprechen sowie
- sicherzustellen, dass Anforderungen der IT-Abteilung zur IT-Sicherheit im Verhältnis zu Dienstleistern vertraglich umgesetzt werden und entsprechende Anpassungspflichten sowie Auditrechte bestehen.

Letzteres gilt sowohl mit Blick auf die Einhaltung gesetzlicher Pflichten zur IT-Sicherheit als auch zum Schutz der aus Unternehmenssicht „wertvollen" Daten (wie etwa Know-how, IP). Tatsächlich führt die Einbindung von externen Dienstleistern, insbesondere auch von Cloud-Anbietern, oft zu einer Erhöhung der IT-Sicherheit gegenüber den unternehmensintern getroffenen Maßnahmen aufgrund der höheren Professionalisierung dieser Anbieter. Auf einem anderen Blatt steht, inwieweit die Umsetzung der IT-Sicherheit durch Dienstleister vertraglich

gewährleistet ist. Dabei sind insbesondere folgende Aspekte zu beachten:

- Werden die von der IT-Abteilung definierten Sicherheitsanforderungen vom Dienstleister akzeptiert und umgesetzt? Inwieweit ist dies vertraglich vereinbart?
- Oft führt die IT-Abteilung vor Vertragsschluss/ im Rahmen einen RfP Anfragen zu Sicherheitsmaßnahmen durch. Können sie vertraglich mit dem Dienstleister vereinbart werden?
- Welche Zertifizierungen bestehen aufseiten der Dienstleister und inwieweit ist es sinnvoll, die Beibehaltung dieser oder einer gleichwertigen Zertifizierung vertraglich festzulegen?
- Wie ist vertraglich die weitere Anpassung der IT-Sicherheitsmaßnahmen durch Dienstleister geregelt?
- Inwieweit bestehen Auditrechte und wie oft dürfen diese wahrgenommen werden? Erfüllen diese die gegebenenfalls bestehenden gesetzlichen Vorgaben nach BSIG oder DSGVO?
- Wann bestehen Informationspflichten bei möglichen Sicherheitsverstößen?

All diese Maßnahmen sind nicht nur dann angezeigt, wenn eine gesetzliche Pflicht zur Umsetzung von IT-Sicherheit besteht, sondern bereits, wenn IT-Sicherheitsmaßnahmen zur Sicherstellung des Schutzes von Unternehmensdaten gegenüber Dienstleistern zu vereinbaren sind. Eine weitere Aufgabe ist die Abstimmung zwischen der IT-Abteilung und dem Datenschutzbeauftragten. Beide definieren nicht selten die Schutzwürdigkeit bestimmter Datenkategorien und knüpfen hieran bestimmte Erwartungen, die an die IT-Sicherheit zu richten sind (Verschlüsselung bei sensiblen Daten etc.). Es ist Aufgabe auch der Rechtsabteilung, eine Abstimmung zu gewährleisten, um sicherzustellen, dass sowohl intern als auch im Verhältnis zu Dienstleistern ein einheitliches Schutzkonzept für sämtliche Daten – ob personenbezogen oder nicht – im Unternehmen besteht und nachvollziehbar umgesetzt wird.

---

[90] Vgl. dazu auch Bräutigam/Klindt, NJW 2015, 1137, 1142.
[91] S. dazu auch eine allgemeine Übersicht bei Auer-Reinsdorff/Conrad, Handbuch IT- und Datenschutzrecht, Kap. 33, Rn. 254 ff. und 296 ff.

Schutz von Unternehmensdaten

Dr. Michael Dorner

Daten sind das Fundament der Digital Economy. Der Zugang zu Daten, ihre Nutzbarkeit und ihr Schutz entscheiden über Erfolg oder Misserfolg digitaler Geschäftsmodelle. Der Handel und der Umgang mit Industriedaten sind weitgehend rechtlich ungeregelt. Insbesondere gibt es kein zivilrechtliches Dateneigentum. Dies gab Anlass für intensive Diskussionen über die Einführung von Schutz- und Zugangsrechten an Daten, die derzeit auf EU-Ebene, auf nationaler politischer Ebene und in Unternehmensverbänden geführt werden. Fest steht, dass die bestehenden Gesetze häufig keine klaren Antworten auf die komplexen und vielschichtigen Rechtsfragen liefern, mit denen die Akteure der Digital Economy konfrontiert sind. Dies erzeugt ein hohes Maß an Rechtsunsicherheit. Unternehmen sind jedoch keineswegs schutzlos. Werden die richtigen rechtlichen und organisatorischen Maßnahmen ergriffen, können Unternehmen ihre Geschäftsmodelle rechtskonform ausgestalten und von hilfreichen gesetzlichen Regelungen profitieren. Dazu zählt insbesondere der Know-how-Schutz. In Kombination mit einem durchdachten Datenlizenzmanagement können Unternehmen so ihre datenbasierten Geschäftsmodelle belastbar rechtlich absichern.

▶ Der Zugang zu Daten, ihre rechtskonforme Verwendung sowie ihr Schutz bedeuten die Erfolgsfaktoren datenbasierter Geschäftsmodelle und zählen zu den größten Herausforderungen der Digital Economy schlechthin.

▶ Zur Bewältigung dieser Herausforderungen können Unternehmen kaum auf den Schutz durch bestehende Gesetze bauen. Diese entstammen dem analogen Zeitalter und bieten häufig keine Antworten auf die Rechtsprobleme der digitalen Wirtschaft.

▶ Es gibt aktuell kein zivilrechtliches Dateneigentum. Höchst zweifelhaft ist, ob die Einführung ausschließlicher Rechte an Daten tatsächlich erforderlich ist. Ein hinreichender Nachweis hierfür wurde noch nicht erbracht.

▶ Um rechtliche Risiken für ihre digitalen Geschäftsmodelle zu vermeiden, müssen Unternehmen rechtliche und organisatorische Maßnahmen ergreifen. Wichtige Elemente sind ein Know-how-Schutz-Konzept und ein damit kombiniertes Datenlizenzmanagement.

▶ Maßnahmen zur Data Compliance betreffen fast alle Unternehmensbereiche – nicht nur die Rechtsabteilungen. Eine erfolgreiche Implementierung verlangt nach einer zentralen Steuerung.

A. Rechte an Daten

Daten sind das Fundament der Digital Economy. Nicht nur in der IT haben sie das datenverarbeitende Programm als Dreh- und Angelpunkt längst abgelöst.[92] Auch in den klassischen Industrien (zum Beispiel Maschinenbau, Elektrotechnik, chemische Industrie) sind sie mittlerweile zentrales Produktionsmittel und Schlüssel zur Vernetzung schlechthin.[93] Verbesserte Möglichkeiten der Datenerhebung und -auswertung erlauben schnellere Innovationszyklen, Produktverbesserungen und neue Service-Angebote.

I. Herausforderungen

Indem Daten der zentrale Rohstoff digitaler Geschäftsmodelle sind, hängt der wirtschaftliche Erfolg von Unternehmen entscheidend davon ab, ob und wie sie die jeweils benötigten Daten nutzen können. Genau besehen sind Unternehmen sogar mit einer ganzen Reihe von Fragen konfrontiert. Ihre Beantwortung ist in vernetzten Wertschöpfungsketten umso komplexer und entscheidet regelmäßig über die Existenz ganzer Geschäftsmodelle:

- Wer darf welche Daten erheben oder auf bestehende Daten zugreifen (Datenzugang)?
- Darf jeder Akteur die ihm zugänglichen oder bereits in seinem „Besitz" befindlichen Daten beliebig nutzen und verwerten (Datenverwendung)?
- Inwieweit dürfen Daten unterdrückt, verändert oder gelöscht werden (Datenverfügbarbeit und -integrität)?
- Kann ein Akteur die Herausgabe von Daten verlangen, ihm unerwünschte Handlungen im Hinblick auf Daten rechtlich untersagen oder deswegen sogar Schadensersatz verlangen?

Die geltende Rechtsordnung liefert auf diese Fragen häufig keine klaren Antworten. Soweit personenbezogene Daten betroffen sind, gibt es strenge datenschutzrechtliche Prinzipien und mitunter ausdifferenzierte Vorschriften, die ihre Erhebung und Verarbeitung regeln.[94] Für die in der Digital Economy so exorbitant wichtigen (nicht-personenbezogenen) Industriedaten gibt es de lege lata gerade keine den Datenschutzgesetzen vergleichbaren Regelungen.[95] Völlig zutreffend schätzen die befragten Unternehmen die Bedeutung des Themas ein: Zu Recht zählen 86 Prozent der Studienteilnehmer den Schutz von Unternehmensdaten zu den größten Herausforderungen der digitalen Transformation. Sie bestätigen die treffende Einschätzung, dass es sich hierbei um ein „Zukunftsthema für die gesamte deutsche Wirtschaft"[96] handelt.

II. Mythos „Dateneigentum"

Zur Bewältigung der vorgenannten Herausforderungen können Unternehmen nicht auf ein vermeintliches „Dateneigentum" bauen. Nach gegenwärtiger Rechtslage gibt es keine Eigentumsrechte an Daten.[97] Die zivilrechtlichen Vorschriften der §§ 903 ff. BGB sehen nur Ausschließlichkeitsrechte an „Sachen" im Sinne des § 90 BGB vor. Eine exklusive rechtliche Güterzuordnung von Daten kann hierauf nicht gestützt werden, weil Daten keine „körperlichen Gegenstände" (§ 90 BGB) sind.

1. Wichtige Rechtsquellen

Für den zivilrechtlichen Schutz von Daten gibt es einige für die Akteure der Digital Economy relevante Rechtsquellen. Eigentumsrechte an Daten lassen sich hieraus nicht ableiten.

[92] Grützmacher, in: Conrad/Grützmacher, Recht der Daten und Datenbanken im Unternehmen, 2014, S. 596.
[93] Grützmacher, CR 2016, 485; siehe auch oben: Häuser, Einleitung, C.
[94] Siehe hierzu ausführlich: Kamps, Datenschutz: Bremse oder Treiber der digitalen Transformation?, S. 146-155.
[95] Hierzu auch Sahl, PinG 2016, 146, 147 ff.
[96] Schwartmann/Hentsch, PinG 2016, 117.
[97] Ausführlich Dorner, CR 2014, 617 ff.; Zech, CR 2015, 137, 139 ff.

a) Delikts- und strafrechtlicher Schutz

Vereinzelt von der Rechtsprechung anerkannt wurde lediglich ein eigentumsrechtlich begründeter Deliktsschutz von Daten gem. § 823 Abs. 1 BGB.[98] Dabei handelt es sich um einen reinen Abwehranspruch gegen Eingriffe in die „Datenintegrität". Voraussetzung dafür ist, dass Daten in einem Datenträger verkörpert sind, der im Eigentum des Geschädigten steht, und dass die Daten verändert oder gelöscht werden. Der praktische Anwendungsbereich dieser Rechtsprechung ist schon insofern gering, als Daten in der Praxis zunehmend auf fremden Servern vorgehalten werden (Stichwort: Outsourcing oder Cloud Computing).[99]

Ebenfalls nur als Abwehrrechte wirken die strafrechtlichen Vorschriften der §§ 202a ff. StGB. Sie schützen insbesondere davor, dass Unbefugte Daten rechtswidrig verändern (§ 303a StGB), sich unberechtigten Zugang zu Daten verschaffen (§ 202a StGB), Daten unbefugt abfangen (§ 202b) oder entsprechende Handlungen vorbereiten (§ 202c StGB) sowie vor einer Hehlerei mit rechtswidrig erlangten Daten (§ 202d StGB). Über die deliktsrechtliche Transmissionsnorm des § 823 Abs. 2 BGB (gegebenenfalls i.V.m. § 1004 Abs. 1 BGB analog) stehen dem Verletzten bei Verwirklichung der vorgenannten Straftatbestände auch zivilrechtliche Ansprüche zu. Einschränkend ist aber festzuhalten, dass die vorgenannten Straftatbestände in der Praxis bislang eine äußerst überschaubare Rolle spielen.

b) Datenbankenschutz

Es gibt keinen sondergesetzlichen Immaterialgüterrechtsschutz von Daten. Auch die in Computerprogrammen oder Datenbanken enthaltenen Daten sind rechtlich nicht geschützt.

Dabei handelt es sich um eine bewusste gesetzgeberische Entscheidung.[100]

Ein mittelbarer Schutz von Daten kann sich über das sui generis Leistungsschutzrecht an Datenbanken[101] gemäß §§ 87a ff. UrhG ergeben.[102] Es gewährt dem Datenbankhersteller das ausschließliche Recht an der Vervielfältigung, Verbreitung und öffentlichen Wiedergabe einer Datenbank (vgl. § 87b Abs. 1 S. 1 UrhG). Die größte Hürde für Unternehmen ist aber, dass sie sich als Datenerzeuger nach gegenwärtiger Rechtsprechung nur schwer auf den Rechtsschutz berufen können. Der Rechtsschutz ist nämlich auf Investitionen beschränkt, die sich auf die Verarbeitung (i.S.v. Sammlung, Überprüfung, Anordnung und Darstellung) eines bereits vorhandenen Datenbestands beziehen. Unberücksichtigt bleiben gerade Investitionen in die Datenerzeugung, aus denen dann als Beiwerk sogenannte „Spin-off-Datenbanken" entstehen[103] oder Datenbanken, die ohne großen Aufwand mit nebenbei anfallenden Daten erzeugt werden[104].

Zahlreiche der befragten Rechtsabteilungen sind sich offensichtlich bewusst über den insoweit eingeschränkten Schutz von Daten über Datenbanken. Unter den von der Digitalen Transformation am stärksten betroffenen Rechtsgebieten rangiert der Schutz von Datenbanken und Datenbankwerken lediglich im Mittelfeld.

---

[98] OLG Karlsruhe, NJW 1996, 200, 201; OLG Oldenburg, CR 2012, 77; a.A. OLG Dresden, NJW-RR 2013, 27, 28; LG Konstanz, NJW 1996, 2662.

[99] Zech, Information als Schutzgegenstand, 2012, S. 386; Bartsch, in: Conrad/Grützmacher, Recht der Daten und Datenbanken im Unternehmen, 2014, S. 297.

[100] Vgl. § 69a Abs. 2 UrhG und für Datenbanken vgl. Art. 3 Abs. 2 und Erwägungsgrund Nr. 45 der Richtlinie 96/9/EG des Europäischen Parlaments und des Rates vom 11. März 1996 über den rechtlichen Schutz von Datenbanken, ABl. 1996 L 77/20 vom 27. März 1996.

[101] Vgl. dazu auch Zieger/Smirra, MMR 2013, 418, 420 f.; Wiebe, CR 2014, 1 ff.

[102] Ein mittelbarer Rechtsschutz von Daten in Form von Datenbankwerken (§§ 4 Abs. 2 UrhG) scheitert schon daran, dass es bei automatisierten Datenerhebungen und -verarbeitungen schon an der erforderlichen persönlichen geistigen Schöpfung fehlt (§§ 4 Abs. 1 i.V.m. 2 Abs. 2 UrhG).

[103] EuGH, Urt. v. 09.11.2004, Rs. C-338/02 – Fixtures Marketing Ltd v. Svenska Spel AB, Slg 2004, I-10497-10548; Urt. v. 09.11.2004, Rs. C-444/02 , CR 2005, 412 – Fixtures Marketing Ltd v. Organismos prognostikon agonon podosfairou AE (OPAP), Slg 2004, I-10549-10608; Rs. C-46/02 – Fixtures Marketing Ltd v. Oy Veikkaus Ab, Slg 2004, I-10365-10414; ausführlich dazu vgl. Wiebe, CR 2014, 1, 9 f.

[104] Zech, GRUR 2015, 1151, 1157 f. und Grützmacher, CR 2016, 485, 488, jew. mit progressiven Ansätzen zur Begründung eines Schutzes.

c) Know-how-Schutz

Die größte Praxisrelevanz für den Rechtsschutz von Daten kommt dem Know-how-Schutz zu. Seine herausragende Bedeutung und die damit verbundenen Herausforderungen erkennen knapp 80 Prozent der Studienteilnehmer. Schon deshalb lohnt ein vertiefter Blick auf die genauen Hintergründe (siehe nachfolgend Abschnitt B). Im Hinblick auf ein vermeintliches Dateneigentum bleibt vorerst festzuhalten, dass sich aus dem Rechtsschutz von Unternehmensgeheimnissen keine eigentumsrechtliche Zuordnung für Daten ableiten lässt.[105]

2. Stand der Diskussion

Das juristische Schrifttum ist sich mehrheitlich darüber einig, dass es nach gegenwärtiger Rechtslage kein zivilrechtliches Dateneigentum gibt. Auf dieser Basis hat sich eine rege Diskussion darüber entwickelt, wie zukünftig Ausschließlichkeitsrechte an Daten begründet werden könnten. Dabei gibt es eine Reihe unterschiedlicher Anknüpfungspunkte für die Zuweisung von Rechten,[106] wie etwa das Sacheigentum am Datenträger, die wirtschaftliche Veranlassung der Datenspeicherung oder -erzeugung (Skripturakt) oder der Personenbezug von Daten.

Auch rechtspolitisch wird das Thema „Rechte an Daten" intensiv und auf unterschiedlichen Ebenen diskutiert.[107] So prüft die Europäische Kommission (DG Connect) im Rahmen ihrer „Digital Single Market Strategy", ob und welche Maßnahmen in Bezug auf Daten zur Herstellung eines europäischen Digitalen Binnenmarktes erforderlich sind. Eine erste offizielle Stellungnahme hierzu ist im Zusammenhang mit der „Free Flow of Data Initiative" für Ende 2016 angekündigt. Auf nationaler Ebene befasst sich in Deutschland eine Arbeitsgruppe mehrerer Länder zusammen mit dem BMJV unter der Federführung Nordrhein-Westfalens in der Initiative „Digitaler Neustart" auch mit dem Thema Dateneigentum. Auch der Deutsche Juristentag 2016 befasst sich mit einem digitalen Update des BGB.[108] Schließlich haben sich auch einige Verbände (z.B. BDI, BITKOM, VDI) und die GRUR des Themas angenommen und bieten wertvolle Diskussionsplattformen.

Ein klares und mehrheitliches Votum von Unternehmensseite zur Schaffung eines Dateneigentums ist bis dato nicht erkennbar. Zurückzuführen ist dies maßgeblich auf das Bewusstsein, dass als Reflex zur Schaffung exklusiver Rechte auch Zugangsbeschränkungen zu gegebenenfalls benötigten Daten drohen. Vor allem größere Unternehmen nutzen aktuell die Möglichkeiten zur vertraglichen Absicherung ihrer Rechte an Daten beziehungsweise des benötigten Datenzugangs.

3. Zwischenfazit

Ein Blick auf die in Abschnitt I aufgeführten Fragen zeigt, dass die dahinter stehenden Probleme zu vielschichtig sind, als dass sie mit der pauschalen Anerkennung eines Dateneigentums gelöst werden könnten. Gleichzeitig ist festzuhalten, dass das vorhandene gesetzliche Instrumentarium nur selten eindeutige und befriedigende Antworten auf drängende Fragen liefert (zum Know-how-Schutz vgl. Abschnitt B). In weiten Teilen liegt dies auch daran, dass die anwendbaren Normen zwar tatbestandlich relevant sind, aber ursprünglich einen offensichtlich anderen Regelungszweck verfolgen. Nimmt man die potenziell anwendbaren strafrechtlichen Normen ernst (§§ 202a ff. StGB), kann das Risiko einer Kriminalisierung alltäglicher Geschäftsvorgänge der Digital Economy nicht ausgeschlossen werden.

---

[105] Es handelt sich um einen besitzrechtsähnlichen Zugangsschutz, vgl. ausführlich Dorner, CR 2014, 617, 622 f.; Zech, GRUR 2015, 1151, 1156.

[106] Für einen Überblick siehe Dorner, CR 2014, 617, 618 ff.; in jüngerer Zeit vgl. Zech, CR 2015, 137 ff.; Specht, CR 2016, 288 ff.; Grützmacher, CR 2016, 485 ff., jew. m.w.N.

[107] Ausführlich Becker, GRUR Newsletter 01/2016, 7 ff.

[108] Dazu Faust, Gutachten zum 71. Deutschen Juristentag, S. 45 ff.

Die damit verbundene Rechtsunsicherheit spiegelt sich auch in den Antworten der Studienteilnehmer, von denen 98 Prozent den Gesetzgeber in der Pflicht sehen. Gesetzgeberische Schritte sollten dennoch nur wohlüberlegt erfolgen. Dafür sprechen die Komplexität der Materie, die Dynamik der technischen Entwicklung und vor allem das hohe Gut der Informations- und Wettbewerbsfreiheit.[109]

Unabhängig von der weiteren Entwicklung bleibt den Akteuren der Digital Economy jedenfalls kurz- bis mittelfristig nichts anderes übrig, als ihre datenbasierten Geschäftsmodelle anhand des bestehenden Rechtsinstrumentariums abzusichern. Zentrale Bausteine einer solchen Data Compliance sind der Know-how-Schutz (nachfolgend Abschnitt B) und ein Datenlizenzmanagement (nachfolgend Abschnitt C).

B. Know-how-Schutz

Wollen Unternehmen ihre Daten vor unbefugten Zugriffen und ungewolltem Abfluss schützen, können sie hierbei rechtlich auf geheimnisschutzrechtliche Vorschriften bauen. Da der Rechtsschutz keine inhaltlichen oder qualitativen Anforderungen an den Schutzgegenstand stellt, ist er prädestiniert für den Schutz von Daten. Sofern ein Unternehmen die notwendigen Schutzvorkehrungen zur Geheimhaltung seiner Daten ergreift, stehen ihm die gesetzlichen Abwehrrechte zur Seite. Verletzern drohen sogar strafrechtliche Konsequenzen. Die Verletzten können zivilrechtliche Ansprüche auf Unterlassung, Beseitigung, Schadensersatz, Auskunft und Besichtigung geltend machen.[110]

Bei genauerem Hinsehen können sich in der konkreten Anwendung des Rechtsschutzes auf digitale Geschäftsmodelle allerdings schwer auflösbare Abgrenzungsprobleme ergeben.

Keine Besserung verspricht die am 6. Juli 2016 in Kraft getretene EU Richtlinie 2016/934 zum Schutz von Geschäftsgeheimnissen[111], sofern der nationale Gesetzgeber im Zuge der Umsetzung keine Abhilfe schafft. Die Unternehmen sind umso mehr gefordert, aktive Maßnahmen zu ergreifen, um in den Genuss des Rechtsschutzes zu kommen.

I. Aktuelle Rechtslage

Maßgebliche Vorschrift ist § 17 UWG. Geschützt wird hierüber vor einem Verrat von Unternehmensgeheimnissen durch eigene Mitarbeiter (Abs. 1) sowie vor Betriebsspionage und unbefugter Geheimnisverwertung (Abs. 2). Daten werden dann als Unternehmensgeheimnis geschützt, wenn sie einen Unternehmensbezug zum Geschäftsbetrieb des Schutzsuchenden aufweisen, nicht-offenkundig (also geheim) sind sowie nach dessen subjektivem Willen und objektiv nachvollziehbarem berechtigten wirtschaftlichen Interesse auch geheim bleiben sollen.[112]

Insbesondere in vernetzten Wertschöpfungsketten mit einer Vielzahl von beteiligten Akteuren weisen Daten typischerweise einen Bezug zu mehreren Unternehmen gleichzeitig auf. Damit ist fraglich, inwieweit die Beteiligten untereinander überhaupt einen Geheimnisschutz geltend machen können. Ebenso ist unklar, ob ein Unternehmensbezug durch eine Anonymisierung von Daten einseitig beseitigt werden kann.[113] Auch stellt sich die grundlegende Frage, ob Daten in einem solchen Szenario bei einer Vielzahl von Beteiligten überhaupt noch als geheim an-

[109] Ebenso Grützmacher, CR 2016, 485, 495; weiterführend Dorner, CR 2014, 617, 620 f. und 626 f.

[110] Auf Basis delikts- oder wettbewerbsrechtlicher Vorschriften, § 17 UWG i.V.m. § 823 Abs. 2 BGB (ggf. i.V.m. § 1004 Abs. 1 BGB analog) und/oder i.V.m. § 3 Abs. 1 i.V.m § 3a und §§ 8, 9 UWG.

[111] Richtlinie (EU) 2016/934 des Europäischen Parlaments und des Rates vom 8. Juni 2016 über den Schutz vertraulichen Know-hows und vertraulicher Geschäftsinformationen (Geschäftsgeheimnisse) vor rechtswidrigem Erwerb sowie rechtswidriger Nutzung und Offenlegung.

[112] Ausführlich Dorner, Know-how-Schutz im Umbruch, 2013, S. 25 ff. m.w.N.

[113] Zum datenschutzrechtlichen Parallelproblem vgl. Dorner, CR 2014, 617, 628.

gesehen werden können.[114] Dem damit verbundenen Risiko eines Verlusts des Rechtsschutzes muss aktiv durch vertragliche und/oder technische Maßnahmen entgegengewirkt werden.

II. Geheimnisschutzrichtlinie

Die Anforderungen der Geheimnisschutzrichtlinie an das Vorliegen von Geschäftsgeheimnissen erschweren den Akteuren der Digital Economy die Geltendmachung eines Geheimnisschutzes. Problematisch ist unter anderem, dass Geschäftsgeheimnisse definitionsgemäß einen kommerziellen Wert infolge ihrer Nichtoffenkundigkeit aufweisen müssen (Art. 2 Abs. 1) lit. b) RL 2016/934). Typischerweise haben die für Big-Data-Anwendungen relevanten Rohdaten einen verhältnismäßig geringen Wert. Die Wertschöpfungspotenziale ergeben sich dort gerade aus der Akkumulation von Daten.[115] Sofern keine Klarstellung durch den nationalen Gesetzgeber erfolgt, kann diese Hürde nur im Wege der Auslegung anhand der Erwägungsgründe der Richtlinie überwunden werden.

Die potenziell gravierendste Änderung ergibt sich aus den erhöhten Anforderungen an die für den Rechtsschutz erforderlichen Geheimhaltungsmaßnahmen von Unternehmen: Während das deutsche Recht in Streitfällen bislang eine Vermutung für einen Geheimhaltungswillen des Schutzsuchenden bereithält, kann sich auf einen Geheimnisschutz künftig nur noch derjenige erfolgreich berufen, der darlegen und beweisen kann, dass die fraglichen Informationen/Daten „Gegenstand von den Umständen entsprechenden angemessenen Geheimhaltungsmaßnahmen" waren und dass er die „rechtmäßige Kontrolle" über diese Informationen/Daten hatte (Art. 2 Abs. 1) lit. c) RL 2016/934). Diese Anforderung zwingt Unternehmen – freilich auch abseits digitaler Geschäftsmodelle – proaktive

Maßnahmen zur Geheimhaltung ihrer Daten/Informationen zu ergreifen. Sinnvoll ist dies nur über ein unternehmensweit anwendbares Know-how-Schutz-Konzept realisierbar. Da es noch keine anerkannten Maßstäbe dafür gibt, was „den Umständen entsprechend angemessene Geheimhaltungsmaßnahmen" sind, bietet sich die Chance, zumindest eine „unternehmensinterne Verhältnismäßigkeit" an Schutzmaßnahmen zu implementieren, die dann erst objektiv widerlegt werden müsste.

C. Datenlizenzmanagement

Eng mit dem Know-how-Schutz verwoben und ebenfalls Bestandteil der unternehmerischen Data Compliance ist die vertragliche und organisatorische Ausgestaltung des Zu- und Abflusses von Daten. Die Implementierung eines funktionierenden Datenlizenzmanagements ist rechtlich und organisatorisch anspruchsvoll. Es erlaubt jedoch eine Überwindung zahlreicher rechtlicher Risiken und Defizite, die sich aus den gesetzlichen Regelungen ergeben. Dass nur 58 Prozent der befragten Unternehmen dieses Themenfeld als Herausforderung begreifen, legt den Verdacht nahe, dass dieses Aufgabenfeld von vielen Unternehmen unterschätzt wird und ausbaufähig ist.

I. Data Clearing

Der Erhebung und Verarbeitung von Daten sollte ein Clearing-Prozess vorangehen. Zweck dieses Prozesses ist es sicherzustellen, dass der jeweils geplanten Datennutzung keine rechtlichen Hindernisse entgegenstehen und dass der jeweilige Datenoutput (v.a. Analyseergebnisse) für die beabsichtigten Zwecke verwendet werden darf. Abzuklären sind dabei insbesondere Herkunft, Art der Datenerhebung sowie Form und Inhalt des Dateninputs. Hinsichtlich der Quelle des Dateninputs muss festgestellt werden, ob jener rechtmäßig erlangt wurde, um

---

[114] Dazu Grützmacher, CR 2016, 485, 489.
[115] Vgl. auch Zech, GRUR 2015, 1151, 1156.

zum Beispiel sicherzustellen, dass es sich nicht erkennbar um fremde Unternehmensgeheimnisse beziehungsweise rechtswidrig erlangte Daten handelt (vgl. insbesondere das damit verbundene Risiko der Datenhehlerei, § 202d StGB). Auch muss geprüft werden, ob der Verwendung vertragliche Verbote oder Bindungen entgegenstehen. Handelt es sich um Dateninput in Form einer Datenbank, ist zu prüfen, ob deren Verwendung im Einklang mit einem möglichen Datenbankwerkschutz oder etwaigen Rechten des Datenbankherstellers erfolgt.[116] Sofern die Daten einen Personenbezug aufweisen, ist zusätzlich zu klären, ob die Datenanalyse und die nachfolgend geplante Verwendung des Datenoutputs gemäß § 4 Abs. 1 BDSG von einer Einwilligung der betroffenen Datensubjekte oder einer gesetzlichen Erlaubnis gedeckt sind, was im Einzelnen von der jeweiligen Verarbeitungsphase und dem Verarbeitungszweck abhängen wird.[117,118]

II. Datenlizenzverträge

In Verträgen zur Datenbeschaffung müssen die vorgenannten, für das Data Clearing relevanten Gesichtspunkte als Bestandteil der Rechtsmängelhaftung und in Form von Freistellungsklauseln reflektiert werden. Erwirbt ein Unternehmen Daten, muss es sich außerdem gegen sonstige Mängel des Daten-Leistungsgegenstandes absichern. Art der Daten, Menge, Inhalt, Vollständigkeit, Richtigkeit und Qualität und eine sonst relevante Beschaffenheit müssen ausdrücklich vereinbart werden.[119]

Bei Verträgen, auf Basis derer Daten einem Geschäftspartner überlassen werden, ist vor allem wichtig, dass der jeweils erlaubte Nutzungszweck und die Modalitäten der Nutzung sowie die zulässige Nutzungsdauer möglichst exakt und abschließend beschrieben werden.[120] Mangels eines gesetzlich geregelten Dateneigentums kann derjenige, der die Daten überlässt, sich gerade nicht auf eine gesetzliche Rückfallposition verlassen (ungleich zum Beispiel der Überlassung urheberrechtlich geschützter Werke). Zumindest bilateral können jedoch eine „Dateninhaberschaft" des Überlassenden sowie Rechte an Analyseergebnissen ausdrücklich vereinbart werden. Haftungsrisiken betreffend Mängel der überlassenen Daten können durch enge und abschließend vereinbarte Beschaffenheitsvereinbarungen reduziert werden.

Ähnlich wie bei klassischen Know-how-Schutz-Verträgen empfiehlt sich darüber hinaus die Vereinbarung konkreter Pflichten und Verbote. Dies betrifft insbesondere Geheimhaltungspflichten und Weitergabeverbote. Um absehbaren Schwierigkeiten bei der Schadensbezifferung vorzubeugen, sind auch Vertragsstrafen bei einer Nutzungsüberschreitung beziehungsweise Pflichtverletzung sinnvoll sowie Audit-Klauseln, anhand derer entsprechende Kontrollmöglichkeiten vereinbart werden.

Nicht nur für Datenlizenzverträge, sondern für alle vertraglichen Vereinbarungen betreffend Daten ist abschließend festzuhalten, dass in vielerlei Hinsicht kaum hinreichende Maßstäbe für eine entsprechende AGB-Kontrolle existieren. Wie gezeigt, sind die einschlägigen gesetzlichen Wertungen der relevanten Normen für die Geschäftsfelder der Digital Economy in hohem Maße unklar. Unübersehbar ist das damit verbundene Risiko systemischer Fehlentwicklungen, indem die jeweils am Markt dominanten Akteure einseitige Vertragsbedingungen durchsetzen. Perspektivisch ist auch dies ein Feld für mögliche regulierende gesetzgeberische Eingriffe.

[116] Weiterführend Dorner, CR 2014, 617, 628.

[117] Ausführlich dazu Roßnagel, ZD 2013, 562, 564 f. m.w.N.

[118] Siehe hierzu ausführlich: Dorner, Schutz von Unternehmensdaten, 2013, S. 162-169.

[119] Dazu auch Kraus, Tagungsband DSRI-Herbstakademie 2015, 537, 546; Assion/Mackert, PinG 2016, 161, 162 f.

[120] Dazu auch Schefzig, Tagungsband DSRI-Herbstakademie 2015, 551, 558 ff.; Sahl, Ping 2016, 146, 150.

Haftungsfragen im Kontext der Digital Economy – Sorgfaltsanforderungen an Hersteller und Betreiber autonomer Systeme

Dr. Malte Grützmacher, Susanne Horner, Martin Kilgus

Eine der wesentlichen rechtlichen Herausforderungen der Digitalisierung besteht darin, dass Smart Devices beziehungsweise autonome Systeme zunehmend in der Lage sind, Entscheidungen selbst zu treffen. Kommt es dabei zu Fehlentscheidungen, stellt sich aus rechtlicher Sicht die Frage, wer für etwaige Schäden haftbar gemacht werden kann.

Mangels eigener Rechtspersönlichkeit des autonomen Systems kommt dessen unmittelbare Haftung nicht in Betracht. Denkbar erscheinen dagegen eine Haftung des Herstellers des autonomen Systems sowie eine Haftung des Systembetreibers. Mit Blick auf mögliche Rechtsgrundlagen ist festzuhalten, dass sich neue, im Kontext der Industrie 4.0 zu diskutierende Haftungsfragen anhand des abstrakten Rechtsrahmens des deutschen Haftungsrechts bereits heute größtenteils von den vorhandenen Gesetzen abdecken lassen. Im Einzelfall erscheint gleichwohl weitere Konturierung möglich. Das Ergebnis deckt sich mit der Einschätzung der befragten Rechtsabteilungen, die Deutschland gerade aufgrund der Abstraktheit der zivilrechtlichen Regelungen für die digitale Transformation gut gerüstet sehen.

▶ Eine unmittelbare Haftung autonomer Systeme scheidet mangels eigener Rechtspersönlichkeit aus. Denkbar erscheint dagegen eine Haftung des Herstellers des autonomen Systems einerseits sowie des Systembetreibers andererseits.

▶ Mit zunehmender Komplexität autonom agierender Systeme werden die Sorgfaltsanforderungen an den Hersteller steigen. Der Hersteller kennt den Automatisierungsgrad des Smart Products und sollte mögliche Risiken bereits im Rahmen der Konstruktion und des Designs berücksichtigen.

▶ Sorgfaltsanforderungen, die an Betreiber von autonomen Systemen zu stellen sind, werden sich mit zunehmender Automatisierung weg von der unmittelbaren Verletzungshandlung hin zur sorgfältigen Auswahl und zum sorgfältigen Einsatz des Systems (Konfiguration) verlagern.

▶ Bestehende Haftungskonzepte lassen sich grundsätzlich auf den Einsatz autonomer Systeme anwenden, wenngleich im Einzelfall weitere Konturierung möglich erscheint.

▶ Beweisschwierigkeiten der Industrie 4.0 können Unternehmen durch richtige Protokollierung und Nutzung von elektronischen Siegeln/Signaturen in den Griff bekommen. Daneben empfiehlt es sich, Risikobereiche bereits im Rahmen der Vertragsgestaltung klar abzugrenzen.

A. Vernetzte Produktionsprozesse, Artificial Intelligence und M2M Communication

Ein aktueller Trend geht dahin, sowohl in der Fertigung als auch bei der Erbringung von Dienstleistungen technische Systeme einzusetzen, die für sich in Anspruch nehmen, „intelligent" zu agieren.

Solche Systeme kommen unter dem Stichwort „Artificial Intelligence" (AI) beispielsweise zum Einsatz, wenn unstrukturierte Daten ausgewertet oder Daten unterschiedlicher Struktur aus mehreren Quellen verknüpft werden sollen. Im Kontext der „Industrie 4.0" werden vermehrt Anlagen eingesetzt, die – über Unternehmensgrenzen hinweg – untereinander vernetzt sind (Machine-to-Machine-Kommunikation, M2M). Auf Basis der ausgetauschten Informationen treffen diese Anlagen dann automatisch Steuerungsentscheidungen.

Die „Intelligenz" derartiger Systeme liegt in der Theorie darin, dass sie nicht mehr auf Basis von für jeden Einzelfall fest vorprogrammierten „Wenn-dann"-Entscheidungen arbeiten. Vielmehr ermittelt das System einen geeigneten Entscheidungsbaum und Entscheidungskriterien selbstständig, indem beispielsweise Testdaten oder Rückmeldungen über die Auswirkungen eigener „Entscheidungen" ausgewertet werden. Wenn heute über autonome Systeme gesprochen wird, wird allerdings oft übersehen, dass diese noch eher der ersteren Methodik verhaftet sind, als dass sie die letztere erreicht haben.

B. Haftung für Fehlverhalten autonomer Systeme

Wenn aber ein System selbst „Entscheidungen" trifft, ist damit einhergehend auch mit Fehlentscheidungen zu rechnen. In rechtlicher Sicht stellt sich somit zum einen die Frage, wer für solche möglichen Fehlentscheidungen haftet,

und zum anderen, unter welchen Voraussetzungen die Haftung eintritt.

Die Frage, „wer" haftet, bezieht sich auf die Zurechnung der autonomen Fehlentscheidung. Mangels eigener Rechtspersönlichkeit des Systems kommt dessen unmittelbare Haftung nicht in Betracht[121]. Denkbar erscheint dagegen die Haftung des Herstellers des autonomen Systems einerseits (dazu sogleich I) und des Systembetreibers andererseits (dazu unten II).

Die zweite Frage bezieht sich auf das „Wofür" der Haftung, also an welche eigene oder zugerechnete Handlung oder welchen Zustand die Haftung anknüpft. Die Antwort auf diese Frage hängt sowohl von der Person des Haftenden als auch vom jeweiligen Haftungsregime ab und wird daher im jeweiligen Kontext beleuchtet.

I. Haftung des Herstellers

Wie bei herkömmlichen Maschinen, Systemen und sonstigen Produkten ist zunächst an eine Haftung der Hersteller autonomer Systeme unter dem Gesichtspunkt der Produkt- sowie Produzentenhaftung zu denken.

Die im Rahmen der Produkt- sowie Produzentenhaftung entwickelten Grundsätze sind dabei nach inzwischen ganz überwiegender Meinung auch auf Computerprogramme übertragbar.[122]

Während es sich bei der Produkthaftung um eine verschuldensunabhängige Haftung des Herstellers für Schäden handelt, die infolge eines Produktfehlers entstehen, setzt die Produzentenhaftung nach § 823 Abs. 1 BGB eine schuldhafte Verletzung von Verkehrssicherungspflichten voraus. Da sich der Fehlerbegriff des ProdHaftG aber in weitem Umfang in verhaltensbezogene Sorgfaltspflichten übersetzen lässt[123], laufen bei der

---

[121] Müller-Hengstenberg/Kirn, MMR 2014, 307, 309.
[122] Dies soll nur dann nicht gelten, wenn dem Anwender bestimmungsgemäß allein die vorübergehende Nutzung von Daten und Informationen ermöglicht wird, wie dies beispielsweise bei Cloud-Services der Fall ist; vgl. z.B. Littbarski, in: Kilian/Heussen, Computerrechts-Handbuch, 32. Ergänzungslieferung 2013, Teil 18, Produkthaftung Rn. 46 mwN.
[123] So auch Wagner, in: MüKoBGB, 6. Aufl. 2013, ProdHaftG, Einl. Rn. 15.

Bestimmung der Sorgfaltsanforderungen an den Hersteller beide Haftungstatbestände weitestgehend gleich. So bilden die nach der ständigen Rechtsprechung des BGH[124] zu § 823 Abs. 1 BGB entwickelten Kardinalpflichten zu Konstruktion, Fabrikation und Instruktion auch den Anknüpfungspunkt für den Fehlerbegriff der Produkthaftung.[125] Allerdings trifft den Hersteller im Kontext des Deliktsrechts zusätzlich die Verpflichtung zur Produktbeobachtung, nachdem das Produkt bereits auf den Markt gebracht wurde. Das ProdHaftG stellt dagegen auf den Zeitpunkt des Inverkehrbringens ab.

1. Haftung des Herstellers nach dem ProdHaftG

Kernanknüpfungspunkt der Produkthaftung nach dem ProdHaftG ist der Fehlerbegriff des § 3 Abs. 1 ProdHaftG. Danach ist ein Produkt fehlerhaft, wenn es nicht die Sicherheit bietet, mit der unter Berücksichtigung aller Umstände, insbesondere seiner Darbietung und des zu erwartenden Gebrauchs, berechtigterweise gerechnet werden kann.

Das Sicherheitsniveau, das berechtigterweise im Rahmen von Konstruktion, Fabrikation und Instruktion erwartet werden darf, kann anhand normativer Sicherheitsstandards bestimmt werden.[126] Daneben spielen mögliche Gefahren, die mit dem vorgesehenen Einsatzzweck verbunden sind, sowie der Preis[127] des Produkts eine Rolle. Im Rahmen einer Interessenabwägung kann eine Kosten-Nutzen-Analyse vorgenommen werden.[128] Welche Sorgfaltsanforderungen den Hersteller im Einzelfall treffen, ist dabei objektiv auch anhand der Gefahrenlage sowie der betroffenen Rechtsgüter zu bestimmen.[129]

a) Steigende Sorgfaltsanforderungen an den Hersteller

Grundsätzlich ist festzuhalten, dass mit zunehmender Komplexität autonom agierender Systeme gleichzeitig die Sorgfaltsanforderungen an den Hersteller steigen.[130] Während die Einwirkungsmöglichkeiten der Betreiber autonomer Systeme im Kontext der Industrie 4.0 typischerweise abnehmen, gewinnt die Rolle des Herstellers an Bedeutung. Er kennt den Automatisierungsgrad des Smart Products und ist daher in der Lage, mögliche Risiken vorab zu identifizieren und diese bereits im Rahmen der Programmierung und des Produktdesigns entsprechend zu berücksichtigen.

b) Programmierungsfehler in der Design-Phase

Mit zunehmender Komplexität IT-gesteuerter Systeme werden die Anforderungen an den Hersteller im Rahmen der Design-Phase steigen.[131] Konstruktionsfehler in der Design-Phase setzen sich im gesamten nachfolgenden Produktionsprozess fort. Von Unternehmen ist auf diese frühe Phase daher verstärktes Augenmerk zu legen. Der in der Softwareentwicklung anerkannte Grundsatz, dass komplexe Software niemals fehlerfrei ist[132], lässt die Anforderungen an die Konstruktion grundsätzlich unberührt. Argumentiert wird in diesem Zusammenhang allenfalls mit einer Absenkung der allgemeinen Sicherheitserwartungen des Softwarebetreibers. Ungeachtet dessen fallen Softwarefehler, die zum Zeitpunkt des Inverkehrbringens nach dem Stand der Wissenschaft und Technik hätten erkannt werden können, in den Risikobereich des Herstellers.

c) Anforderungen an die IT-Sicherheit

Integraler Bestandteil der Produktsicherheit von Smart Devices muss in einer Digital Economy,

---

[124] Vgl. z. B. BGH, NJW 2009, 2952.

[125] So im Ergebnis auch Wagner, in: MüKoBGB, 6. Aufl. 2013, ProdHaftG, § 3 Rn. 29.

[126] Vgl. Wagner, in: MüKoBGB, 6. Aufl. 2013, ProdHaftG, § 3 Rn. 22.

[127] Begr. RegE, BT-Drucks. 11/2447 S. 18 f.

[128] Vgl. im Kontext der Bestimmung des objektiven Sorgfaltsmaßstabs nach § 276 BGB: Grundmann, in: MüKoBGB, 7. Aufl. 2016, § 276 Rn. 61.

[129] BGH, NJW 2009, 2952.

[130] So im Ergebnis Lutz für den Bereich des autonomen Fahrens, NJW 2015, 119, 120.

[131] So auch Bräutigam/Klindt, NJW 2015, 1137, 1141.

[132] Vgl. z. B. Peter, CR 2005, 404, 409 mwN.

in der die Bedrohung durch Malware und sicherheitsrelevante Eingriffe allgegenwärtig ist, konsequenterweise auch die IT-Sicherheit[133] sein. Welche Anforderungen an die IT-Sicherheit autonomer Systeme konkret gestellt werden können, ist anhand möglicher Gefahren, die mit dem vorgesehenen Einsatzzweck verbunden sind, zu beurteilen. Schutzkonzepte, die vor Cyber-Angriffen durch Dritte schützen, sind im Einklang mit dem Stand der Technik bereits bei der Konstruktion von Smart Devices mitzudenken.[134] Dementsprechend sehen die befragten Rechtsabteilungen gerade in diesem Bereich wesentliche rechtliche Herausforderungen und entsprechenden Handlungsbedarf.

d) Instruktionspflichten und reziproker Sorgfaltsmaßstab

Sofern Risiken im Rahmen der Konstruktion nicht ausgeschlossen werden können, ist der Betreiber vom Hersteller auf diese hinzuweisen. Im Rahmen seiner Verpflichtung zur Instruktion kann der Hersteller so in begrenztem Umfang auf das Sorgfaltsniveau des Betreibers Einfluss nehmen. Freilich können dabei eigene Sorgfaltsanforderungen des Herstellers nicht zulasten des Betreibers ausgehöhlt werden. Grundsätzlich gilt aber, dass die Anforderungen an das Sicherheitsniveau autonomer Systeme Hand in Hand mit der Erwartung an das Sorgfaltsniveau des Betreibers beziehungsweise des Geschädigten gehen (sogenannter „reziproker Sorgfaltsmaßstab").[135] Welche Sicherheitsanforderungen vom Betreiber an ein autonomes System gestellt werden können, wird daher wesentlich auch von dessen Automatisierungsgrad abhängen. Je autonomer das Produkt handelt, desto höhere Sicherheitsanforderungen wird der Betreiber an das Produkt stellen dürfen, da seine eigenen Steuerungsmöglichkeiten in den Hintergrund treten. Eine Einstufung, wie sie sich im Bereich des autonomen Fahrens bereits etabliert hat,[136] würde sich auch für andere Bereiche eignen. Auch könnte eine solche Einstufung in die Produktbeschreibung miteinbezogen werden, um die Leistung für den Betreiber erkennbar festzulegen.[137]

2. Deliktische Produzentenhaftung, insbesondere Produktbeobachtungspflicht

Aus Sicht der deliktischen Produzentenhaftung bedarf es seitens des Herstellers nicht nur einer sorgfältigen Fabrikation, Konstruktion und Instruktion, sondern den Hersteller trifft nach Inverkehrbringen des autonomen Systems auch eine Pflicht zur Produktbeobachtung. Die Reichweite dieser Produktbeobachtungspflicht ist anhand der produktspezifischen Gefahrenlage sowie den möglichen betroffenen Rechtsgütern zu bestimmen. Zu berücksichtigen ist in diesem Zusammenhang unter anderem auch das mögliche Zusammenwirken mit Drittprodukten,[138] was im Kontext der M2M-Kommunikation von besonderer Bedeutung sein dürfte. Auch hier empfiehlt es sich, mögliche Methoden der Fehlererkennung von vornherein mitzubedenken und im Rahmen der Programmierung zu berücksichtigen.

II. Haftung des Betreibers

Neben dem Hersteller kann auch der Betreiber eines autonomen Systems in die Haftung geraten. Ausgangspunkt seiner zivilrechtlichen Haftung stellt aber – das unterscheidet seine Position vom Hersteller nach dem ProdHaftG – das Verschuldensprinzip dar[139], also die Haftung für persönlich vorwerfbares Verhalten. Daneben wird für Smart Products diskutiert, inwieweit die verschuldensunabhängige Gefährdungshaftung im Wege der Rechtsfortbildung fruchtbar gemacht oder de lege ferenda eingeführt werden soll.

---

133 Zum Begriff der IT-Sicherheit siehe § 2 Abs. 2 BSIG.
134 Vgl. Bräutigam/Klindt, NJW 2015, 1137, 1141.
135 Vgl. BGH, NJW 1989, 2808.
136 Vgl. BASt-Bericht F 83, Rechtsfolgen zunehmender Fahrzeugautomatisierung, 2012, 9 ff.; Fleck/Thomas, NJOZ 2015, 1393.
137 Horner/Kaulartz, CR 2016, 7, 12.
138 BGH, NJW 2009, 2952.
139 Grüneberg, in: Palandt, 75. Aufl. 2016, § 276 Rn. 2.

1. Verschuldenshaftung

a) Verantwortlichkeit des Betreibers für schuldhaftes Handeln

Hier stellt sich entsprechend dem eingangs Gesagten die Frage, welche Handlung dem Betreiber überhaupt zuzurechnen ist. In Betracht kommt demnach zunächst eine verschuldensabhängige Haftung nach § 823 Abs. 1 BGB für eigenes Verschulden des Betreibers, der bereits durch den Einsatz des Systems eine kausale Ursache für den Schaden gesetzt hat (zu dem anzulegenden Haftungsmaßstab sogleich unter b)). Daneben kommt auch eine Haftung aus § 823 Abs. 2 i.V.m. Schutzgesetzen beispielsweise aus dem IT- und Produktsicherheitsrecht in Betracht[140].

Diskutiert wird ferner, ob sich der Betreiber das Fehlverhalten selbst eingesetzter autonomer Systeme und dadurch verursachte Schäden nach § 278 BGB zurechnen lassen muss. Auf den ersten Blick erscheint der Einsatz einer Maschine dem Einsatz eines menschlichen Erfüllungsgehilfen vergleichbar. Allerdings enthält § 278 BGB gerade keinen eigenen Haftungstatbestand, sondern regelt die Zurechnung fremden Verschuldens[141]. Voraussetzung ist demnach, dass das autonome System selbst schuldhaft gehandelt hat. Daran fehlt es mangels Einsichts- und Urteilsfähigkeit der Maschine jedoch gerade[142].

Auch die Zurechnung möglichen Verschuldens des Herstellers zum Betreiber nach § 278 BGB dürfte in aller Regel ausscheiden. Zwar kann ein zurechenbares Verschulden beim Hersteller vorliegen, allerdings handelt der Hersteller regelmäßig nicht als Erfüllungsgehilfe des Betreibers, da der Hersteller nicht – wie von § 278 BGB vorausgesetzt – im Pflichtenkreis des Betreibers gegenüber Dritten tätig wird, sondern allein gegenüber dem Betreiber.

b) Haftungsmaßstab

Ausgangspunkt für den Haftungsmaßstab der Verschuldenshaftung ist § 276 Abs. 1 BGB, wonach Vorsatz und Fahrlässigkeit zu vertreten sind. Die Haftung setzt damit bei fahrlässigem Handeln ein, also bei Nichtbeachtung der im Verkehr erforderlichen Sorgfalt, vgl. § 276 Abs. 2 BGB. Erforderlich ist danach jedenfalls, dass der in Anspruch Genommene den Haftungstatbestand vorhersehen und vermeiden konnte[143].

Fahrlässig handelt nach § 276 Abs. 2, wer die im Verkehr erforderliche Sorgfalt außer Acht lässt. Was erforderlich ist, ist objektiv zu bestimmen und richtet sich danach, was im jeweiligen Verkehrskreis in der jeweiligen Situation verlangt werden kann[144]:

■ Die jeweiligen Anforderungen können sich dabei aus einschlägigen Gesetzen oder technischen Normen ergeben[145]. Speziell für autonome Systeme bestehen solche Normen oder Gesetze, soweit ersichtlich, (noch) nicht[146]. Der grundsätzliche Regelungsbedarf ist dem Gesetzgeber dagegen bewusst, wie sich beispielsweise an der Neuregelung des IT-Sicherheitsgesetzes zeigt, wenngleich dieses im Kern Betreiber kritischer Infrastrukturen betrifft.

■ Sofern auf keine spezialgesetzlichen Regelungen zurückgegriffen werden kann, richtet sich die Haftung danach, was dem Betreiber zumutbar und in der jeweiligen Situation angemessen ist. Dies kann wiederum im Rahmen einer Interessenabwägung ermittelt werden[147]. Danach sind umso höhere Sorgfaltsanforderungen zu erfüllen, je höher

[140] Spindler, CR 2015, 766, 772.
[141] Grüneberg, in: Palandt, 75. Aufl. 2016, § 278 Rn. 1.
[142] Horner/Kaulartz, CR 2016, 7; Müller-Hengstenberg/Kirn, MMR 2014, 307, 311; a.A. wohl Wulf/Burgenmeister, CR 2015, 404, 407.

[143] Riehm, ITRB 2014, 113, 114; Grüneberg, in: Palandt, 75. Aufl. 2016, § 276 Rn. 20 f.
[144] BGH, NJW 1972, 151; Grüneberg, in: Palandt, 75. Aufl. 2016, § 276 Rn. 16.
[145] Grüneberg, in: Palandt, 75. Aufl. 2016, § 276 Rn. 18.
[146] Beck, JR 2009, 225, 227; Horner/Kaulartz, CR 2016, 7.
[147] Grundmann, in: MüKoBGB, 7. Aufl. 2016, § 276 Rn. 61.

die Schadenswahrscheinlichkeit und der erwartete Nutzen des eingesetzten Smart Products sind.

■ Weitere Orientierung kann sich aus § 831 BGB ergeben, der die Haftung des Geschäftsherrn für eigenes Verschulden beim Einsatz Dritter regelt[148]. Danach haftet der Geschäftsherr für die Auswahl, Leitung und Überwachung eines Verrichtungsgehilfen[149]. Übertragen auf autonome Systeme bedeutet das, dass der Betreiber das System im Hinblick auf die Geeignetheit für den konkreten Einsatzzweck sorgfältig auswählen muss, wobei besonders auf die Grenzen des Systems zu achten ist. Eine (fortwährende) Leitung des –autonomen– Systems wird man dagegen nicht verlangen können. Abzustellen ist vielmehr auf die Handlungen, bei denen der Betreiber zuletzt planmäßig auf das System einwirkt, insbesondere die Inbetriebnahme. Zu diesem Zeitpunkt muss das System ordnungsgemäß konfiguriert und es müssen die erforderlichen Sicherheitsmaßnahmen getroffen werden. Das Maß erforderlicher Überwachung hängt wiederum von den Fähigkeiten des Systems selbst ab. Soweit sich das System selbst überwacht, kann sich der Betreiber auf die Kontrolle des Überwachungssystems beschränken. Eingriffe und Nachjustierungen sind nur erforderlich, sofern erkennbar wird, dass das System nicht mehr sicher betrieben werden kann beziehungsweise nicht mehr den gewünschten Einsatzzweck erfüllt.[150] Insofern wird man allerdings von einer Beobachtungspflicht auch des Betreibers ausgehen können.

Die oft geäußerte Befürchtung, dass die Verschuldenshaftung bei autonomen Systemen

– mangels Erkennbarkeit beziehungsweise Vorhersehbarkeit möglichen Fehlverhaltens für den Betreiber – (vollständig) entfällt[151], bewahrheitet sich damit nicht.

Dennoch ist nicht auszuschließen, dass es künftig häufiger dazu kommen wird, dass dem Betreiber des autonomen Systems kein Fahrlässigkeitsvorwurf gemacht werden kann, weil er das System sorgfältig ausgewählt, installiert und hinreichend beobachtet hat.

2. Gefährdungshaftung oder Haftung für vermutetes Verschulden?

Vor diesem Hintergrund und vor dem Hintergrund der Tatsache, dass auch die Herstellerhaftung bei autonomen Systemen an ihre Grenzen gelangen könnte, wird diskutiert, ob die Haftungslücken durch die Grundsätze der Gefährdungshaftung oder der Haftung für vermutetes Verschulden geschlossen werden sollen[152].

a) Gefährdungshaftung

Grundgedanke der Gefährdungshaftung ist, dass derjenige, der vom Einsatz gefahrträchtiger Mittel profitiert, für die daraus entstehenden Schäden haften soll. Ferner kann gerade der Betreiber das Risiko am besten minimieren und betriebswirtschaftlich berücksichtigen[153]. Diese Überlegungen liegen auch beim Einsatz autonomer Systeme nicht fern.

Bereits normiert ist die Gefährdungshaftung des Betreibers beispielsweise für Kfz- und (§ 7 StVG) Luftfahrzeug-Halter (§ 33 ff. LuftVG) sowie für Betreiber von Bahnen (§ 1 HaftPflG) und Energieleitungen (§ 1 HaftPflG). Diese bestehenden Gefährdungshaftungstatbestände dürfen allerdings wegen ihres Ausnahmecharakters nicht über ihren normierten Inhalt hinaus ausgedehnt

[148] Sprau, in: Palandt, 75. Aufl. 2016, § 831 Rn. 1.
[149] Sprau, in: Palandt, 75. Aufl. 2016, § 831 Rn. 12 ff.
[150] Einen ähnlichen Pflichtenkanon fordernd auch Spindler, CR 2015, 766, 768; Riehm, ITRB 2014, 113, 114.

[151] Vgl. Müller-Hengstenberg/Kirn, MMR 2014, 307, 310; Riehm, ITRB 2014, 113, 114; Bräutigam/Klindt, NJW 2015, 1137, 1139; zurückhaltender Horner/Kaulartz, CR 2016, 7, 8 u. 12 f.
[152] Vgl. Spindler, CR 2015, 766, 768; Riehm, ITRB 2014, 113, 114 f.; Bräutigam/Klindt, NJW 2015, 1137, 1139; Horner/Kaulartz, CR 2016, 7, 13.
[153] Vgl. Deutsch, NJW 1992, 73, 74; Spindler, CR 2015, 766, 767.

werden[154]. Daher erfasst die Gefährdungshaftung derzeit (und teils unbeabsichtigt) nur einzelne Bereiche autonomer Systeme wie zum Beispiel nach § 7 StVG den Halter autonomer Kfz.[155]

Gegebenenfalls ist mithin auch für Smart Products zu erwägen, die Haftung an die dem jeweiligen System immanente Betriebsgefahr anzuknüpfen. Sollten weitere Gefährdungshaftungstatbestände geschaffen werden, kann zumindest eine weitreichende Gefährdungshaftung den Einsatz autonomer Systeme unattraktiv machen und damit die Entwicklung solcher Systeme hemmen[156]. Abfedern ließe sich dieser Effekt aber durch eine Versicherungspflicht speziell für autonome Systeme, wie dies im Kontext des StVG mit der Kfz-Haftpflichtversicherung der Fall ist. Denkbar sind dabei auch vom Grad der Automatisierung abhängige Versicherungstarife.

b) Haftung für vermutetes Verschulden

Alternativ ist vor diesem Hintergrund der Verzicht auf eine reine Gefährdungshaftung und die Orientierung an der Haftung für vermutetes Verschulden zu betrachten. Im BGB lassen sich mehrere Tatbestände finden, die an vermutetes Verschulden anknüpfen und die möglicherweise als Haftungsleitbild dienen könnten:

aa) Denkbar erscheint zunächst, die Grundsätze der Haftung des Aufsichtspflichtigen (§ 832 BGB) aufzugreifen. Danach haftet ein Aufsichtspflichtiger für eigenes Verschulden bei der Beaufsichtigung, kann sich jedoch entlasten, wenn der Aufsichtspflicht genügt wurde oder der Schaden auch bei gehöriger Aufsicht eingetreten wäre. Die Übertragbarkeit dieser Vorschrift scheint hier jedoch in zweierlei Hinsicht zweifelhaft. Zum einen liegt – anders als bei einem beaufsichtigten Menschen – keine willentliche Handlung des autonomen Systems vor. Zum

anderen ist fraglich, ob das Merkmal, dass das System „der Beaufsichtigung bedarf", hier erfüllt ist. Denn autonome Systeme sind gerade so ausgelegt, dass sie keiner Überwachung, Anleitung und Beeinflussung im Einzelfall bedürfen. Gerade dies wird jedoch für die Aufsicht nach § 832 BGB verlangt[157].

bb) Die – bereits zur Konkretisierung des Haftungsmaßstabs herangezogene – Haftung für den Verrichtungsgehilfen nach § 831 BGB (vermutetes Verschulden) könnte auch als Zurechnungsnorm für den Einsatz autonomer Systeme herangezogen werden[158]. Nach § 831 BGB haftet der Geschäftsherr für eigenes Auswahl- beziehungsweise Überwachungsverschulden. Hat der Betreiber die verkehrserforderliche Sorgfalt beobachtet, kann er sich jedoch nach § 831 Abs. 1 S. 2 BGB entlasten. Soweit die Sorgfaltsanforderungen denjenigen der reinen Verschuldenshaftung entsprechen, wird dem Betreiber dies regelmäßig gelingen und es ergibt sich keine weitergehende Haftung – wenngleich hier freilich der Betreiber die Beweislast trägt.

cc) Auch eine Orientierung an der Tierhalterhaftung nach § 833 BGB wird in Betracht gezogen[159]. Diese Haftung gründet jedoch gerade in der von tierischen Trieben ausgehenden Gefahr, die sich nicht durch Erziehung (vergleichbar der Einrichtung eines autonomen Systems) beeinflussen lässt. Ferner müsste bei industriell eingesetzten Anlagen gerade auch der für Nutztiere vorgesehene Entlastungsbeweis nach § 833 S. 2 BGB berücksichtigt werden, sodass sich der Betreiber auch hier exkulpieren könnte.

dd) Erwägenswert scheint ferner, die Haftung für autonome Systeme an die des Grundstücksbesitzers nach § 836 BGB anzulehnen. Diese

---

[154] Bräutigam/Klindt, NJW 2015, 1137, 1139.
[155] Riehm, ITRB 2014, 113, 114.
[156] Spindler, CR 2015, 766, 775.

[157] Sprau, in: Palandt, 75. Aufl. 2016, § 832 Rn. 9.
[158] Riehm, ITRB 2014, 113, 114.
[159] Vgl. z.B. Bräutigam/Klindt, NJW 2015, 1137, 1139.

Haftung gilt wiederum für vermutetes Verschulden, wobei sowohl die Verletzung der Sorgfaltspflicht als auch die Kausalität für den Schaden vermutet wird und sich der Schädiger wiederum entlasten kann.

Im Gegensatz zur sehr weitreichenden Gefährdungshaftung scheint eine Haftung für vermutetes Verschulden eher geeignet, die Haftungsrisiken zuzuordnen. Denn damit wird das Interesse des Geschädigten an der Haftung an sich berücksichtigt, ohne dass er mit dem – für ihn schwer zu erbringenden – Nachweis des Verschuldens belastet wird. Der Betreiber haftet dagegen nicht, soweit er seine Sorgfaltspflichten und damit auch das erlaubte Risiko eingehalten hat.

III. Beweisfragen/Haftungsverteilung bei unklarer Beteiligung/Vertragsgestaltung

Im Rahmen automatisierter Produktionsprozesse und der Verwendung selbstlernender Smart Devices greifen die Beiträge von Entwicklern, Produzenten und Betreibern typischerweise eng ineinander. Das hat zur Folge, dass sich die Suche nach den Ursachen von Fehlfunktionen in der Regel als äußerst schwierig darstellt. Im Zusammenhang mit der Beweisbarkeit möglicher Fehlerursachen sind richtige Protokollierung und Nutzung von elektronischen Siegeln/Signaturen gefragt, um mögliche Ansprüche auch beweisen zu können. Sofern nicht mehr festgestellt werden kann, wer den Schaden tatsächlich verursacht hat, könnte der Beweiserleichterung des § 830 Abs. 1 S. 2 BGB in Zukunft Bedeutung zukommen.[160] Diese Vorschrift weist das „Unaufklärbarkeitsrisiko" den möglichen Schädigern zu, sofern feststeht, dass diese für den Schaden aufzukommen haben, aber nicht geklärt werden kann, wer in welchem Umfang haftet.[161]

Vor diesem Hintergrund ist es außerdem sinnvoll und empfehlenswert, Beweisschwierigkeiten, sofern möglich, bereits in den Verträgen zwischen Lieferanten, Herstellern und Kunden explizit zu adressieren und die Verantwortlichkeiten zwischen den einzelnen Beteiligten entsprechend der jeweiligen Risikosphären abzugrenzen.

IV. Fazit

Im Ergebnis zeigt sich, dass sich neue Haftungsfragen anhand des abstrakten Rechtsrahmens des deutschen Haftungsrechts bereits heute von den vorhandenen Gesetzen größtenteils abdecken lassen, wenngleich im Einzelfall weitere Konturierung möglich erscheint. Festhalten lässt sich, dass die Einschätzung der befragten Rechtsabteilungen, die Deutschland gerade aufgrund der Abstraktheit der zivilrechtlichen Regelungen für die digitale Transformation durchaus gut gerüstet sehen, im Ausgangspunkt auch auf außervertragliche Haftungsfragen zutrifft.

[160] Vgl. Horner/Kaulartz, CR 2015, 7, 9.
[161] Vgl. BGH, VersR 1968, 493, 494.

Netzwerkeffekte, Marktdynamik und Big Data stellen die wettbewerbliche Analyse vor neue Herausforderungen.

Dr. Michael Bauer, David Wachendorfer

Die digitale Wirtschaft verändert in kurzer Zeit die Konsumgewohnheiten von Millionen von Nutzern. Die digitalen Märkte sind durch starke Konzentrationstendenzen und eine hohe Marktdynamik gekennzeichnet. Zugang zu maßgeblichen Daten, aber auch zu für die Kommunikation wichtigen Patenten bestimmen über die Wettbewerbsstellung von Unternehmen. Die Weiterentwicklung bestehender „Theories of Harm" im Bereich des Marktmachtmissbrauchs stellt dabei die größte Herausforderung dar. Bezüglich Streitigkeiten über den Zugang zu standard-essenziellen Patenten hat die Rechtsprechung jüngst die Anforderungen an Schutzrechtsinhaber gegenüber Verletzern deutlich erhöht.

Daneben kreiert die digitale Wirtschaft neue Vertriebsformen. Die Zulässigkeit von Beschränkungen des Onlinehandels ist noch nicht abschließend geklärt. Markenhersteller gehen derweil aufgrund der hohen Anforderungen zur vertikalen Integration ihres Vertriebs über. Mangels einer einheitlichen Entscheidungspraxis sehen sich die Unternehmen in Europa teilweise unterschiedlichen rechtlichen Anforderungen ausgesetzt. So zuletzt auch bei der Beurteilung von Bestpreis-Klauseln von Buchungsportalen.

Die Vielfalt der Fragestellungen zeigt, dass der schnelle Wandel der Wirtschaft auch neue Anforderungen an die Rechtsabteilungen stellt, auch und gerade im Bereich des Kartellrechts.

▶ Im Zuge der 9. GWB-Novelle will der deutsche Gesetzgeber neue Regelungen im Bereich der digitalen Wirtschaft schaffen. Neben einem Transaktionsschwellenwert in der Fusionskontrolle werden neue Marktbeherrschungskriterien eingeführt.

▶ Im Bereich E-Commerce ist zu erwarten, dass BGH und EuGH konkretere Maßstäbe festlegen werden, ob und wann Beschränkungen des Waren-Onlinehandels zulässig sein können.

▶ Eine divergierende Entwicklung zwischen den mitgliedstaatlichen Kartellbehörden zeigt sich derzeit bei den sogenannten Bestpreisklauseln von Online-Buchungsportalen. Während das Kartellamt eine besonders strenge Praxis anwendet, sind andere europäische Behörden großzügiger.

▶ Die digitale Wirtschaft funktioniert nur über technische Kommunikation von Geräten unter Nutzung technischer Standards, wodurch eine zunehmende Abhängigkeit von standard-essenziellen Patenten entsteht. Auch nach einem Grundsatzurteil des EuGH sind die kartellrechtlichen Anforderungen an Lizenzgeber und Lizenznehmer nicht immer hinreichend geklärt.

A. Kartellrechtsrelevante Merkmale der digitalen Wirtschaft

I. Standardisierung & Marktkonzentration

Zentrales Charakteristikum der digitalen Welt ist zunächst die zunehmende Standardisierung, sowohl in technischer Hinsicht als auch, in einem weiteren Sinne, mit Blick auf das Nutzerverhalten.

In technischer Hinsicht ist bedeutsam, dass die digitale Wirtschaft nur über die technische Kommunikation von Maschinen und Geräten funktioniert. Um diese zu ermöglichen, bedarf es Standards. Hieraus folgt eine zunehmende Bedeutung technischer Standards, die sich entweder de facto entwickeln oder über Normungsorganisationen gesetzt werden. Soweit diese Standards wie häufig nur unter Nutzung von Patenten erfüllt werden können, wächst standard-essenziellen Patenten (SEP) eine immer größere Bedeutung zu. Verstärkt wird dies durch Unternehmen, deren Hauptgeschäftszweck in der Vermarktung von Patenten besteht. Vor verschiedenen Gerichten weltweit, aber auch gerade in Deutschland wurden in den vergangenen Jahren weitreichende kartellrechtliche Auseinandersetzungen über den Zugang zu SEP geführt. Wettbewerbspolitisch gilt es, einerseits Ausschließlichkeitsrechte nicht auszuhöhlen, nicht zuletzt mit Blick auf die Förderung von Innovationsanreizen; andererseits besteht ein Bedürfnis, den Wettbewerb innerhalb des technischen Standards nicht zu beschränken und missbräuchliche Lizenzpraktiken zu verhindern.

Im Hinblick auf Nutzerverhalten findet hingegen eine Entwicklung statt, die man im weiteren Sinne als de facto Standardisierung bezeichnen kann. Anders als in klassischen besteht in digitalen Märkten aufgrund von Größenvorteilen, direkten und indirekten Netzwerkeffekten und der Bedeutung großer Datenbestände eine sich selbstbeschleunigende Tendenz zur Konzentration der Nutzernachfrage auf immer weniger Anbieter. Dadurch kann es zu einem Kippen des Marktes (sog. Tipping) kommen, bei welchem ein Unternehmen nahezu den gesamten Markt übernimmt.[162] Anders als in der analogen Wirtschaft sind es gerade Netzwerkeffekte, das heißt die Verstärkung des Nutzens eines Dienstes durch Hinzutreten weiterer Nutzer auf der eigenen sowie auf der entgegengesetzten Marktseite, welche das Tipping des Marktes besonders wahrscheinlich machen können. Wie stark die Konzentrationstendenz im jeweiligen Geschäftsmodell tatsächlich ist, hängt schließlich davon ab, ob und in welchem Umfang Nutzer mehrere Dienste parallel nutzen (sogenanntes Multihoming). Während Multihoming etwa im Bereich der Immobilienplattformen derzeit relativ weit verbreitet ist,[163] dürfte die parallele Nutzung mehrerer sozialer Netzwerke (des gleichen Typs) für Nutzer regelmäßig nur wenig Sinn ergeben. In solchen Fällen ist daher ein Tipping des Marktes besonders wahrscheinlich.

II. Daten als Asset

Kennzeichnend für die fortschreitende Digitalisierung ist die Generierung nie dagewesener Datenbestände. Insbesondere in werbefinanzierten Endkundenmärkten bilden mittels komplexer Algorithmen aufbereitete Daten – häufig analog zu Big Data als Smart Data bezeichnet – neben dem Kundenstamm das wesentliche Asset eines Unternehmens. Der Besitz dieser Daten ist einerseits Ausdruck einer im Wettbewerb erarbeiteten Marktstellung (Competition on the Merits), kann aber andererseits aufgrund der Unverzichtbarkeit der Daten und der skizzierten Netzwerkeffekte für Wettbewerber uneinholbar werden und sich damit in Richtung einer Essen-

---

[162] Vgl. etwa Bundeskartellamt, Fallbericht B6-57/15 – Freigabe des Zusammenschlusses von Online-Dating-Plattformen, S. 4.
[163] Bundeskartellamt, Fallbericht B6-39/15 – Freigabe des Zusammenschlusses von Online-Immobilienplattformen, S. 4.

tial Facility entwickeln. Gemeinsam mit der französischen Wettbewerbsbehörde publizierte das Bundeskartellamt erst kürzlich eine umfangreiche Studie zum Einfluss von Daten auf den Wettbewerb, nach deren Ergebnissen Daten im Einzelfall zu erheblichen Wettbewerbsvorsprüngen bis hin zu Marktzutrittsschranken führen können.[164] Auch die Monopolkommission hat sich des Themas bereits in einem Sondergutachten intensiv angenommen.[165]

III. Marktdynamik

Weiteres Merkmal digitaler Märkte ist die erhebliche Marktdynamik. Zahlreiche Beispiele zeigen, dass heute weitgehend unbekannte Unternehmen innerhalb weniger Monate oder Jahre Marktanteile nahe eines Monopols erreichen. Stabile Marktstrukturen klassischer Märkte wie etwa der Automobilindustrie sind kaum anzutreffen. Stattdessen findet nicht selten zwar ein Tipping bereits in einer frühen Marktphase zugunsten des First Movers statt. Dessen Geschäftsmodell kann aber auch ebenso schnell von einem Wettbewerber abgelöst werden. Gleichzeitig sind die sachlich (unter Umständen auch geografisch) relevanten Märkte in ständigem Wandel. Aufgrund dieser hohen Innovationsdynamik findet der Wettbewerb daher häufig nicht im Markt, sondern vielmehr um den Markt statt. Dies stellt die Wettbewerbsbehörden vor große Herausforderungen, da entsprechende Phänomene einer fundierten Prognose bedürfen.

IV. Disruptive Geschäftsmodelle

In praktischer Hinsicht am unmittelbarsten kann die Digitalisierung schließlich für bestimmte Unternehmen ein enormes Wachstumspotenzial bieten, für andere, seit Jahrzehnten etablierte Branchen dagegen in gleicher Weise eine Exis-

tenzgefährdung bedeuten. Viele der digitalen Geschäftsmodelle sind „disruptiv". Besonders deutlich wird dieses Phänomen etwa an den Beispielen Uber und Airbnb, ist aber ebenso im Bereich der mobilen Kommunikation (Whatsapp anstelle von SMS) oder der Werbung (Google Adwords anstelle klassischer Werbemedien) zu finden. Die Praxis der Wettbewerbsbehörden wie auch das Kartellrecht selbst sind gegenüber solchen Entwicklungen grundsätzlich neutral eingestellt. Allerdings lassen sich Tendenzen erkennen, den Verstoß gegen nicht-kartellrechtliche Normen unter bestimmten Umständen als Missbrauch von Marktmacht zu qualifizieren.[166]

B. Marktmacht von Online-Plattformen

Im besonderen Fokus der öffentlichen Diskussion stehen große, im Wettbewerb scheinbar unangreifbare Plattformen wie Google und Facebook. Zur Entwicklung geeigneter Konzepte der kartellrechtlichen Erfassung solcher Plattformen gründete das Bundeskartellamt Anfang 2015 einen speziellen Think Tank Internetplattformen. Auch auf europäischer Ebene werden entsprechende Diskussionen geführt. Die kürzlich verabschiedete EU-Datenschutzgrundverordnung zielt zwar auf andere Rechtsthemen ab, wird aber die wettbewerblichen Rahmenbedingungen für Unternehmen teilweise mitbestimmen.[167] Eine genaue kartellrechtliche Bewertung des Marktverhaltens von Google und Facebook steht noch aus.[168] Immerhin ein Teil des umfangreichen Google-Verfahrens der EU-Kommission[169],

---

[164] Bundeskartellamt & Autorité de la Concurrence, Competition Law and Data, v. 10. Mai 2016.
[165] Monopolkommission, Sondergutachten 68, v. 1. Juni 2015.

[166] Siehe die Ermittlungen des Bundeskartellamtes gegen Facebook wegen Verstößen gegen das Datenschutzrecht, vgl. Fn 10.
[167] Die Verordnung sieht in Artikel 20 das Recht auf Datenportabilität vor und trägt damit letztlich zu einem „Offenhalten" der Märkte bei, siehe Verordnung (EU) 2016/679 des Europäischen Parlaments und des Rates vom 27. April 2016 zum Schutz natürlicher Personen bei der Verarbeitung personenbezogener Daten, zum freien Datenverkehr und zur Aufhebung der Richtlinie 95/46/EG (Datenschutz-Grundverordnung) ABl. 2016/L 119/1.
[168] Körber, NZKart 2016, 303 spricht von einer „terra incognita" für Kartell- und Regulierungsbehörden.
[169] Cases COMP/39740 – Google Search; COMP/40099 – Google Android; COMP/40411 – Google Search (AdSense).

welches seit nunmehr sechs Jahren ständig erweitert, aber nicht abgeschlossen wird, soll nun aber in naher Zukunft zu einem vorläufigen Ende kommen. Andere Jurisdiktionen sind bereits weiter fortgeschritten. Kürzlich wurde ein von der russischen Wettbewerbsbehörde verhängtes Bußgeld wegen Marktmachtmissbrauchs aufgrund des Zwangs von Herstellern zur Installation der Google Suche auf Android-Mobilfunkgeräten gerichtlich bestätigt.[170] Gegen Facebook eröffnete vor kurzem das Kartellamt ein Missbrauchsverfahren.[171] Höchstwahrscheinlich werden in allen Fällen erst die Gerichte eine endgültige Klärung vornehmen können.

I. Relevanter Markt und Marktmacht

Schwierigkeiten bei der Kartellrechtsanwendung auf digitale Plattformen stellen sich bereits bei der Bestimmung des relevanten Marktes. Zum einen zeichnen sich digitale Plattformen durch ihre Zwei- bzw. Mehrseitigkeit aus: Die Geschäftsmodelle der Plattformen basieren regelmäßig auf zumindest einer Verbraucher- und auf einer Werbeseite. Am Beispiel Google wird deutlich, dass die starke Marktstellung im Bereich des Targeted Online Advertising ohne die seit Jahren auf der Verbraucherseite bestehenden Marktanteile von über 90% in den meisten europäischen Staaten nicht denkbar wäre. Grund sind direkte und indirekte Netzwerkeffekte: Je mehr Nutzer auf der Such-Marktseite Google nutzen, desto attraktiver wird die Plattform für weitere Suchende, da durch mehr Suchanfragen bessere Suchergebnisse erzielt werden können (direkter Netzwerkeffekt), und vor allem auch für Werbende (indirekter Netzwerkeffekt). Belastbare Methoden zur Abgrenzung zweiseitiger Märkte existieren bis heute jedoch nicht.[172]

Zusätzlich ist aber unter Umständen selbst eine einzelne Marktseite mit den kartellrechtlich bewährten Methoden nicht abgrenzbar. Der SSNIP-Test[173] zur Bestimmung des sachlich relevanten Marktes führt bei für Verbraucher unentgeltlichen Leistungen notwendigerweise zu keinen Ergebnissen, da er auf Preiselastizitäten abstellt. Dass die Entgeltlichkeit von Dienstleistungen keine Voraussetzung für die Bejahung der Marktqualität ist, will der Gesetzgeber nun im Zuge der anstehenden 9. GWB-Novelle klarstellen.[174] Neben der Bestimmung des relevanten Marktes gelten in digitalen Geschäftsmodellen aber vor allem die Kriterien für die Bestimmung von Marktbeherrschung und Marktmacht nicht mehr uneingeschränkt. In Märkten mit einem Wettbewerb um den Markt, bei welchem ein Unternehmen schnell hohe Marktanteile gewinnt und möglicherweise ebenso schnell wieder verliert, können Marktanteile nicht mehr uneingeschränkt als primäre Indikatoren von Marktmacht gelten. Neue, zusätzliche Parameter wie insbesondere die oben genannten Netzwerkeffekte, vorhandene Datenbestände, Größenvorteile, Nutzerverhalten, Wechselmöglichkeiten und Innovationspotenzial beeinflussen die Möglichkeit eines Unternehmens, sich von seinen Wettbewerbern, seinen Abnehmern und letztlich den Verbrauchern in nennenswertem Umfang unabhängig zu verhalten,[175] ganz erheblich. Daher will der deutsche Gesetzgeber im Zuge der 9. GWB-Novelle bezüglich Plattformen weitere Kriterien zur Bestimmung von Marktmacht festlegen.[176]

---

[170] http://www.reuters.com/article/us-russia-google-idUSKCN1OS138.

[171] http://www.bundeskartellamt.de/SharedDocs/Meldung/DE/Pressemitteilungen/2016/02_03_2016_Facebook.html?nn=3591568

[172] Vgl. Dewenter/Rösch, NZKart 2014, 387, 393.

[173] Nach dem SSNIP (Small but Significant and Nontransitory Increase in Price)-Test sind diejenigen Produkte innerhalb eines sachlich relevanten Marktes, welche aus Nachfragersicht im Falle eines hypothetischen Preisanstiegs als austauschbar angesehen würden.

[174] Vgl. § 18 Abs. 2a RegE GWB. Die Marktqualität haben Europäische Kommission und Bundeskartellamt bereits bisher regelmäßig angenommen, während die Obergerichte dies teilweise ablehnten.

[175] So die Definition von Marktbeherrschung nach der Prioritätenmitteilung der Kommission zur Anwendung von Art. 82 EGV (heute Art. 102 AEUV), ABl. 2009/C 45/02, Rn. 10 mwN.

[176] Namentlich sieht §18 Abs. 3a RegE vor, dass zu berücksichtigen sind: (1) Direkte und indirekte Netzwerkeffekte, (2) parallele Nutzung mehrerer Dienste (Multihoming), (3) Größenvorteile, (4) Datenzugang und (5) innovationsgetriebener Wettbewerbsdruck.

Welche rechtlichen Risiken für das Unternehmen steigen aus Ihrer Sicht infolge der digitalen Transformation?

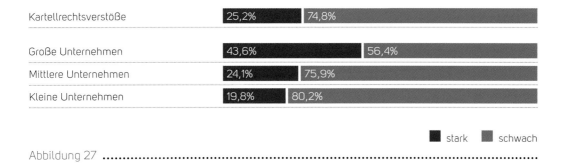

Kartellrechtsverstöße — 25,2% | 74,8%

Große Unternehmen — 43,6% | 56,4%
Mittlere Unternehmen — 24,1% | 75,9%
Kleine Unternehmen — 19,8% | 80,2%

■ stark   ■ schwach

Abbildung 27

II. Missbrauch

Aktuelle Verfahren im Bereich der digitalen Wirtschaft werden unter anderem wegen des Vorwurfs eines Behinderungsmissbrauchs gegenüber Wettbewerbern (Google-Verfahren der Kommission) sowie eines Ausbeutungsmissbrauchs gegenüber Verbrauchern (Facebook-Verfahren des Bundeskartellamts) geführt. Ohne eine Weiterentwicklung der bisher bestehenden „Theories of Harm" werden die Kartellbehörden in den genannten Verfahren nicht auskommen. Beim Behinderungsmissbrauch geht es um eine Grenzziehung zwischen Produktinnovation als Ausdruck funktionierenden Wettbewerbs einerseits und gezielter Behinderung von Wettbewerbern mit der Folge der Marktabschottung andererseits. Beim Ausbeutungsmissbrauch dagegen stellt sich derzeit im Facebook-Verfahren des Kartellamts die Frage, wann mögliche Verstöße gegen das Datenschutzrecht daneben (auch) einen Marktmachtmissbrauch zulasten der Nutzer darstellen können. Das Kartellamt sieht sich dabei Vorwürfen ausgesetzt, letztlich über das Kartellrecht das bei Anwendbarkeit und Sanktionierung (bisher[177]) sehr viel schwächere Datenschutzrecht durchzusetzen.[178]

[177] Zu beachten ist, dass mit der neuen EU-Datenschutzgrundverordnung eine dem Kartellrecht ähnliche umsatzbezogene Bußgeldbemessung eingeführt wird. Ob diese auch tatsächlich zu einer wirksameren Sanktionierung führt, wird die Praxis zeigen müssen.
[178] Vgl. eingehend Körber, NZKart 2016, 348

III. Fusionskontrolle

Im Bereich der Fusionskontrolle haben aktuelle Fälle ebenfalls gezeigt, dass Phänomene der digitalen Wirtschaft neuer Antworten des Kartellrechts bedürfen. Die Übernahme von Whatsapp durch Facebook konnte die Kommission trotz eines Kaufpreises in zweistelliger Milliardenhöhe zunächst nicht prüfen. Auch das Bundeskartellamt war nicht zuständig. Da der Vorgang jedoch die Schwellenwerte von einigen wenigen nationalen Fusionskontrollordnungen in der EU erreichte, konnte die Kommission im Wege der Verweisung doch noch zuständig werden. Im deutschen Fusionskontrollrecht will der Gesetzgeber diese Lücke durch einen (branchenunabhängigen) Transaktionswert-Schwellenwert in Höhe von EUR 400 Mio. schließen.[179] Ob der europäische Gesetzgeber im Zuge der Überarbeitung der Fusionskontrollverordnung folgen wird, ist noch offen, erscheint aber durchaus wahrscheinlich.
In materieller Hinsicht stellt sich bei entsprechenden Fällen die Frage, ob der derzeitige Prüfrahmen der dynamischen Entwicklung digitaler Geschäftsmodelle überhaupt gerecht wird, das heißt künftige Wettbewerbsverhältnisse ausreichend und zutreffend berücksichtigt. Im

[179] Vgl. §35 Abs. 1a Nr. 3 RegE GWB. Kartellamt und Monopolkommission hatten eine EUR-500-Mio. Schwelle vorgeschlagen, vgl. Monopolkommission, Sondergutachten 68, Rn. 461.

Verfahren Facebook/Whatsapp prüfte die Kommission statisch die Märkte für soziale Netzwerke und mobile Kommunikationsdienstleistungen einzeln, ohne auf die zunehmende Konvergenz der Märkte und daraus resultierende künftige Wettbewerbsverhältnisse näher einzugehen. Ob jedoch eine verbesserte Prognose tatsächlich möglich ist, erscheint durchaus fraglich. Einerseits wird man erwarten müssen, dass künftige mögliche Entwicklungen noch stärker untersucht werden, andererseits bleibt aber notwendigerweise ein Prognoserisiko. Denkbar wäre, hier eine Lösung über verstärkte Auflagen zu suchen (einschließlich solcher einer Verhaltenskontrolle). Gleichzeitig kommt aufgrund der in digitalen Märkten bestehenden Konzentrationstendenzen dem Argument der Aufholfusionen (Catch-up Mergers) neue Bedeutung zu. Im Fall Immowelt/Immonet genehmigte das Kartellamt eine Fusion des zweit- und drittgrößten Wettbewerbers im Markt maßgeblich mit der Erwägung, ein Tipping des Marktes zu verhindern.[180]

C. E-Commerce

I. Beschränkungen des Onlinehandels

Aus Sicht von Herstellern von Markenprodukten sind mögliche Wettbewerbsbeschränkungen beim Online-Vertrieb eine wichtige kartellrechtliche Fragestellung. Entsprechende Beschränkungen sind derzeit Gegenstand zahlreicher Gerichtsverfahren. Grund ist nicht nur die bisher noch nicht eindeutige EuGH-Rechtsprechung, sondern auch die unklare Regelung in den Vertikal-Leitlinien der Kommission.[181]
Einigkeit besteht, dass vollständige Internetvertriebsverbote eine unzulässige Beschränkung des Passivverkaufs darstellen. Gleiches gilt für vergleichbare Regelungen wie Preisdifferenzie-

Welche Reichweite bei der Gesetzgebung ist durch die Digitalisierung aus Ihrer Sicht im Kartellrecht gefragt?

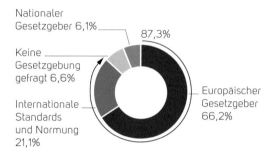

Abbildung 28 ....

rungen nach Online-/Offlineabsatz.[182] Dies sind die gesetzlichen Regelungen, ohne dass dem eine wirklich überzeugende Theory of Harm zugrunde liegt, denn zum Beispiel das Problem eines Trittbrettfahrers[183] bleibt weiterhin nicht hinreichend berücksichtigt. Auch die Einordnung des Onlinehandels als (nicht beschränkbarem) Passivvertrieb kann zu durchaus unerwünschten Wettbewerbseffekten führen. So sind große Hersteller mittlerweile dazu übergegangen, den Einzelhandel in bestimmten Ländern selbst zu übernehmen. Kleineren Herstellern ist dieser Weg mangels Ressourcen versperrt. Diese müssen eher erwägen, bestimmte Niedrigpreisländer nicht zu beliefern, wenn sie Reimporte fürchten. Unklar ist indessen, mit welchen Zielen und unter welchen genauen Voraussetzungen Hersteller den Onlinevertrieb über bestimmte Verkaufsplattformen verbieten oder beschränken können, was von den deutschen Obergerichten unterschiedlich bewertet wird.[184] Das Bundeskartellamt stellte im Fall Asics im letzten Jahr

[180] Bundeskartellamt, Fallbericht B6-39/15 – Freigabe des Zusammenschlusses von Online-Immobilienplattformen, S. 4.
[181] Europäische Kommission, Leitlinien für vertikale Beschränkungen, ABl. 2010/C 130/01, Rn. 54.

[182] Europäische Kommission, Leitlinien für vertikale Beschränkungen, ABl. 2010/C 130/01, Rn. 52 a) - d).
[183] Onlinehändler partizipieren an dem „Schaufenster" und der praktischen Erlebbarkeit des Produkts, das Offline-Händler den Kunden bieten.
[184] Gegen die Zulässigkeit eines Plattformverbots OLG Schleswig, NJW 2014, 3104 m. Anm. Pahnke.

fest, dass das selektive Vertriebssystem des Laufschuhherstellers, wonach die Händler weder die Marke benutzen noch Preisvergleichsseiten und Verkaufsplattformen für den Vertrieb nutzen durften, rechtswidrig war.[185] Das OLG Frankfurt hat sich jüngst mit zwei durchaus unterschiedlich gelagerten Verfahren beschäftigt: Während das OLG im Verfahren um den Rucksackhersteller Deuter ein mit der besonderen Qualität und Langlebigkeit der konkret betroffenen Produkte gerechtfertigtes Plattform-Verkaufsverbot als zulässig angesehen hat[186] und der Fall nun dem BGH vorliegt, legte es die Frage der Zulässigkeit eines Plattformverbots im Verfahren Coty dem EuGH zur Vorabentscheidung vor.[187] Hintergrund ist die Begründung des Verbots mit der Aufrechterhaltung eines Luxus-Images des Parfums, welche der Vertrieb über Verkaufsplattformen nicht sicherstellen könne. Der EuGH hatte in der Entscheidung Pierre Fabre die Aufrechterhaltung eines Luxus-Images bereits nicht als legitimes Ziel einer Beschränkung anerkannt.[188] Jedenfalls nach Klärung beider Verfahren durch EuGH und BGH wird voraussichtlich ein hoher Beratungsbedarf innerhalb der Rechtsabteilungen von Markenartikelherstellern entstehen.

Die Europäische Kommission hat 2015 eine Sektoruntersuchung im Bereich E-Commerce initiiert, welche Beschränkungen im Handel sowohl mit Konsumgütern als auch mit digitalen Inhalten identifizieren soll.[189] Nach deren ersten Ergebnissen sind neben weiteren beschränkenden Maßnahmen insbesondere Geoblocking und Geofiltering weit verbreitete Phänomene

des Onlinehandels.[190] Da die Abschottung gegenüber Abnehmern oder deren Ungleichbehandlung nach Herkunftsland im Wege einseitiger Maßnahmen nicht-marktbeherrschender Unternehmen nicht in den Anwendungsbereich des Kartellrechts fallen, hat die Kommission zur Eindämmung dieser Praktiken jüngst einen Vorschlag für eine Geoblocking-Verordnung[191] vorgelegt. Den Abschlussbericht der Sektorenuntersuchung will die Kommission 2017 vorlegen.

II. Buchungsplattformen

1. Wettbewerbliche Regulierung disruptiver Geschäftsmodelle

Eine nicht das Kartellrecht im engeren Sinne betreffende Diskussion, welche derzeit aber dennoch im Zentrum der wettbewerblichen Debatte um Geschäftsmodelle wie Uber und Airbnb steht, ist die Frage der wettbewerblichen Gleichstellung traditioneller, starker Regulierung unterworfener Geschäftsmodelle einerseits und neuer, disruptiver Geschäftsmodelle andererseits. Wie das unter Uber leidende Taxigewerbe ist auch das Hotelgewerbe, welches zunehmend Konkurrenz von Wohnungsvermittlern wie Airbnb erhält, umfangreicher Regulierung unterworfen. Eine ähnliche Problematik gibt es auch im Bereich digitaler Kommunikation: Während Netzbetreiber, die über viele Jahre ihre Einnahmen unter anderem mit Anruf-Minuten und SMS-Diensten generierten, umfangreichen Versorgungs- und Zugangsgewährungspflichten unterliegen und erhebliche Investitionen für eine Netzinfrastruktur aufwenden müssen, können Dienstanbieter ohne eigene Infrastruktur wie Whatsapp ohne Beschränkungen und mit erheblich geringeren Kostenrisiken am Markt

185 Bundeskartellamt, Beschluss B2-98/11 – Asics, abrufbar unter http://www.bundeskartellamt.de/SharedDocs/Entscheidung/DE/Entscheidungen/Kartellverbot/2015/B2-98-11.pdf?__blob=publicationFile&v=3 (Stand: 08.06.2016).

186 OLG Frankfurt a. M., NZKart 2016, 84.

187 OLG Frankfurt a. M., Beschl. v. 19.4.2016 – 11 U 96/14.

188 EuGH, Urt. v. 13. 10. 2011 – C-439/09 – Pierre Fabre Dermo-Cosmétique SAS / Président de l'Autorité de la concurrence u. a.

189 Für nähere Informationen vgl. Europäische Kommission, Sector inquiry into e-commerce, abrufbar unter http://ec.europa.eu/competition/antitrust/sector_Inquiries_e_commerce.html.

190 Vgl. Europäische Kommission, Pressemitteilung IP/16/922 v. 18. März 2016, abrufbar unter http://europa.eu/rapid/press-release_IP-16-922_de.htm. sowie Europäische Kommission, Preliminary Report, SWD (2016) 312 final, abrufbar unter http://ec.europa.eu/competition/antitrust/sector_inquiry_preliminary_report_en.pdf

191 Abrufbar unter http://ec.europa.eu/DocsRuum/documents/16742/attachments/2/translations/de/renditions/native.

auftreten. Berichten zufolge erwägt daher die Kommission eine Regulierung der neuen Kommunikationsdienstleister.[192]

2. Bestpreisklauseln

Europaweit viel Aufsehen erregten die Verfahren des Bundeskartellamts gegen die Buchungsplattformen Booking.com, HRS und Expedia wegen der Verwendung sogenannter Bestpreis-Klauseln. Partnerhotels der jeweiligen Plattform durften nach den Klauseln weder auf anderen Buchungsplattformen noch auf der eigenen Website günstigere Zimmerpreise, höhere Zimmerverfügbarkeiten oder bessere Stornierungsbedingungen anbieten (sog. „weite Bestpreis-Klausel"). Da das Kartellamt zunächst die Verwendung der Klauseln untersagte, implementierte Booking.com eine modifizierte Klausel, nach welcher die Partnerhotels im Anbieten auf anderen Plattformen frei blieben und nur auf der eigenen Website keine günstigeren Bedingungen anbieten durften (sog. „enge Bestpreis-Klausel"). Das Kartellamt untersagte Booking.com auch die Verwendung der engen Klausel.[193]
Im einstweiligen Rechtsschutz dagegen unterlag Booking.com.[194] Im europäischen Vergleich verfolgt das Kartellamt damit einen restriktiven Ansatz. Die Behörden anderer Mitgliedstaaten sehen allein weite Bestpreis-Klauseln als wettbewerbsbeschränkend an. Hingegen hat Frankreich inzwischen Bestpreis-Klauseln für Buchungsplattformen gesetzlich verboten.[195]

D. Technische Standardisierung & Vernetzung

Ein gänzlich anderes Problemfeld in der digitalisierten Wirtschaft ist die kartellrechtliche Durchbrechung beziehungsweise Beschränkung der Ausschließlichkeit eines Zugangs zu Informationen und Schutzrechten. Gegenstand der Diskussionen ist dabei stets, unter welchen genauen Voraussetzungen marktbeherrschende Unternehmen verpflichtet sind, anderen Marktteilnehmern Zugang zu gewähren. Dieser Zugang kann originäre Ausschließlichkeitsrechte (gewerbliche Schutzrechte) ebenso betreffen wie Daten oder Infrastruktureinrichtungen.

I. Kartellrechtliche Grenzen bei der Durchsetzung standard-essenzieller Patente

Die digitale Wirtschaft funktioniert nur über technische Kommunikation von Geräten. Hieraus folgt eine zunehmende Bedeutung technischer Standards. Soweit diese wie häufig nur unter Nutzung von Patenten erfüllt werden können, entsteht eine zunehmende Abhängigkeit von standard-essenziellen Patenten.
Im Ausgangspunkt verleiht die Rechtsordnung Schutzrechtsinhabern ein Ausschließlichkeitsrecht. Insofern handelt auch ein Patentinhaber grundsätzlich nicht missbräuchlich, wenn er in Ausübung seines Ausschließlichkeitsrechts eine Verletzungsklage gegen vermeintliche Patentverletzer erhebt. Nur unter außergewöhnlichen Umständen kann sich eine auf Unterlassung und Rückruf gerichtete Verletzungsklage als missbräuchlich darstellen.[196] Für standard-essenzielle Patente allerdings, das heißt solche, auf deren Nutzung andere Marktteilnehmer angewiesen sind, um einen technischen Standard zu erfüllen und um damit in einem nachgelagerten Markt überhaupt operieren zu

---

[192] http://www.heise.de/newsticker/meldung/EU-Kommission-will-angeblich-Dienste-wie-WhatsApp-staerker-regulieren-3294683.html.

[193] Eingehend dazu Bundeskartellamt, Fallbericht B9-121/13, abrufbar unter http://www.bundeskartellamt.de/SharedDocs/Meldung/DE/AktuelleMeldungen/2016/22_03_2016_Fallbericht_Booking.html (Stand: 08.06.2016).

[194] OLG Düsseldorf, BeckRS 2016, 10054.

[195] Zum durch das Loi Macron eingeführten Verbot http://www.ahgz.de/unternehmen/frankreich-verbietet-ratenparitaetsklauseln,200012223391.html. Ob diese Regelung EU-rechtskonform ist, ist durchaus fraglich und kann wohl nur bejaht werden, wenn die Klauseln den zwischenstaatlichen Handel nicht berühren.

[196] EuGH, C-418/11 – IMS Health.

können, hat der EuGH 2015 in seiner Huawei-Entscheidung neue Maßstäbe gesetzt. Danach muss der Patentinhaber, jedenfalls wenn er sich gegenüber einer Standardisierungsorganisation zur Lizenzierung des Patents zu fairen und diskriminierungsfreien Bedingungen (sogenannte FRAND-Bedingungen)[197] verpflichtet hat, vor Erhebung einer Verletzungsklage nicht nur mit dem Verletzer in Verhandlungen treten, sondern diesem ein konkretes Lizenzangebot einschließlich der Lizenzberechnung vorlegen.[198] Selbst wenn er dies beachtet, kann der Verletzer sich auch dann auf einen Missbrauch berufen, wenn er dem Patentinhaber unverzüglich ein Gegenangebot zur Lizenzierung zu FRAND-Bedingungen vorgelegt hat.

Im Nachgang zu der Huawei-Entscheidung haben insbesondere deutsche Gerichte (Mannheim, Karlsruhe und Düsseldorf) weitere Konkretisierungen vorgenommen. Insbesondere Düsseldorf hat dabei die Gewichte weiter in Richtung einer Stärkung der Position der Patentnutzer verschoben.[199]

Die weitere Rechtsentwicklung in diesem Bereich wird eine erhebliche Bedeutung für die Arbeit in den Rechtsabteilungen nicht nur in telekommunikationsnahen Industrien entfalten. Insbesondere für die Automobilindustrie (Vernetzung des Automobils, automatisiertes Fahren), aber auch im Maschinenbau (Machine-to-Machine-Kommunikation) werden sich vermehrt Fragen des Zugangs zu SEP stellen.

II. Zugang zu Daten

Bislang noch nicht im Fokus der öffentlichen Debatte steht die Frage, inwieweit der Zugang zu Daten selbst der kartellrechtlichen Regulierung unterliegt. Diese Frage stellt sich nicht nur im Hinblick auf den enormen Datenbestand von zum Beispiel Google, sondern kann sich in Zeiten von Machine-to-Machine (M2M)-Kommunikation, Internet of Things und einem vernetzten Fahren auch in eher traditionellen Industrien stellen. Das Wirtschaftspotenzial des Internet of Things wird teilweise bei mehreren Hundert Milliarden Euro gesehen.[200] Insbesondere im Bereich von Verbrauchsgütern und Ersatzteilen wird insofern zunehmend relevant werden, unter welchen genauen Voraussetzungen und Bedingungen Hersteller aktuellen und potenziellen Wettbewerbern auf nachgelagerten Märkten Zugang zu Daten und Schnittstellen gewähren müssen. Insoweit stellt sich die Frage, inwieweit Daten als Essential Facility angesehen werden können. Nach traditioneller Betrachtung scheidet dies aus, wenn eine Duplizierbarkeit besteht.[201] Nicht unerheblich könnte hierbei werden, dass das Kartellamt in Fällen aus der digitalen Wirtschaft das Argument des drohenden Tipping bereits anerkannt hat. Mit anderen Worten scheint es aus Sicht der Behörden Szenarien zu geben, bei denen eine Duplizierbarkeit faktisch ausscheidet. Hier wird die weitere Rechtsentwicklung abzuwarten sein.

---

[197] FRAND = Fair, Reasonable and Non-Discriminatory.

[198] EuGH, Urt. v. 16.7.2015 – C-170/13 – Huawei Technologies Co. Ltd./ZTE Corp., ZTE Deutschland GmbH.

[199] OLG Düsseldorf, Beschluss vom 13. Januar 2016, Az. I-15 U 65/15.

[200] Siehe etwa http://www.computerwoche.de/a/ueber-machine-to-machine-und-internet-der-dinge-zur-industrie-4-0,3068010.

[201] EuGH, Urteil vom 26. November 1998, Rechtssache C-7/97 – Oscar Bronner.

Vertragsrecht, Maschinenerklärungen und Smart Contracts

Dr. Markus Kaulartz

Die digitale Wirtschaft wird auch dadurch geprägt, dass Geräte und Maschinen direkt miteinander kommunizieren und Erklärungen untereinander austauschen können. Sollen diese Erklärungen rechtlich verbindlich sein, müssen sie jenen Personen zugerechnet werden, die für den Betrieb der jeweiligen Maschinen verantwortlich sind. Kommt es bei automatisierten Vertragsabschlüssen zu Irrtümern, sind dementsprechend die bewährten Anfechtungsregelungen anzuwenden. Dabei kann es aber zu verschiedenen Abgrenzungsproblemen kommen.

Auch Transaktionen in einer sogenannten Blockchain eignen sich zum Austausch von Erklärungen. Bei der Blockchain handelt es sich um eine Technologie, die eine sichere und integre Kommunikation verspricht. Sie wird beispielsweise bei Transaktionen mit der Kryptowährung „Bitcoin" verwendet. Kern der Blockchain sind Transaktionen, die zwischen Beteiligten ausgetauscht und in einem P2P-Netzwerk gespeichert werden. Dort, wo diese Transaktionen mit Bedingungen verknüpft werden, entstehen sogenannte „Smart Contracts". Diese können Rechtswirkungen entfalten oder sich alternativ darauf beschränken, auf herkömmlichem Wege geschlossene Verträge durchzuführen. Die Forschung zu Smart Contracts ist in vollem Gange und bringt schon heute vielversprechende Anwendungen hervor.

▶ Autonom handelnde Maschinen haben de lege lata keine Rechts-persönlichkeit. Die durch sie ausgetauschten Willenserklärungen werden jenen Personen zugerechnet, welche die Maschinen betreiben. Irrtumsfragen sind über die bewährten Anfechtungs-regeln zu lösen.

▶ Dort, wo zwei oder mehrere Maschinen regelmäßig unterneh-mensübergreifend Erklärungen miteinander austauschen, sind Rahmenverträge zwischen den beteiligten Unternehmen dazu geeignet, Rechtsunsicherheiten und Beweisschwierigkeiten zu beseitigen.

▶ Besonders geeignet zum Austausch von Erklärungen ist die Blockchain-Technologie. Hierbei werden identische Datenbanken ohne eine zentrale Instanz verwaltet. Für die Integrität der Daten sorgt die Mehrheit eines P2P-Netzwerkes. Datenmanipulationen sind (praktisch) ausgeschlossen.

▶ Smart Contracts beruhen auf der Blockchain-Technologie. Mit ihnen lassen sich programmierte, „selbst-ausführende" und „selbst-durchsetzende" Verträge abschließen. Sie ermöglichen es, Teile von Rechtsgeschäften automatisiert zu leben. Eine Rechnung zahlt sich gewissermaßen selbst.

A. Vertragsrecht und Maschinenerklärungen

Im Kontext der digitalen Wirtschaft, insbesondere der Industrie 4.0, schließen nicht mehr nur natürliche und juristische Personen miteinander Verträge, sondern auch Maschinen tauschen rechtsverbindliche Erklärungen aus. Das BGB erweist sich als hinreichend flexibel, um diese rechtlich fassbar zu machen.

I. Rechtspersönlichkeit von Maschinen

Nach heutigem Rechtsverständnis haben Maschinen mangels Fähigkeit zum sozialen Handeln und zur Willensbildung, mangels Geschäfts- und Handlungsfähigkeit sowie mangels Bewusstsein über die eigene Existenz keine Rechtspersönlichkeit.[202] Sie sind daher weder Träger von Rechten und Pflichten noch können sie Erklärungen abgeben, die sie selbst binden. Angesichts fortschreitender Entwicklung und Verselbstständigung technischer Systeme steigt der Automatisierungsgrad zwar stetig an[203] und die Grenze zum eigenen Bewusstsein einer Maschine verschwimmt immer mehr – de lege lata beschränkt aber die verfassungsrechtliche Entscheidung in Art. 1, 2 Abs. 1, 9 GG die Fähigkeit zur Rechtspersönlichkeit auf natürliche und juristische Personen.[204]
Inwieweit Rechtsordnungen künftig auch Maschinen als Träger von Rechten und Pflichten qualifizieren, ist eine der spannendsten Rechtsfragen der nächsten Jahrzehnte.[205]

II. Zurechnung von Maschinenerklärungen

Erklärungen, die von Maschinen selbsttätig erzeugt und übermittelt werden – sei es autonom durch Softwareagenten oder schlicht als einfache Computererklärungen –, sind rechtlich jener Person zuzurechnen, welche das jeweilige System betreibt. Dies ergibt sich nicht durch eine analoge Anwendung des Vertretungsrechts,[206] denn dieses ist mangels einer falsus-procurator-Haftung (§ 179 BGB) von Maschinen wenig interessengerecht. Begründen lässt sich die Zurechnung vielmehr mit allgemeinen Grundsätzen zum Zustandekommen von Verträgen. Für die Wirksamkeit einer Willenserklärung werden nämlich das allgemeine Erklärungsbewusstsein und der generell vorhandene Wille, eine solche Maschine einzusetzen, als ausreichend angesehen.[207] Keine Rolle spielt es daher, dass dem Betreiber ein konkretes Erklärungsbewusstsein und ein konkreter Geschäftswille im Moment der Erzeugung der Erklärung fehlen. Voraussetzung ist lediglich, dass der Wille des Betreibers der Maschine, sich die Erklärung der Maschine als eigene zurechnen zu lassen, für den jeweiligen Empfänger erkennbar ist.
Wertungsmäßig überzeugt es, dass derjenige, der eine Software zur Abgabe oder zum Empfang von solchen Erklärungen einsetzt, die objektiv als rechtsverbindliche Erklärungen angesehen werden, sich hieran auch festhalten lassen muss.[208] Nach derzeitiger Rechtslage gilt dies auch, wenn wegen des steigenden Grades an Automatisierung die konkrete Erklärung für den Betreiber der Maschine nicht vorhersehbar ist.

[202] Cornelius, MMR 2002, 353, 354; Müller-Hengstenberg/Kirn, MMR 2014, 307, 308; Sester/Nitschke, CR 2004, 548; Beck, JR 2009, 225, 229 f.; Gleß/Weigend, ZStW 2014, 561, 573 ff.
[203] Kirn/Müller-Hengstenberg, MMR 2014, 225.
[204] Müller-Hengstenberg/Kirn, MMR 2014, 307, 308.
[205] Vgl. etwa die Überlegungen von Beck, JR 2009, 225; Kerr, Providing for Autonomous Electronic Devices in the Uniform Electronic Commerce Act, 1999, S. 22 f.; sowie ferner die Arbeiten der Forschungsstelle RobotRecht der Universität Würzburg.

[206] Sorge, Softwareagenten, 2005, S. 118.
[207] Spindler in: Spindler/Schuster, Recht der elektronischen Medien, 3. Auflage 2015, Vorbemerkung zu §§ 116 ff., Rn. 6, 9; Singer in: Staudinger, 2012, Vorbem. zu §§ 116 ff., Rn. 57; Krüger/Bütter, WM 2001, 221, 223 f.; Mehrings, MMR 1998, 30, 31; Kitz in: Hoeren/Sieber/Holznagel, Multimedia-Recht, 42. EL 2015, Teil 13.1 Rn. 51 ff.; vgl. ferner BGH, MMR 2013, 296, 297 sowie den Meinungsstand bei Sorge, Softwareagenten, 2005, S. 24 ff.
[208] Cornelius, MMR 2002, 353, 355; Krüger/Bütter, WM 2001, 221, 223 f.

Welche Rechtsgebiete sind aus Ihrer Sicht am meisten von der digitalen Transformation
(Digital Economy, Industrie 4.0) betroffen und bergen die größten rechtlichen Herausforderungen?

Vertragsrecht/Rechtsgeschäfte:

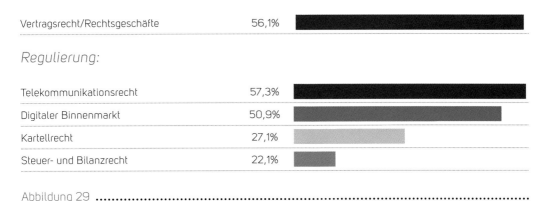

| Vertragsrecht/Rechtsgeschäfte | 56,1% | |

Regulierung:

Telekommunikationsrecht	57,3%	
Digitaler Binnenmarkt	50,9%	
Kartellrecht	27,1%	
Steuer- und Bilanzrecht	22,1%	

Abbildung 29

III. Anfechtung von Maschinenerklärungen

Dort, wo sich automatisiert abgegebene Willenserklärungen nicht mit dem Willen des Betreibers decken, kommt mitunter eine Anfechtung in Betracht. Dabei muss danach unterschieden werden, ob der Irrtum während oder vor der Abgabe der Erklärung auftrat. Im letzten Fall liegt ein unbeachtlicher Motivirrtum vor: Beruht ein Irrtum etwa auf fehlerhaftem Datenmaterial, so ist meist lediglich die vorgelagerte Datenerhebung betroffen.[209] Ferner kann der Betreiber nicht damit gehört werden, dass er eine Erklärung der autonom handelnden Maschine nicht gegen sich gelten lassen will, weil sie für ihn nicht vorhersehbar war. Treten Fehler hingegen bei der Übermittlung der Erklärung zum Empfänger auf, kommt eine Anfechtung nach § 120 BGB in Betracht.[210]
Umstrittener ist die Lage bei unerkannt gebliebenen Softwarefehlern: Während teils lediglich ein unbeachtlicher Motivirrtum mit dem Argument

angenommen wird, im Einsatz einer Software seien die Beweggründe und damit das Motiv für eine Erklärung zu sehen,[211] stellt die wohl herrschende Meinung mit dem Argument eines Eingabefehlers bei der Programmierung auf einen Erklärungsirrtum nach § 119 Abs. 1 Var. 2 BGB ab,[212] teilweise wegen des fehlerhaften Datentransfers auch auf einen Übermittlungsirrtum nach § 120 BGB.[213] Beruht die Annahmeerklärung auf einer fehlerhaften invitatio ad offerendum, soll ein Inhaltsirrtum nach § 119 Abs. 1 Var. 1 BGB vorliegen, da die Erklärung nicht jenen Inhalt habe, welche sie bei einer fehlerfreien invitatio ad offerendum gehabt hätte.[214]
Bei manipulierten Erklärungen, also etwa als Folge von Hackerangriffen, kommt (überdies) eine Haftung nach den Grundsätzen der Anscheins- oder Duldungsvollmacht sowie eine Haftung auf das negative Interesse wegen Verletzung vorvertraglicher Pflichten nach §§ 280 Abs. 1, 241 Abs. 2, 311 Abs. 2 BGB in Betracht.[215]

---

[209] Mehrings, MMR 1998, 30, 32; Singer in: Staudinger, 2012, § 119, Rn. 37; Ellenberger in: Palandt, 75. Auflage 2016, § 119 Rn. 10.
[210] Mehrings, MMR 1998, 30, 32.

[211] Mehrings, MMR 1998, 30, 32; Redeker, IT-Recht, 5. Auflage 2012, Rn. 859; LG Köln, MMR 2003, 481.
[212] BGH CR 2005, 355; Singer in: Staudinger, 2012, § 119, Rn. 36.
[213] OLG Hamm, NJW 2004, 2601; OLG Frankfurt, CR 2003, 450; vgl. ferner die Argumente bei BGH, CR 2005, 355.
[214] Singer, LMK 2005, 67, 68.
[215] Singer in: Staudinger, 2012, Vorbem. zu §§ 116 ff., Rn. 57; Herresthal, K&R 2008, 705, 708 ff.; BGH, MMR 2011, 447.

Richtig ist wohl, dass sich wegen der Vielschichtigkeit des Austauschs von Willenserklärungen eine pauschale Betrachtung und Einordnung verbietet. Vielmehr ist im Einzelfall zu fragen, wo der Irrtum beziehungsweise der Fehler lag. Dementsprechend ist dann der Irrtum in die unterschiedlichen Irrtumskategorien der §§ 119, 120 BGB einzuordnen.

IV. Zwischenergebnis

Durch eine stringente Anwendung der Vorschriften des BGB lassen sich Willenserklärungen zwischen Maschinen gut fassen.

Ist vorhersehbar, dass Maschinen aus unterschiedlichen Unternehmen im Rahmen der Zusammenarbeit dieser Unternehmen regelmäßig (teil)autonom Erklärungen abgeben, die rechtlich verbindlich sein sollen, empfiehlt sich der Abschluss von Rahmenverträgen zwischen diesen Unternehmen, in denen die Rahmenbedingungen für die Interaktion dieser Maschinen geregelt werden. Auf diese Weise lassen sich gegebenenfalls bestehende Rechtsunsicherheiten, insbesondere im Bereich der Anfechtung, und praktische Beweisschwierigkeiten vermeiden. Vor allem die Rechtsfolgen von Irrtümern und Fehlern können in solchen Rahmenverträgen geregelt werden. Hierbei ist in jedem Falle juristische Kreativität gefragt.

B. Blockchains und Smart Contracts

Um Erklärungen zwischen Maschinen manipulationssicher zu dokumentieren, eignet sich die sogenannte Blockchain – eine Technologie, die gerade in vielerlei Branchen intensiv diskutiert wird.

I. Die Blockchain-Technologie

1. Dezentrale Struktur

Bei einer Blockchain handelt es sich um eine Art digitalen Kontoauszug für Erklärungen zwischen Computern, der in identischer Form in verschiedenen Datenbanken gespeichert ist, ohne dabei zentral verwaltet zu werden. Dies ist eine fundamentale Neuerung, da Daten bislang entweder zentral gesteuert und gespeichert werden (zum Beispiel durch eine Bank) oder eben an verschiedenen Orten gespeichert, aber nicht identisch sind (zum Beispiel. E-Mails in Postfächern). Bei der dezentralen Struktur der Blockchain hingegen steht die Mehrheit der in einem P2P-Netzwerk beteiligten Rechner für die Integrität der Daten ein – dies schließt Manipulationen (praktisch) aus.

2. Technische Hintergründe

Bekanntes Beispiel der Blockchain-Technologie ist die Kryptowährung Bitcoin,[216] die Anwendungsmöglichkeiten gehen jedoch weit darüber hinaus. Um sich ein Bild ihrer Funktion[217] zu machen, stelle man sich im Ausgangspunkt eine eindeutige ID vor, die etwa einen Vermögenswert referenziert (Grundstück, Aktie, Geld et cetera) oder eben ein Bitcoin. Mittels einer geschickten Kombination von Signaturen sowie Verschlüsselungs- und Hashfunktionen wird sichergestellt, dass über diese ID nur verfügen kann, wer im Besitz eines passenden, nur dem Verfügenden bekannten privaten Schlüssels ist. Die Verfügungsbefugnis kann mittels eines allgemein bekannten öffentlichen Schlüssels überprüft werden. Gleichzeitig fungiert dieser öffentliche Schlüssel auch als eine Art Kontonummer, an welche die Verfügungsbefugnis übertragen werden kann. Man spricht von Transaktionen.[218] An dieser Stelle besteht ein Problem darin, dass der Adressat einer Transaktion wegen der Signatur zwar sicher weiß, dass der Absender zuvor die Verfügungsbefugnis innehatte. Er weiß allerdings nicht, ob der Absender die Transaktion

---

[216] Zu einer rechtlichen Analyse von Bitcoins vgl. etwa Boehm/Pesch, MMR 2014, 75; Spindler/Bille, WM 2014, 1357; Engelhardt/Klein, MMR 2014, 355; Kütük/Sorge, MMR 2014, 643; Beck/König, JZ 2015, 130; Kaulartz, CR 2016, 474 ff.

[217] Für eine vertiefte Darstellung der Blockchain-Technologie vgl. Kaulartz, CR 2016, 474 ff.; Sorge/Krohn-Grimberghe, DuD 2012, 479.

[218] Kaulartz, CR 2016, 474, 475 f.

nicht auch an einen Dritten gesendet hat. Eine herkömmliche Banken-IT löst dies dadurch, dass der Kontostand zentral überwacht wird und eine Überweisung eine Kontodeckung bedingt.

Die Blockchain-Technologie hingegen macht eine solche zentrale Instanz überflüssig. Die Idee ist, ausgeführte Transaktionen in Blöcke zu schreiben und diese Blöcke miteinander zu verketten. Alle Blöcke werden auf den an einem P2P-Netzwerk beteiligten Rechnern gespeichert. Hierdurch kann sichergestellt werden, dass eine Transaktion nur dann valide durchgeführt werden kann, wenn sie nicht bereits in einem Block gespeichert wurde.[219]

Diese Wirksamkeitsvoraussetzung lässt sich um beliebige Bedingungen erweitern, wie beispielsweise das Erreichen eines bestimmten Börsenkurses oder die Übereignung einer Ware. Man spricht von Smart Contracts.

II. Smart Contracts

1. Definition

Bei einem Smart Contract handelt es sich um eine Software, die rechtlich relevante Handlungen (insbesondere einen tatsächlichen Leistungsaustausch) in Abhängigkeit von digital prüfbaren Ereignissen steuert, kontrolliert und/oder dokumentiert, mit deren Hilfe aber auch dingliche und/oder schuldrechtliche Verträge geschlossen werden können.[220]

2. Anwendungsbereiche und Vorzüge

Die Anwendung von Smart Contracts steht eng in Verbindung mit der Anwendung der Blockchain. Für diese werden Einsatzgebiete derzeit in den unterschiedlichsten Branchen diskutiert, von Banken und Versicherungen bis hin zur öffentlichen Verwaltung. Die Stärke der Technologie liegt darin, einem Treuhänder gleich

Vertrauen zu schaffen. Die Idee ist beispielsweise, dass der Käufer beim Abschluss eines Kaufvertrages den Smart Contract mit Geld „auflädt" und der Smart Contract das Geld an den Verkäufer ausbezahlt, sobald die Sendungsverfolgung die Zustellung des Pakets bestätigt. Der Verkäufer trägt keinerlei Gegenleistungsrisiko, denn bereits im Moment des Vertragsschlusses konnte er sich der Erfüllung seiner Kaufpreisforderung sicher sein. Die Rechnung zahlt sich gewissermaßen selbst. Die durch die Blockchain-Technologie garantierte Ausführung dieser deterministischen Algorithmen ist einer der Hauptvorzüge von Smart Contracts.

Wegen ihrer dezentralen Struktur kann eine Blockchain ihre Stärke paradoxerweise aber auch dort gut ausspielen, wo bislang ein zentraler Intermediär zur Schaffung von Vertrauen vonnöten war: Durch das verteilte Speichern im P2P-Netzwerk könnte die Integrität der Daten in Grundbüchern, Handelsregistern oder etwa Domainregistern sichergestellt werden.

3. Rechtliche Würdigung

Wie das obige Beispiel zeigt, liegt die Stärke von Smart Contracts nicht in der Regelung rechtlicher Beziehungen.[221] Sie dienen vielmehr dazu, einen von den beteiligten Personen beabsichtigten Austausch von Leistungen abzusichern und dessen Durchführung zu steuern und zu überwachen. Ob dabei ein schuldrechtlicher Vertrag als Rechtsgrund für diesen Leistungsaustausch besteht, spielt für die Durchführung eines Smart Contracts an sich keine Rolle. Als Software arbeiten sie ihren Programmcode ab, ohne dabei an rechtliche Rahmenbedingungen gebunden zu sein.

Trotzdem stellt sich die Frage, ob in Form des Smart Contracts rechtlich wirksame Vereinbarungen getroffen werden könnten, ob der Smart Contract also die rechtlichen Bedingungen eines

[219] Nakamoto, Bitcoin: A Peer-to-Peer Electronic Cash System, 2008, S. 3, abrufbar unter: https://bitcoin.org/bitcoin.pdf (zuletzt abgerufen am 23.08.2016); Kaulartz, CR 2016, 474, 476.
[220] Kaulartz/Heckmann, CR 2016, 618-624.

[221] Gleichwohl kann der Abschluss eines Smart Contracts mit dem Abschluss eines Rechtsgeschäfts zusammenfallen.

Verpflichtungs- oder Verfügungsgeschäfts beinhalten könnte.

a) Smart Contracts als Verträge im Rechtssinne?

Hierzu müssten die Transaktionen, welche in einer Blockchain gesendet werden, als übereinstimmende, wirksame Willenserklärungen zu qualifizieren sein, die sich im Quellcode des Smart Contracts ausdrücken.[222] Entscheidend wäre dafür, dass die Parteien mit Erklärungsbewusstsein und Geschäftswillen handeln.[223] Während man bei der Kommunikation zwischen natürlichen Personen in der Praxis selten davon ausgehen kann, dass sich der Erklärungsgehalt ihrer Willenserklärung nach dem objektiven Empfängerhorizont aus dem Quellcode einer Software ergibt, so ist dies bei der Kommunikation zwischen Maschinen ein durchaus diskussionswürdiges Szenario. Dagegen sollte wegen der in § 311 Abs. 1 BGB i.V.m. Art. 2 Abs. 1 GG normierten Vertragsfreiheit auch nicht sprechen, dass es sich bei einer Programmiersprache nicht um eine natürliche Sprache handelt. Selbst individuelle Sprachkenntnisse sollten keine Rolle spielen.[224] Dies wird bestätigt durch § 130 Abs. 1 BGB, wo die Entscheidung des Gesetzgebers für die Erklärungs- und gegen die reine Vernehmungstheorie zum Ausdruck kommt.[225]

b) Smart Contracts als Ausführung des vertraglich Vereinbarten

Für die heutige Alltagspraxis ist fernab dieser Überlegungen indes festzuhalten, dass der Programmcode eines Smart Contracts weder schuldrechtliche noch dingliche Regelungen enthält. Gleichwohl kann der Abschluss eines Smart Contracts mit dem Abschluss von Verpflichtungs- und Verfügungsgeschäften zusammenfallen. Deren Inhalt ergibt sich dann aus den allgemeinen Umständen, auf einer Internetseite etwa aus der Gestaltung der Internetseite, aus den „AGB", aus dem Inhalt von Formularen und aus der Beschriftung des Buttons,[226] mit dem der Smart Contract abgeschlossen – die Transaktion also versandt – werden soll.

Statt also die vertraglichen Regelungen im Programmcode zu enthalten, führt der Smart Contract den schuldrechtlich vereinbarten Leistungsaustausch durch. Dabei kann er auch ein vereinbartes Verfügungsgeschäft technisch abbilden: Vereinbaren die Parteien in den AGB eines Kaufvertrages etwa einen Eigentumsvorbehalt, so könnte der Leistungsaustausch mit Hilfe eines Smart Contracts durchgeführt werden, der den tatsächlichen Austausch der Leistungen an den Eintritt der Bedingung knüpft, dass die Kaufpreisforderung erfüllt worden ist. Diese Bedingung würde durch den Smart Contract überwacht.

c) Lücke zum vertraglich Vereinbarten

Der dergestalt beschriebene Smart Contract ist demnach eine Übersetzung des zwischen den Parteien Vereinbarten in einen Programmcode. Hierbei stellen sich mehrere Herausforderungen: Zum einen kann der Smart Contract keine unbestimmten Rechtsbegriffe enthalten, da der Programmcode keiner Auslegung zugänglich ist. Überdies kann der Smart Contract nur digital zugängliche Bedingungen verarbeiten, weswegen etwa die Frage nach der Mangelhaftigkeit einer Sache nicht durch einen Smart Contract beantwortet werden kann. Schließlich darf der Smart Contract nicht gegen das vertraglich Vereinbarte oder gegen geltendes Recht verstoßen. Folge wäre sonst jeweils, dass der Smart Contract auf herkömmlichem Wege, also in der „realen Welt", korrigiert oder gar rückabgewickelt

---

[222] Kaulartz/Heckmann, CR 2016, 618-624.

[223] Ellenberger in: Palandt, 75. Auflage 2016, Einf. v. § 116 Rn. 1.

[224] BAG, JuS 2015, 65; Dehler, Die Zurechnung des Sprachrisikos bei Willenserklärungen, 2003, S. 219.

[225] Einsele, in: MüKo-BGB, 2015, § 130 Rn. 28; Spindler, in: Spindler/Schuster, Recht der elektronischen Medien, 2015, § 130 Rn. 2.

[226] Vgl. allgemein Kitz, in: Hoeren/Sieber/Holznagel, Multimedia-Recht, 42. Ergänzungslieferung 2015, Teil 13.1, Rn. 10; BGH, NJW 2002, 363, 364 f.

werden müsste. Seine Vorzüge gingen also verloren. Um dies zu verhindern, kann der Programmcode des Smart Contracts entweder um eine Reihe von Rechten (wie etwa einem Rücktrittsrecht, gefolgt von einer Rückabwicklung) ergänzt werden. Oder aber der Smart Contract sieht einen Zugang für eine Schiedsstelle vor, welche in die Ausführung des Programmcodes eingreift.[227]

4. Einfluss auf die Tätigkeit von Juristen

Entgegen mancher Prophezeiung werden Smart Contracts Juristen keinesfalls überflüssig machen, sondern ihre Tätigkeit bereichern. Grund ist die Zusammenarbeit mit Entwicklern, die Verträge in Programmcode abbilden und dabei auf Juristen angewiesen sind, welche die Gesetze kennen und dabei beraten, welche Funktionen der Smart Contract bereitzustellen hat und wie Vertrag und Gesetz auszulegen sind.

III. Fazit und Ausblick

Die Blockchain ist ein mächtiges Werkzeug zur Dokumentation von ausgetauschten Erklärungen in dezentralen Datenbanken. Wer die Blockchain in Verbindung mit Smart Contracts nutzt, kann „selbst-ausführende und selbst-durchsetzende" Verträge schaffen. Trotz der missverständlichen Bezeichnung als „Contract" bilden Smart Contracts meist nur einen Leistungsaustausch ab.

Der Einsatz der Blockchain und von Smart Contracts in der Praxis ist keine Frage des Ob, sondern eine Frage des Wann. Allerdings darf nicht voreilig übersehen werden, dass die weitere Entwicklung vor zahlreichen technischen Herausforderungen steht: Skalierbarkeit, Standardisierung, Sicherheit, Quantentechnik, Ressourcenverbrauch, Datenmengen et cetera. Der Einsatz von Smart Contracts im täglichen Geschäftsleben wird auch zu vielen weiteren

rechtlichen Fragen führen, beispielsweise betreffend die Regulierung, den Daten- und Verbraucherschutz, das Wettbewerbs- und Kartellrecht sowie die Haftung. In diesem Zusammenhang werden aber nicht unbedingt neue gesetzliche Regelungen erforderlich sein. Die neu entstehenden tatsächlichen Konstellationen dürften sich in aller Regel mit dem de lege lata bestehenden rechtlichen Instrumentarium gut bewältigen lassen.

---

[227] Kaulartz/Heckmann, CR 2016, 618-624.

E-Payment – Praktische Bedeutung und rechtliche Fallstricke

Florian Dietrich

E-Payment – was vor einigen Jahren noch allenfalls als Randerscheinung neben klassischen Zahlungsmethoden wahrgenommen wurde, ist heute für Kunden ein zentraler Bestandteil der Kaufentscheidung und für Händler ein wichtiger Conversion-Faktor. Doch was ist E-Payment überhaupt und welche Chancen und Risiken verbergen sich dahinter? Fragen, deren Antworten im wettbewerbsträchtigen Internetgeschäft über Erfolg und Misserfolg entscheiden können.

▶ Der Markt für Anbieter von E-Payment ist mittlerweile hart umkämpft. Neben dem Platzhirsch PayPal gibt es eine Vielzahl substituierbare Dienste. Dabei kommen zum Beispiel SOFORT Überweisung, GiroPay oder die Bezahlung per Mobilfunkrechnung ohne Kundenkonto aus und beschleunigen damit den Bezahlvorgang.

▶ In rechtlicher Hinsicht liegt in der Regel ein Drei-Personen-Verhältnis vor. Dies entspricht den Rechtsbeziehungen beim analogen Banking.

▶ E-Payment-Anbieter treffen eine Reihe von gesetzlichen Pflichten, etwa im Rahmen der Bankenaufsicht, Informationspflichten und Datenschutz.

▶ Vorsicht ist geboten bei den Vertragswerken der E-Payment-Anbieter. Sie enthalten häufig nachteilige Regelungen für den Nutzer des einbindenden Online-Shop, die sich in den seltensten Fällen verhandeln lassen, insbesondere hinsichtlich Auszahlungen und Einbehalten. Hierfür sollten die jeweiligen Fachabteilungen im Unternehmen sensibilisiert werden.

A. Begriff und Bedeutung von E-Payment

Der Begriff E-Payment umfasst alle Möglichkeiten, ohne physischen Kontakt mit Bargeld oder einer Bankkarte Zahlungen vorzunehmen. Davon sind grundsätzlich auch das herkömmliche Online-Banking, die klassische Kreditkarte und die SEPA-Lastschrift umfasst. Diese drei klassischen „bankenrechtlichen" Möglichkeiten des Bezahlens im Internet sollen im vorliegenden Beitrag aber ausgeklammert werden, da sie dem herkömmlichen Verständnis nach von E-Payment nicht umfasst sind. Eine Trennung von E-Payment und M-Payment, also der Zahlung über mobile Endgeräte, erfolgt in diesem Beitrag ebenfalls nicht, da die rechtlichen Regelungen für beide Arten der Zahlung identisch sind.

Der Fokus dieses Beitrags liegt auf dem Angebot von Drittunternehmen, Zahlungen an Online-Händler abzuwickeln. Die Anzahl der Anbieter ist in den vergangenen Jahren stetig gewachsen. Der nachfolgende Abschnitt soll zunächst einen Überblick über die größten und meistgenutzten Anbieter am Markt und die dahinter stehenden Konzepte geben. Der bekannteste und meist genutzte E-Payment-Dienst ist PayPal, das bis Mitte letzten Jahres zum eBay-Konzern gehörte. Mit nach eigenen Angaben 188 Millionen aktiven Mitgliedskonten weltweit, davon über 16 Millionen in Deutschland, ist PayPal unangefochtener Marktführer im Bereich Payment Processing. PayPal bietet seinen Nutzern ein digitales Konto, das als Privat- oder Geschäftskonto geführt werden kann und ermöglicht darüber den Empfang und Versand von Zahlungen über das Internet.

Ein vergleichbares Konzept verfolgt Skrill (ehemals Moneybookers). Das Unternehmen ist mit 35 Millionen Nutzerkonten weltweit, von denen 500.000 auf Deutschland entfallen, insbesondere auf nationaler Ebene aber erheblich weniger bedeutsam als PayPal.

Zuletzt haben auch die Banken und Sparkassen Deutschlands ein gemeinsames Konkurrenzprodukt auf den Markt gebracht: paydirekt. Im Unterschied zu PayPal soll die Bezahlung über die Verbindung mit dem bestehenden Girokonto ohne Einbeziehung eines dritten Anbieters erfolgen, womit ein höherer Sicherheitsstandard gewährleistet werden soll.

Immer häufiger angeboten wird auch die SOFORT Überweisung. Dieses Verfahren imitiert eine Überweisung über das Online-Banking-Portal der eigenen Bank, indem der Zahlende sich mit seinen Online-Banking-Zugangsdaten einloggt und die Zahlung durch Eingabe einer TAN-Nummer autorisiert. Ein tatsächlicher Besuch der Homepage der Bank erfolgt nicht. Vorteil für den Kunden ist, dass er kein Kundenkonto erstellen muss. Zudem wird dem Shop die Zahlung sofort bestätigt, was den Bestellprozess im Vergleich zur herkömmlichen Vorkasse-Überweisung beschleunigt. Nach eigenen Angaben ist die Zahlungsart bereits in über 35.000 Online-Shops verfügbar und jeder zweite „Online Shopper" in Deutschland soll den Dienst bereits genutzt haben. Gleichwohl ist SOFORT Überweisung erheblicher Kritik ausgesetzt – schließlich werden dem Unternehmen sensibelste Daten wie PIN und TAN des Online-Bankings übermittelt.

Ähnlich wie SOFORT Überweisung funktioniert GiroPay. Allerdings mit dem entscheidenden Unterschied, dass hier die Überweisung nach einer Weiterleitung auf die Webseite der jeweiligen Bank erfolgt. GiroPay bietet zudem bei Beträgen unter 30 Euro eine TAN-lose Überweisung an.

Mit der Einführung von Apple Pay hat schließlich auch der iPhone-Hersteller den Markt für E-Payment betreten. Anders als die vorgenannten Anbieter soll Apple Pay das kontaktlose Bezahlen durch Near Field Communication (NFC) im „echten Leben" ermöglichen. Das System wurde bislang allerdings nur in den USA, Großbritannien, Kanada, Australien, China und Singapur sowie kürzlich auch in Frankreich und der

Schweiz eingeführt. Ein Termin für die Markt-einführung in Deutschland steht noch aus. Die technische Infrastruktur ist bei vielen deutschen Einzelhändlern bereits vorhanden.

Mit der Einstellung des Dienstes clickandbuy zum 30. April 2016 hat der Wettbewerb im E-Payment-Markt auch bereits das erste promi-nente Opfer zu verzeichnen. Besonders Apple-Kunden, die bei iTunes einkaufen, dürfte die Einstellung von clickandbuy betroffen haben, denn dort steht neben der Zahlung mit Kredit-karte jetzt nur noch eine weitere Zahlungsmög-lichkeit zur Verfügung – die Zahlung über die Mobilfunkrechnung. Diese Zahlungsart – auch „Carrier-Billing" genannt – wird in nahezu allen großen App Stores angeboten. Auf diese Weise begeben sich auch einige Mobilfunkanbieter in den E-Payment-Markt.

Rechtsverhältnisse beim E-Payment

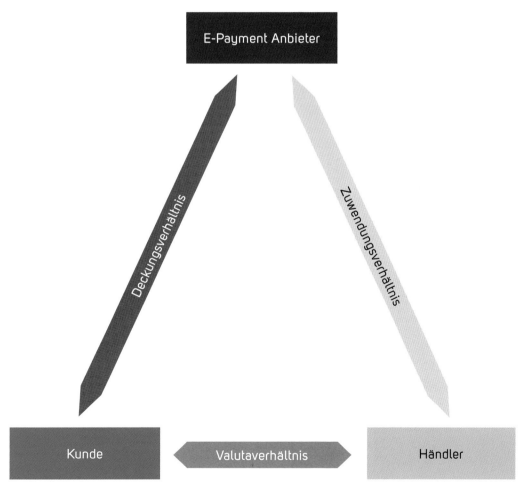

Abbildung 30

Unternehmen haben also die Qual der Wahl. Jeder der dargestellten Anbieter nimmt dabei für sich in Anspruch, der beste, der sicherste und der komfortabelste zu sein.

Auch im Hinblick auf die eingesetzte Technik entwickelt sich der Markt. Vor allem die NFC-Technologie wird in Zukunft immer mehr zum kontaktlosen Bezahlen im stationären Handel eingesetzt werden. Sie erfordert zum Datenaustausch keine vorherige Koppelung mit dem Zahlungsmodul und somit ein geringeres Maß an Nutzereingaben als bei anderen Zahlungsarten mit Konto und Log-in. Apple Pay verwendet diese Technologie beispielsweise. Mit der Einführung von Apple Pay in Deutschland wird sich das E-Payment-Segment nicht mehr auf Zahlungen im Internet beschränken, sondern auch in der realen Welt Fuß fassen. Für Unternehmen würde die Einführung zwar eine Vereinfachung und Beschleunigung des Zahlungsvorgangs an der Kasse bedeuten, gleichzeitig würde aber ein weiterer Akteur durch Gebühren einen Teil des Umsatzes im Einzelhandel einstreichen.

B. Rechtliche Hintergründe

I. Drei-Personen-Verhältnis

Obwohl die tatsächlichen Rahmenbedingungen sich bei digitalen Zahlungsweisen von klassischen Zahlungsmethoden grundlegend unterscheiden, greifen für die meisten E-Payment-Bezahlvorgänge die althergebrachten und bekannten Grundsätze.

In den meisten Fällen besteht wie im Normalfall einer (Offline-)Überweisung, Lastschrift oder Kreditkartenzahlung ein Drei-Personen-Verhältnis aus Kunde und Händler (die sich als Vertragspartner der Ware oder Dienstleistung gegenüberstehen) und dem E-Payment-Anbieter (der die Zahlung entgegennimmt und weiterleitet).

Bei genauer juristischer Betrachtung werden regelmäßig noch weitere Akteure wie Banken,

Kreditkartenanbieter oder App-Store-Betreiber beteiligt sein. Für das grundlegende Verständnis sind diese aber nicht erforderlich. Sie können an dieser Stelle daher außen vor bleiben.

Zu unterscheiden ist zwischen dem Deckungsverhältnis zwischen Kunde und E-Payment-Anbieter und dem Zuwendungsverhältnis, das zwischen E-Payment-Anbieter und Händler besteht.

Für den Kunden ist insbesondere das Deckungsverhältnis von Bedeutung. Hier entscheidet sich etwa, oftmals abhängig von Bonität und vorherigem Zahlungsverhalten, ob der Kunde in Vorleistung tritt („Prepaid"), ob er zeitgleich („Pay now") oder erst später zahlen muss („Pay later").

Händler hingegen werden sich vor allem für das Zuwendungsverhältnis interessieren, weil dies den Rechtsgrund für die Zuwendung darstellt. Anders als bei einer traditionellen Überweisung (bei der die Bank das Geld des Kunden weiterleitet, ohne zu prüfen, ob der Anspruch besteht oder eine Leistung tatsächlich erbracht wird) können E-Payment-Methoden für die Unternehmen hier zum finanziellen Unsicherheitsfaktor werden. PayPal und auch viele andere Zahlungsdienste bieten einen Käuferschutz an. Dadurch kann der Zahlungsanbieter den oftmals bereits an den Händler weitergeleiteten Betrag wieder einziehen und bei (behaupteten) Leistungsstörungen durch den Kunden bis zur abschließenden Prüfung durch den E-Payment-Anbieter einbehalten. Zwar entfaltet eine Entscheidung des Zahlungsdiensteanbieters keine Rechtsbindung wie ein Gerichtsurteil, faktisch kann die Einziehung der Gelder im Falle einer bereits erbrachten Gegenleistung für die Unternehmen aber zu erheblichen wirtschaftlichen Schäden führen.

Diese und andere Befugnisse der E-Payment-Anbieter sind in den Rahmenverträgen geregelt, die (meist einseitig vom Anbieter gestellt) zwischen den E-Payment-Anbietern und den Händlern geschlossen werden (siehe Punkt C).

II. E-Payment-Anbieter brauchen Lizenz

Durch die funktionale Einbindung von E-Payment-Anbietern in Zahlungen, welche der Stellung einer Bank oder einem Kreditkartenunternehmen gleicht, ist es nicht verwunderlich, dass der Staat die Anbieter beaufsichtigen und möglichst bankenähnlich regulieren möchte. Nach §§ 8, 8a des Zahlungsdiensteaufsichtsgesetzes (ZAG) benötigen sowohl Zahlungsinstitute als auch E-Geld-Institute eine schriftliche Erlaubnis der zuständigen Behörde, in Deutschland der BaFin, wenn sie nicht sogar als Kreditinstitut eine Erlaubnis nach dem Kreditwesengesetz (KWG) besitzen müssen. Damit sind praktisch alle relevanten Anbieter auf dem Markt erlaubnispflichtig. Diese Erlaubnis muss aber nicht unbedingt von der (deutschen) BaFin erteilt werden. Aufgrund der europäischen Grundfreiheiten, insbesondere der Dienstleistungsfreiheit sowie der Freiheit des Kapital- und Zahlungsverkehrs, müssen Genehmigungen aus dem EU-Ausland in der Regel anerkannt werden (sog. Passporting). So unterliegt PayPal etwa der luxemburgischen Aufsicht, Skrill der britischen. Vor der Kooperation mit E-Payment-Anbietern ist also die Frage berechtigt und sogar geboten, ob und woher eine entsprechende Erlaubnis stammt und ob diese noch besteht.

Zu beachten sind an dieser Stelle auch die Pflichten für die vorgenannten Anbieter nach dem Geldwäschegesetz. Gemäß § 3 Abs. 1 Nr. 1-4 des Geldwäschegesetzes (GwG) treffen die Anbieter allgemeine Sorgfaltspflichten, wobei dazu neben der Identifizierung des Vertragspartners („Know-your-Customer") unter anderem auch die kontinuierliche Überwachung der Geschäftsbeziehung zählt. Unternehmen müssen sich darüber im Klaren sein, dass der E-Payment-Anbieter Daten erhebt und speichert. Hierdurch besteht immer die Gefahr eines Missbrauchs oder „Datenklaus", die über vertraglich festzuschreibende Maßnahmen zur IT- und Datensicherheit zumindest begrenzt werden sollte.

III. E-Payment-Anbieter müssen umfangreichen Informationspflichten nachkommen

Vor allem aus § 675d BGB ergeben sich für Zahlungsdienstleister umfangreiche Informationspflichten. Der Inhalt der Informationen ergibt sich aus Artikel 248 §§ 1 bis 16 EGBGB. Hierzu zählen insbesondere ausführliche und detaillierte vorvertragliche Angaben über den Dienst, dessen Nutzung, Entgelte, Zinsen, Wechselkurse, Kommunikation und Schutzmaßnahmen (vgl. Art. 248 § 4 EGBGB). Hinzu kommen Informationen bei der Ausführung einzelner Zahlungsvorgänge.

IV. Datenschutzrechtliche Aspekte

Für Unternehmen ist insbesondere relevant, ob es einer besonderen datenschutzrechtlichen Erlaubnis zur Weitergabe der Daten bedarf, etwa einer ausdrücklichen Einwilligung, die vom Kunden einzuholen wäre, oder einer Vereinbarung über eine Auftragsdatenverarbeitung gemäß § 11 BDSG. Dies ist nicht der Fall, wenn der Kunde auf die Webseite des E-Payment-Anbieters weitergeleitet wird und die zur Zahlung erforderlichen Daten direkt dort eingibt. Der E-Payment-Anbieter erhebt und verarbeitet die Daten in diesem Fall ausschließlich selbst. Anders ist die Situation, wenn der Shop die Daten selbst erhebt und sie an den E-Payment-Anbieter weiterleitet. In diesem Fall bedarf es einer datenschutzrechtlichen Erlaubnis zur Weitergabe der Daten, also zum Beispiel einer ausdrücklichen Einwilligung des Nutzers oder einer schriftlichen Vereinbarung über eine Auftragsdatenverarbeitung zwischen Shop-Betreiber und E-Payment-Anbieter.

In aller Regel wird Letzteres in der Praxis allerdings kaum vorkommen, auch weil bei der Verarbeitung von Kreditkartendaten erhöhte Sicherheitsanforderungen (PCI-DSS) aufgrund der vertraglichen Regelungen der Kreditkartenanbieter vorgeschrieben sind, deren Erfüllung mit einigem Aufwand verbunden ist. Es ist vielmehr üblich, dass die Zahlungsdaten (nach einer Weiterleitung) direkt bei den relevanten E-Payment-Anbietern erhoben werden. Gleichwohl sollte der Datenfluss durch eine Nachvollziehung des technischen Ablaufs stets im Auge behalten werden.

V. § 45i TKG

Insbesondere für die Abrechnung von Leistungen über die Mobilfunkrechnung ist § 45i TKG relevant. Demnach haftet der Anschlussinhaber dem Grundsatz nach für alle über seinen Anschluss in Anspruch genommenen Leistungen, zum Beispiel In-App-Käufe. Dies gilt auch dann, wenn Dritte die Leistung unbefugt in Anspruch genommen haben. Der Anschlussinhaber kann sich von seiner Zahlungspflicht in diesem Fall nur dann befreien, wenn ihm nachweislich kein Verschulden zur Last gelegt werden kann. Dieser Nachweis ist in der Praxis schwer zu führen, kann aber insbesondere dann relevant werden, wenn Minderjährige im Spiel sind.

C. Praxistipps für den Vertragsschluss

In den Verträgen der E-Payment-Anbieter werden überlicherweise nicht nur die technische Umsetzung der Einbindung des Dienstes und die Pflichten des E-Payment-Anbieters geregelt. Vielmehr enthalten die Verträge zumeist auch umfassende Regelungen über die Pflichten des Unternehmens im Zusammenhang mit der Einbindung in das eigene (Online-)Angebot, Sorgfaltspflichten (z.B. im Hinblick auf das eigene Benutzerkonto), die Modalitäten der Durchführung von Zahlungen sowie die Rechte des E-Payment-Anbieters bei besonderen Zahlungsarten (etwa Regelungen zum Einbehalt von Zahlungen). Unternehmen sollten sich über die sich aus den Verträgen ergebenden Pflichten bewusst sein und diese – soweit erforderlich – durch Individu-

alvereinbarungen ausschließen oder abmildern. Beispiele für solche Bereiche sind:

- Sicherheiten und/oder Rückbehalte zu Gunsten der Anbieter zum Schutz vor Zahlungsausfällen – gegebenenfalls sogar einseitig festlegbar. Hier drohen beachtliche Einwirkungen auf den Cashflow und Zusatzkosten.
- Ausschlussfristen zur Geltendmachung von Zahlungsansprüchen. Hier sind Prozesse zu entwickeln, damit Forderungen beziehungsweise Einwendungen rechtzeitig geltend gemacht werden.
- Ausufernde Leistungsverweigerungs- und Kündigungsrechte. Kurzfristige ordentliche Kündigungsfristen von zwei bis drei Wochen sind nicht unüblich. Leistungsverweigerungsrechte oder außerordentliche Kündigungsrechte stehen teilweise „im Ermessen" des Anbieters. Da die Zahlungsabwicklung äußerst geschäftskritisch ist und Alternativen in kürzester Zeit teilweise nicht verfügbar sein können, ist hier besondere Vorsicht geboten.
- Weitgehende Prüfungsrechte der Anbieter. Hier ist auf eine Zweckbindung zu achten. Wer will schon einem anderen Unternehmen seine Bücher offenlegen?

Am Ende muss jedes Unternehmen die Vor- und Nachteile der einzelnen E-Payment-Anbieter abwägen und prüfen, ob deren Angebote mit den eigenen wirtschaftlichen Interessen in Einklang stehen. Dies beinhaltet auch eine Auseinandersetzung mit den teils umfangreichen Regelwerken der Anbieter. Ein vollständiger Verzicht auf E-Payment-Methoden dürfte demgegenüber ausscheiden: Denn E-Payment ist längst zum Standard geworden; ein Verzicht hierauf dürfte für das jeweilige Unternehmen daher zu nicht kompensierbaren Umsatzeinbußen führen. Die wachsende Vielfalt der Anbieter ermöglicht es Unternehmen aber gleichzeitig auch, sich die Anbieter auszusuchen, bei denen die Kosten/-Nutzen-Rechnung aufgeht.

Anhang

Dr. Michael Bauer

ist Partner bei CMS Hasche Sigle. Er ist spezialisiert auf die Beratung im EU- und deutschen Kartellrecht einschließlich der Fusionskontrolle. Darüber hinaus berät er Mandanten im EU-Beihilfenrecht und im allgemeinen EU-Recht. Ein weiterer Fokus liegt im Bereich Compliance. Hier ist er auch als weltweiter Ombudsmann für zwei internationale Konzerne tätig. Über besondere Sektor-Expertise verfügt Bauer in den Bereichen Markenartikel/ Konsumgüter, Medizintechnik, Telekommunikation, Automotive, Chemie, Industriemineralien sowie Hotel & Leisure.

Florian Dietrich

ist Partner bei CMS Hasche Sigle. Er ist spezialisiert auf Digital Business sowie IT-Recht und berät führende Anbieter digitaler Plattformen zu innovativen Geschäftsmodellen. Zudem setzen Unternehmen im Online-Handel und Online-Marketing auf seinen Rat. Hier spielen vor allem E-Commerce, E-Payment/Fintech, Online Advertising und Online-Datenschutz eine zentrale Rolle. Als Fachanwalt für IT-Recht arbeitet Dietrich auch in der Beratung, Vertragsgestaltung und gerichtlichen Vertretung im IT-Recht und begleitet Transaktionen und Joint-Venture-Projekte mit Bezug zu Digital Business und IT.

Dr. Michael Dorner

ist Senior Associate bei CMS Hasche Sigle. Er ist auf IT-Recht spezialisiert, berät schwerpunktmäßig zu Technologietransaktionen und bei komplexen IT-Projekten und Outsourcing-Deals. Dorner verfügt über große Expertise in den Bereichen Digitalisierung, Industrie 4.0 und Internet der Dinge. Ein Beratungsschwerpunkt ist der Schutz von Industriedaten und Geschäftsgeheimnissen – inklusive deren rechtskonformer Erhebung und Nutzung (Data Compliance). Als Mitglied der CMS Task Force „Know-how-Schutz" hat er ein Legal-Tech-Tool mitentwickelt, mit dem Mandanten ihre Compliance in diesem Bereich testen können.

Marie-Alix Freifrau Ebner von Eschenbach

ist Geschäftsführerin des Bundesverbandes der Unternehmensjuristen e. V. (BUJ). Seit 2003 ist die Rechtsanwältin und Politologin auch bei der Siemens AG beschäftigt, zuletzt als Senior Director Legal Governement Affairs und Syndikusanwältin. Im März 2015 wurde sie zum Mitglied des Vorstands der Berliner Rechtsanwaltskammer gewählt. Schwerpunktmäßig hat sie die rechtspolitischen Interessen der Siemens AG in Berlin vertreten und hier insbesondere das Gesetz zur Neuordnung des Rechts der Syndikusanwälte begleitet.

Dr. Malte Grützmacher

ist Partner bei CMS Hasche Sigle. Er vertritt nationale und internationale IT-Unternehmen insbesondere in Fragen des Softwareurheberrechts und der Lizenzierung. Für Anwender wird er vornehmlich in der Beratung zu IT-Projekt- und Outsourcingverträgen tätig. Grützmacher verfügt über profunde technische Kenntnisse und über wirtschaftliches Verständnis für die Branche. Regelmäßig wird er in Projekten in Schieflage tätig, sei es als Coach im Hintergrund oder als Vertreter vor Gericht. Seine Expertise im Sektor IT erstreckt sich zudem auf die Verteidigung und Sicherung des geistigen Eigentums. Daneben beschäftigt er sich mit Fragen des Datenschutzes.

Dr. Markus Häuser

ist Partner bei CMS Hasche Sigle und auf Technologierecht spezialisiert. Er berät internationale Unternehmen der Technologie- und Medienbranche sowie IT-Anwender, beispielsweise aus dem Finanz-, Versicherungs- und Gesundheitssektor. Seine Expertise erstreckt sich auf digitale Geschäftsmodelle und Technologietransaktionen wie Outsourcing, IT-Projekte und Entwicklungskooperationen. Schwerpunkte sind auch Data Analytics, Cloud Services, Smart Data, Mobile Business und Bezahlsysteme. Häuser berät zudem Unternehmen zu Rechtsfragen der Industrie 4.0, der M2M-Kommunikation und des Internets der Dinge.

Dr. Michael Henning

ist geschäftsführender Gesellschafter der dfv Association Services. In dieser Funktion ist er Herausgeber diverser Fachpublikationen für Unternehmensjuristen und Wirtschaftskanzleien, unter anderem „Rechtsabteilungs-Report", „unternehmensjurist", „kanzleimonitor.de". Er ist Managing Partner von Otto • Henning, die als international tätige Management-Beratung namhafte Unternehmen in Europa bei Fragestellungen zu Strategie und Organisation erfolgreich begleitet. Otto • Henning ist führend in der organisatorischen und strategischen Beratung von Rechts-, IP- und Compliance-Abteilungen und führender Anbieter von Legal-, IP und Vergütungs-Benchmarking.

Susanne Horner

ist Senior Associate bei CMS Hasche Sigle. Ihre IT-rechtliche Expertise reicht vom Vertragsrecht über E-Commerce und Internetrecht bis hin zum gewerblichen Rechtsschutz. Zudem verfügt Sie über große Erfahrung mit IT-orientierten Geschäftsmodellen und Technologietransaktionen einschließlich Outsourcing und Entwicklungskooperationen. Horner verfügt über umfangreiche Kenntnisse bei Data Analytics, Cloud Services, Smart Data und Industrie 4.0. Zu ihren Mandanten zählen Unternehmen der Technologie- und Medienbranche sowie IT-Anwender, vor allem aus dem Finanz-, Versicherungs- und Gesundheitssektor.

Michael Kamps

ist Partner bei CMS Hasche Sigle. Er berät in Fragen der IT-Compliance und befasst sich mit den Schnittstellen der Beschaffung, Verarbeitung und Verwertung von digitalen Daten. Zu seinen Mandanten zählen Medien-, Versicherungs-, Finanz-, IT- und Konsumgüterunternehmen. Er berät sie zu datenschutzrechtlichen Fragen und vertritt sie gegenüber den Aufsichtsbehörden und in Gerichtsverfahren. Seine Expertise im IT-Recht erstreckt sich auf Rechtsfragen rund um die IT-gestützte Verarbeitung geschäftskritischer Daten, auf IT-Business Process Outsourcing und IT-spezifische Fragen bei Unternehmenstransaktionen.

Dr. Markus Kaulartz

ist Associate bei CMS Hasche Sigle. Er hat sich spezialisiert auf das IT-Recht sowie IT-Sicherheit und Datenschutz. In diesem Bereich hat er auch promoviert. Im Rahmen seiner Beratungstätigkeit widmet sich Kaulartz besonders Rechtsfragen im Kontext von Industrie 4.0 und berät hier beispielsweise zu den Themen Smart Contracts und Blockchain. Zu seinen Mandanten zählen börsennotierte Unternehmen ebenso wie Start-up-Firmen. Sein ausgezeichnetes Technikverständnis verdankt er einer früheren Tätigkeit als Softwareentwickler.

Martin Kilgus

ist Associate bei CMS Hasche Sigle. Er berät sowohl mittelständische als auch börsennotierte Unternehmen in sämtlichen Rechtsfragen der Software-Lizensierung und bei Outsourcing-Vorhaben. Seine informationstechnische und datenschutzrechtliche Expertise bringt er zudem regelmäßig in M&A-Transaktionen und Compliance-Projekte ein. Vor seinem Wechseln zu CMS Hasche Sigle war Kilgus bei einer internationalen Sozietät mit Schwerpunkt auf streitige Verfahren im Patent- und Wettbewerbsrecht tätig.

Dr. Reemt Matthiesen

ist Partner bei CMS Hasche Sigle. Er berät (inter-)nationale Unternehmen zu allen IT-rechtlichen Fragen. Ein Schwerpunkt liegt auf dem Datenschutzrecht, wo er sich auch mit internationalen Datentransfers, der Verwendung von Beschäftigtendaten und der Nutzung von Kundendaten befasst. Erfahren ist er auch bei der datenschutzkonformen Gestaltung von Frontend- und Backend-Produkten in der Entwicklungsphase, darunter vor allem Wearables und Health-Care-Geräte. Häufig übernimmt er die Konzeption und Koordination bei internationalen Projekten und hat zu länderübergreifenden Outsourcing- und Projektverträgen beraten.

Peter Schneider

ist Geschäftsführer der dfv Association Services, der Servicegesellschaft des BUJ. Gleichzeitig ist er Chefredakteur und Herausgeber des Magzins „unternehmensjurist". Zuvor baute er beim Deutschen Fachverlag den Veranstaltungsbereich und die Corporate-Publishing-Aktivitäten auf. Bis zu seinem Wechsel an den Main arbeitete er bei der BurdaYukom GmbH in München. Dort verantwortete er zuletzt den gesamten Bereich der B2B-Kommunikation, bestehend aus rund 50 Corporate-Publishing-Projekten. Schneider hat an der Ludwig-Maximilians-Universität Kommunikationswissenschaften, BWL und Politik studiert.

Marcus M. Schmitt

ist Rechtsanwalt und Unternehmensjurist bei der dfv Association Services, der Servicegesellschaft des BUJ. Neben der Wahrnehmung der rechtlichen Interessen betreut er die juristischen Studien „Rechtsabteilungs-Report" und „kanzleimonitor.de" sowie weitere Publikationen der Gesellschaft. Außerdem berät er den Bundesverband der Unternehmensjuristen in strategischen und politischen Fragestellungen. Darüber hinaus ist er Manager bei Otto•Henning Management Consultants und berät Rechtsabteilungen und Kanzleien hinsichtlich individueller Aufbau- und Ablauforganisation sowie Marktpositionierungen.

David Wachendorfer

ist Associate bei CMS Hasche Sigle. Er berät Unternehmen in allen Fragen des deutschen und europäischen Kartellrechts. Schwerpunkte seiner derzeitigen Tätigkeit bilden digitale Plattformen, Kartellschadensersatzverfahren sowie Unternehmenskooperationen in Joint Ventures. Vor seinem Wechsel zu CMS Hasche Sigle war Wachendorfer am Max-Planck-Institut für Innovation und Wettbewerb beschäftigt. Im Rahmen des Referendariats war er in einer für die Fusionskontrolle in den Bereichen Informationstechnologie, Telekommunikation und Medien zuständigen Einheit der Generaldirektion Wettbewerb der EU-Kommission tätig.

Assion, Simon/Mackert, Lea Noemi, Verträge über Daten: Eine Praxischeckliste, PinG 2016, 161-164

Auer-Reinsdorff/Conrad, Handbuch IT- und Datenschutzrecht, 2. Auflage 2016

Bartsch, Michael, Daten als Rechtsgut nach § 823 Abs. 1 BGB, in: Conrad/Grützmacher, Rechte der Daten und Datenbanken im Unternehmen, Otto Schmidt Verlag, Köln, 2014, S. 297-302

Beck, Benjamin/König, Dominik, Bitcoin: Der Versuch einer vertragstypologischen Einordnung von kryptographischem Geld, JZ 2015, 130-138

Beck, Susanne, Grundlegende Fragen zum rechtlichen Umgang mit der Robotik, JR 2009, 225-230

Becker, Maximilian, Rechte an Industrial Data und die DSM-Strategie, GRUR Newsletter 01/2016, 7-11

Begründung zum Gesetzentwurf der Bundesregierung über die Haftung für fehlerhafte Produkte, BT-Drucksache 11/2447 vom 9. Juni 1988

Boehm, Franziska/Pesch, Paulina, Bitcoins: Rechtliche Herausforderungen einer virtuellen Währung, MMR 2014, 75-79

Bräutigam, Peter/Klindt, Thomas, Industrie 4.0, das Internet der Dinge und das Recht, NJW 2015, 1137-1142

Bundesministerium für Wirtschaft und Energie (BMWi), Herausgeber, Digitale Strategie 2025, März 2016

Cornelius, Kai, Vertragsabschluss durch autonome elektronische Agenten, MMR 2002, 353-358

Dehler, Hans, Die Zurechnung des Sprachrisikos bei Willenserklärungen, 2003, Verlag Dr. Kovac, Hamburg

Deutscher Anwaltverein/Prognos, Der Rechtsdienstleistungsmarkt 2030. Eine Zukunftsstudie für die deutsche Anwaltschaft, 25 Seiten, Berlin 2013

Deutsch, Erwin, Das neue System der Gefährdungshaftungen – Gefährdungshaftung, erweiterte Gefährdungshaftung und Kausal-Vermutungshaftung, NJW 1992, 73-77

Dewenter/Rösch, Abgrenzung zweiseitiger Märkte am Beispiel von Internetsuchmaschinen, NZKart 2014, 387

Dorner, Michael, Big Data und „Dateneigentum". Grundfragen des modernen Daten- und Informationshandels, CR 2014, 617-628

Dorner, Michael, Know-how-Schutz im Umbruch. Rechtsdogmatische und informationsökonomische Überlegungen, Carl Heymanns Verlag, Köln, 2013

Dueck, Gunter, „Zehn Prozent Neues killt 90 Prozent Altes", in: Kress Pro, 7/2016, S.86-90, Salzburg-Eugendorf 2016

Eichendorf, Walter, Arbeiten 4.0 und die Rolle der gesetzlichen Unfallversicherung, Sicherheitsingenieur 2016, Nr 4, 20-22

Einsele, Dorothee, in Münchener Kommentar zum Bürgerlichen Gesetzbuch, 7. Auflage 2015, Verlag C.H. Beck, München

Ellenberger, Jürgen, in Palandt, Kommentar zum Bürgerlichen Gesetzbuch, 75. Auflage 2016, Verlag C.H. Beck, München

Engelhardt, Christian/Klein, Sascha, Bitcoins – Geschäfte mit Geld, das keines ist, MMR 2014, 355-360

European Commission, Consumer survey identifying the main cross-border obstacles to the DSM and where they matter most, forthcoming 2015

Expertenkommission Forschung und Innovation (EFI), Gutachten 2016, 172 Seiten, Berlin 2016

Faust, Florian, Digitale Wirtschaft – Analoges Recht: Braucht das BGB ein Update?, Gutachten zum 71. Deutschen Juristentag, 2016

Fleck, Jörg/Thomas, Aline, Automatisierung im Straßenverkehr – Wohin fahren wir?, NJOZ 2015, 1393-1397

Frenz, Walter, Industrie 4.0 und Wettbewerbsrecht, WRP 2016, 671-678

Gasser, Tom M. et al./Projektgruppe „Rechtsfolgen zunehmender Fahrzeugautomatisierung", BASt-Bericht F 83 zu den Rechtsfolgen zunehmender Fahrzeugautomatisierung, 2012, Carl Schünemann Verlag, Bremen

Gleß, Sabine/Weigend, Thomas, Intelligente Agenten und das Strafrecht, ZStW 2014, 561-591

Grimm, Detlef/Heppner, Charlotte, Arbeitsrecht 4.0 – Psychische Belastungen am Arbeitsplatz, ArbRB 2016, 180-183

Grundmann, Stefan, in: Münchener Kommentar zum Bürgerlichen Gesetzbuch, 7. Auflage 2016, Verlag C.H. Beck, München

Grüneberg, Christian, in: Palandt, Kommentar zum Bürgerlichen Gesetzbuch, 75. Auflage 2016, Verlag C.H. Beck, München

Grützmacher, Malte, „Software aus der Datendose" – Outsourcing, Cloud, SaaS & Co., CR 2015, 779-787

Grützmacher, Malte, Dateneigentum – ein Flickenteppich. Wem gehören die Daten bei Industrie 4.0, Internet der Dinge und Connected Cars?, CR 2016, 485-495

Grützmacher, Malte, Verträge über Datenschnitt-stellen und die Nutzung von Datenformaten, in: Conrad/Grützmacher, Rechte der Daten und Datenbanken im Unternehmen, Otto Schmidt Verlag, Köln, 2014, S. 596-615

Henning, Michael, Der Rechtsabteilungs-Report 2015/16. Organisation und Strategie der Rechtsab-teilung im Fokus von Qualität und Effizienz. Otto Henning GmbH in Koop. mit dem Bundesverband der Unternehmensjuristen e.V. (BUJ) und der Fachzeitschrift „unternehmensjurist", 200 Seiten, Frankfurt 2015

Herresthal, Carsten, Haftung bei Account-Über-lassung und Account-Missbrauch im Bürgerlichen Recht, K&R 2008, 705-711

Hilgendorf, Eric, Ein Blick in die Zukunft: Das Allnet und die Maschinisierung des Menschen, unter http://www.heise.de/tp/artikel/41/41777/3.html [abgerufen am 29.08.2016]

Horner, Susanne/Kaulartz, Markus, Haftung 4.0 – Verschiebung des Sorgfaltsmaßstabs bei Her-stellung und Nutzung autonomer Systeme, CR 2016, 7-17

Jacobs, Matthias, Reformbedarf im Arbeitszeit-recht, NZA 2016, 733-737

Kaulartz, Markus, Die Blockchain-Technologie, CR 2016, 474-480

Kaulartz, Markus/Heckmann, Jörn, Smart Contracts – Anwendungen der Blockchain-Technologie, CR 2016, 618-624

Kerr, Ian, Providing for Autonomous Electronic Devices in the Uniform Electronic Commerce Act, Uniform Law Conference of Canada, 1999

Kirn, Stefan/Müller-Hengstenberg, Claus D., Intelligente (Software-)Agenten: Von der Automatisierung zur Autonomie?, MMR 2014, 225-232

Kitz, Volker in Hoeren, Thomas/Sieber, Ulrich/ Holznagel, Bernd (Hrsg.), Handbuch Multimedia-Recht, 42. EL 2015, Verlag C.H. Beck, München

Körber, „Ist Wissen Marktmacht?" Überlegungen zum Verhältnis von Datenschutz, „Datenmacht" und Kartellrecht, NZKart 2016, 303 sowie NZKart 2016, 348.

KPMG/Universität St. Gallen, Shared Services für Controlling-Prozesse. Ergebnis einer empirischen Erhebung zu Status quo und Perspektiven, 40 Sei-ten, Düsseldorf, St. Gallen 2013

Kraus, Michael, Datenlizenzverträge, in: Tagungs-band DSRI Herbstakademie, OlWIR Verlag, Edewecht, 2015, S. 537-549

Krüger, Thomas/Bütter, Michael, Elektronische Willenserklärungen im Bankgeschäftsverkehr – Risiken des Online-Banking, WM 2001, 221-231

Kütük, Merih Erdem/Sorge, Christoph, Bitcoin im deutschen Vollstreckungsrecht, MMR 2014, 643-646

Legal Tribune Online (LTO), Wolters Kluwer Deutsch-land, Köln, Ausgabe „Mensch vs. Maschine", 2015

Littbarski, Sigurd, in: Kilian/Heussen, Computer-rechts-Handbuch, 32. Ergänzungslieferung 2013, Verlag C.H. Beck, München

Lutz, Lennart S., Autonome Fahrzeuge als recht-liche Herausforderung, NJW 2015, 119-124

Mehrings, Josef, Vertragsabschluss im Internet, MMR 1998, 30-33

Mitteilung der Kommission zur Strategie für einen digitalen Binnenmarkt für Europa, COM(2015), 192, unter http://eur-lex.europa.eu/legal-content/DE/ TXT/?uri=CELEX%3A52015DC0192 [abgerufen am 29.08.2016]

Müller-Hengstenberg, Claus D./Kirn, Stefan, Intelligente (Software-)Agenten: Eine neue Her-ausforderung unseres Rechtssystems – Rechtliche Konsequenzen der „Verselbstständigung" tech-nischer Systeme, MMR 2014, 307-313

Münchner Kreis, Digitalisierung. Achillesferse der deutschen Wirtschaft? Wege in die digitale Zukunft, 54 Seiten, München 2015

Nakamoto, Satoshi, Bitcoin: A Peer-to-Peer Electronic Cash System, 2008, unter https://bitcoin.org/bitcoin.pdf [abgerufen am 23.08.2016]

Peter, Stephan, Verfügbarkeitsvereinbarungen beim ASP-Vertrag – Beschreibung der Leistung oder mängelhaftungsbeschränkende Abrede?, CR 2005, 404-412

Redeker, Helmut, IT-Recht, 5. Auflage 2012, Verlag C.H. Beck, München

Reiter, Martin, Cybercrime – was ist das?, jM 2016, 83-85

Riehm, Thomas, Von Drohnen, Google-Cars und Software-Agenten – Rechtliche Herausforderungen autonomer Systeme, ITRB 2014, 113-115

Roßnagel, Alexander, Big Data – Small Privacy? Konzeptionelle Herausforderungen für das Daten-schutzrecht, ZD 2013, 562-567

Sahl, Jan Christian, Gesetz oder kein Gesetz, das ist hier die Frage – zur Notwendigkeit gesetzlicher Regulierung in der Datenökonomie, PinG 2016, 146-151

Schefzig, Jens, Die Datenlizenz, in: Tagungsband DSRI Herbstakademie, OlWIR Verlag, Edewecht, 2015, S. 551-556

Schipp, Johannes, Arbeitsrecht 4.0 – Industrie 4.0 und Mitbestimmung bei technischen Innovationen, ArbRB 2016, 177-180

Schwartmann, Rolf/Hentsch, Christian-Henner, Parallelen aus dem Urheberrecht für ein neues Datenverwertungsrecht, PinG 2016, 117-126

Sester, Peter/Nitschke, Tanja, Software-Agent mit Lizenz zum ...?, CR 2004, 548-554

Singer, Reinhard, in Staudinger, Kommentar zum Bürgerlichen Gesetzbuch, 2012, Verlag Sellier – de Gruyter, Berlin

Singer, Reinhard, Erklärungsirrtum bei Kaufpreisauszeichnung im Internet durch Fehler im Datentransfer, LMK 2005, 67-68

Sorge, Christoph, Softwareagenten. Vertragsschluss, Vertragsstrafe, Reugeld, 2005, Universitätsverlag Karlsruhe

Sorge, Christoph/Krohn-Grimberghe, Artus, Bitcoin: Eine erste Einordnung, DuD 2012, 479-484

Specht, Louisa, Ausschließlichkeitsrechte an Daten – Notwendigkeit, Schutzumfang, Alternativen. Eine Erläuterung des gegenwärtigen Meinungsstands und Gedanken für eine zukünftige Ausgestaltung, CR 2016, 288-296

Spindler, Gerald, in Spindler, Gerald/Schuster, Fabian (Hrsg.), Recht der elektronischen Medien, 3. Auflage 2015, Verlag C.H. Beck, München

Spindler, Gerald, IT-Sicherheitsgesetz und die zivilrechtliche Haftung, CR 2016, 297-312

Spindler, Gerald, Roboter, Automaten, künstliche Intelligenz, selbst-steuernde Kfz – Braucht das Recht neue Haftungskategorien? – Eine kritische Analyse möglicher Haftungsgrundlagen für autonome Steuerungen, CR 2015, 766-776

Spindler, Gerald/Bille, Martin, Rechtsprobleme von Bitcoins als virtuelle Währung, WM 2014, 1357-1369

Sprau, Hartwig, in: Palandt, Kommentar zum Bürgerlichen Gesetzbuch, 75. Auflage 2016, Verlag C.H. Beck, München

Wagner, Gerhard, in: Münchener Kommentar zum Bürgerlichen Gesetzbuch, Produkthaftungsgesetz, 6. Auflage 2013, Verlag C.H. Beck, München

Wiebe, Andreas, Der Schutz von Datenbanken – ungeliebtes Stiefkind des Immaterialgüterrechts. Eine Zwischenbilanz sechzehn Jahre nach Einführung der §§ 87a ff. UrhG, CR 2014, 1-10

Wulf, Hans Markus/Burgenmeister, Clemens, Industrie 4.0 in der Logistik – Rechtliche Hürden beim Einsatz neuer Vernetzungs-Technologien – Anwendungsbeispiele und Lösungswege zu sechs zentralen Bereichen der Logistik, CR 2015, 404-412

Zech, Herbert, „Industrie 4.0" – Rechtsrahmen für eine Datenwirtschaft im digitalen Binnenmarkt, GRUR 2015, 1151-1160

Zech, Herbert, Daten als Wirtschaftsgut – Überlegungen zu einem „Recht des Datenerzeugers". Gibt es für Anwenderdaten ein eigenes Vermögensrecht bzw. ein übertragbares Ausschließlichkeitsrecht?, CR 2015, 137-146

Zieger, Christoph/Smirra, Nikolas, Fallstricke bei Big Data-Anwendungen. Rechtliche Gesichtspunkte bei der Analyse fremder Datenbestände, MMR 2013, 418-421

Herausgeber | Bundesverband der Unternehmensjuristen e. V. (BUJ), CMS Hasche Sigle Partnerschaft von Rechtsanwälten und Steuerberatern mbB
Verantwortlich | Marie-Alix Freifrau Ebner von Eschenbach (BUJ), Dr. Markus Häuser (CMS Hasche Sigle)

Autoren | Dr. Michael Bauer, Florian Dietrich, Dr. Michael Dorner, Dr. Malte Grützmacher, Dr. Markus Häuser, Dr. Michael Henning, Susanne Horner, Roland Kahle, Michael Kamps, Dr. Markus Kaulartz, Martin Kilgus, Dr. Reemt Matthiesen, Peter Schneider, Marcus M. Schmitt, David Wachendorfer.

Projektmanagement | Tobias Heining (CMS Hasche Sigle),
Dr. Michael Henning, Marcus M. Schmitt, Peter Schneider (dfv Association Services GmbH)

Auswertung und Plausibilisierung der Studienergebnisse | Otto Henning GmbH, Management Consultants, Frankfurt

Lektorat | Birga Andel, Thomas Leja, Jana Stahl
Art-Direktion | Susanne Sorg
Bildnachweise | Titelbild: Miriam Migliazzi & Mart Klein/www.dainz.net | Seite 4: Stefan Schmerold | Seite 6: CMS Hasche Sigle | Seite 18: Siemens AG | Seite 208, 209, 210: CMS Hasche Sigle | Seite 208: Siemens AG | Seite 209, 210: Thomas Fedra

Herstellung und Vertrieb | dfv Association Services GmbH, Mainzer Landstraße 251, 60326 Frankfurt

Druck und Verarbeitung | Kösel GmbH & Co. KG, 87452 Altusried-Krugzell

ISBN 978-3-8005-1636-0

Der Bundesverband der Unternehmensjuristen e. V. und CMS Hasche Sigle bedanken sich bei allen, die an der Studie mitgewirkt haben.